Start!
왕초보
주식투자

Start! 왕초보 주식투자

전인구 지음

국일 증권경제연구소

우리는 왜 주식에
투자해야 할까?

　주변을 둘러보면 돈을 버는 방법은 참 다양합니다. 조상 대대로 물려받은 땅이 갑자기 개발되어 벼락부자가 된 경우도 있고, 어렵게 모은 돈으로 마련한 신혼집이 재개발 되어 부자가 된 사람도 있고, 독하게 장사해서 부자가 된 사람도 있고, 경매로 나온 이 집 저 집을 뛰어다니며 발품 팔아 부자가 된 사람도 있습니다. 그런데 유독 월급을 저축해서 부자가 되었다는 사람은 찾아보기가 어렵습니다.

　고금리 상품은 커녕 연 3%대의 금리로는 치솟는 물가를 따라잡기도 어려운 세상이 왔습니다. 결국 물가상승률보다 높은 것에 투자를 해야지만 내가 모은 자산을 줄이지 않고 늘릴 수 있습니다. 높은 수익을 얻을 수 있는 상품은 여러 가지가 있지만 크게 나누면 부동산과 주식이 대표적입니다.

부동산은 과거, 불패를 자랑하던 시절 무조건 대출이라도 받아 집이든 땅이든 사 두면 그 가치가 올라 투자 금액 이상의 수익을 가져다주는 가장 안전한 방법이었습니다. 하지만 지금은 집값이 폭락하고 부동산 불황이 깊어지고 있어 '묻지 마 투자'는 부동산푸어로 가는 가장 빠른 길이 되어 버렸습니다.

이와 비슷한 경매도 예전에는 잠시 블루오션이었으나 지금은 부동산 경기가 시원찮다 보니 거래가 활발하지 않아 운 좋게 낙찰을 받아도 이익을 내서 되팔기가 쉽지 않습니다. 이익을 내려면 권리분석이 복잡한 물건을 건드려야 하는데 잘못하면 크게 손해를 볼 수도 있습니다.

예전에는 원룸을 지어 월세를 받는 것이 최고의 노후대책이었으나 돈 된다는 곳마다 원룸이 들어 찬 지금은 원룸촌 천지가 되어 버렸습니다. 이렇게 공급과잉이 되다 보니 빈방이 수두룩하고 비싼 땅값에 건축비까지 투자하고 나면 수익도 얼마 되지 않고 세입자 때문에 마음고생만 하는 경우도 많습니다.

하지만 주식은 희망이 있습니다. 올랐다 내렸다를 반복하지만 장기적으로 보면 결국 지수는 올라 있습니다. 튼실한 기업을 골라 장기간 보유한다면 땅이나 아파트에 투자한 것보다 더 큰 수익을 기대할 수 있습니다. 예전에 우리가 무시했던 국내기업들 중에는 계속 성장을 거듭해 TV, 반도체, 에어컨, 세탁기, 냉장고, 조선, LCD 등 세계 1위 제품을 생산하는 기업도 수두룩해졌습니다.

긴 불황 속에서도 튼실한 기업들은 계속 이익이 늘어나고 있습니다. 우리는 바로 이런 기업을 찾아서 사업에 동참하여 같이 성장하고 수익을 얻으면 됩니다. 1년에 10%의 수익률만 얻을 수 있으면 30년이면 17배가 되니 욕심부리지 않고 10%의 이익만 추구하는 투자를 한다면 주식투자로 충분히 노후를 대비할 수 있습니다.

저는 이 책을 통해 위험하다, 도박이다 등으로 일컬어지던 주식의 이미지를 바꾸고자 합니다. 올바르게만 투자한다면 주식이야말로 기업들이 벌어들이는 부를 많은 사람들이 함께 나누고 분배할 수 있는 훌륭한 투자 방법이라고 할 수 있습니다.

한 방을 노리는 것이 아니라 길게, 평생 동안 투자를 반복하면 주식만으로도 노후대비를 탄탄히 할 수 있다는 자신감을 심어드리고자 이 책을 쓰기 시작했습니다. 그래서 가장 이해하기 쉽게 쓰려고 노력하였고 불필요한 내용을 과감히 생략했습니다.

이 책이 많은 독자에게 주식투자에 올바른 길을 알려 주는 안내서가 되었으면 합니다.

전인구

차례

프롤로그 _ 우리는 왜 주식에 투자해야 할까? ● 4

1장 주식! 쉽게 이해하자

1 주식이 뭐예요? ● 17
2 기업은 왜 주식을 상장시킬까요? ● 21
3 주식계좌는 어떻게 만들어요? ● 24
4 주식을 사고팔려면 어떻게 하나요? ● 26
5 코스피와 코스닥은 무엇인가요? ● 28
6 주식으로 돈 벌 수 있을까요? ● 31
7 복리로 두 배되는 72법칙 ● 34
8 그냥 펀드하면 안될까요? ● 36
9 PER, PBR, ROE가 무엇인가요? ● 40

2장 실전투자 무작정 따라하기

1 내 주식 성향은 어떤가요? ● 47
2 주식 거래 방법을 알아봅시다 ● 50
3 HTS 설치는 어떻게 하죠? ● 53
4 관심종목을 담아 봅시다 ● 57
5 계좌 확인 및 입출금에 도전해 봅시다 ● 59
6 주식 매수 및 매도하기 ● 64
7 기업분석하기 ● 68

8 시황 확인하기 ● 73
9 매수세력 확인하기 ● 76
10 상한가 / 하한가 확인하기 ● 79

3장 좋은 기업을 고르는 방법

1 기업도 하나의 가게일 뿐이에요 ● 85
2 모든 재테크의 원리는 같아요 ● 88
3 저PER – 수익이 높은 가게 ● 91
4 저PBR – 재산이 많은 가게 ● 94
5 고ROE – 성장성이 높은 가게 ● 97
6 시장점유율이 높은 가게 ● 100
7 브랜드 가치가 높은 가게 ● 103
8 사업구조가 단순한 가게 ● 106
9 배당을 많이 주는 가게 ● 109

4장 초보자가 명심할 몇 가지

1 2년간은 소액으로만 투자하세요 ● 115
2 경제 공부를 먼저 합시다 ● 118
3 안전한 주식을 삽시다 ● 122
4 분할매수 / 분할매도 하기 ● 126
5 공포심을 이겨야 최후의 승자가 됩니다 ● 129
6 스스로 기업을 찾아내 봅시다 ● 132
7 무릎과 어깨는 아무도 모릅니다 ● 135
8 싼 것이 비지떡 ● 138

9 몰빵 금지! 분산투자! ● 141

5장 초보자가 하면 안 되는 몇 가지

1 3점 슛을 남발하면 결국은 질 수밖에 없어요 ● 147
2 미수거래와 신용거래 중 어떤 것이 더 나쁠까요? ● 149
3 열 번 따도 한 번 잃으면 파산이에요 ● 152
4 소문 듣고 투자하면 이미 늦습니다 ● 154
5 작전세력은 어느 곳에나 있습니다 ● 157
6 테마주를 멀리하세요 ● 160
7 차트를 맹신하지 마세요 ● 162
8 크게 먹을 생각하면 크게 잃습니다 ● 165
9 선물 옵션! 절대 하지 마세요 ● 167

6장 주식에 대한 궁금했던 이야기들

1 왜 항상 외국인이 이길까요? ● 175
2 고가주는 크게 못 오르지 않나요? ● 178
3 국민들 뒤통수 친 펀드 이야기 ● 181
4 대중심리를 이길 수 있을까요? ● 185
5 왜 실적보다 주식이 먼저 오를까요? ● 187
6 왜 1등 기업이 유리할까요? ● 190
7 우선주 투자는 어떨까요? ● 194

7장 기술적 분석 따라하기

1 기술적 분석이 뭐죠? ● 201
2 봉차트의 생성원리 ● 204
3 분봉, 일봉, 주봉, 월봉 구분하기 ● 209
4 주가의 추세를 알려 주는 이동평균선 ● 212
5 수급상황을 알려 주는 거래량 ● 216
6 추세선은 어떻게 활용하나요? ● 220
7 매물대는 어떻게 활용하나요? ● 222
8 수급을 통해 장세분석하기 ● 224
9 패턴분석으로 추세 따라잡기 ● 227
10 보조지표를 적용해서 매매해 보기 ● 234
11 그래프로 대세를 파악하는 파동이론 ● 242
12 공포와 탐욕으로 장세를 예측하는 다우이론 ● 244

8장 고수되기 STEP1 부실기업부터 솎아 내자

1 경영자는 정직하지 않습니다 ● 251
2 재무제표는 거짓말을 하지 않습니다 ● 255
3 재무상태표를 보면 위험을 피할 수 있습니다 ● 259
4 현금흐름은 기업의 피와 같습니다 ● 262
5 코스닥 소형주는 건드리지 마세요 ● 266
6 공시 뒤에 숨겨진 진실 ● 269
7 유상증자, 감자하는 기업은 피합시다 ● 272

9장 고수되기 STEP2 나무보다 숲을 보자

1 세계경제는 다 연결되어 있습니다 ● 281
2 정치를 알아야 경제도 압니다 ● 284
3 한 회사가 오르면 그 업종 전체도 오릅니다 ● 288
4 은행·증권·건설 – 같이 살거나 같이 죽거나 ● 292
5 휴대폰·반도체·전자 – 철저한 사이클대로 움직입니다 ● 296
6 조선·해운 – 해운이 올라야 조선도 오릅니다 ● 300
7 자동차·여행 – 환율에 따라 하나는 죽습니다 ● 304
8 식품·카지노·게임 – 불황 따위는 없습니다 ● 307

10장 고수되기 STEP3 안타보다 홈런을 치자

1 해 뜨기 전이 가장 어둡습니다 ● 315
2 미래가 있는 주식이 오릅니다 ● 318
3 매출 10억인 가게가 5천만 원에 팔린다면? ● 321
4 설비투자 후 매출이 크게 느는 기업 ● 324
5 적자에서 흑자로 바뀐 기업 ● 328
6 가치주 VS 성장주 ● 332
7 치킨게임에서 승리한 기업 ● 336
8 규모의 경제와 수직계열화를 갖춘 기업 ● 339
9 구조조정을 마친 기업 ● 344
10 배당이 높은 기업 ● 348

11장 고수되기 STEP4 전설적인 종목들에서 답을 찾다

1 삼성전자 – 스마트로 세계를 제압하다 ● 355
2 롯데칠성 – 한국의 코카콜라 ● 358
3 현대차 – 한 번의 기회로 세계 중심에 서다 ● 360
4 LG화학 – 실적은 거짓말을 하지 않는다 ● 363

에필로그 _ 어떻게 투자해야 할까? ● 365

제1장

주식!
쉽게 이해하자

Chapter 01 주식이 뭐예요?

　주식은 한마디로 기업을 여러 사람이 보유할 수 있도록 증서를 통해 나눈 것입니다. 여러 명이 돈을 모아 큰 피자를 한 판 사서 나눠 먹을 때 돈을 많이 낸 사람이 적게 낸 사람보다 좀 더 많은 피자 조각을 갖게 되는 것처럼 주식도 가지고 있는 주식 수에 따라 지분이 달라집니다.

　주식의 사전적 의미는 주식회사의 자본을 이루는 단위로서의 금액 및 이를 전제로 한 주주의 권리와 의무를 말합니다. 즉, 자본을 구성하는 단위 금액이자 회사에 대한 주주권을 말합니다.

　주주가 되면 회사로부터 경제적 이익을 받을 수 있는 권리와 회사 경영에 참여할 수 있는 권리가 주어집니다. 권리 행사에는 책임이 뒤따르는데 가진 주식만큼만 책임을 지면 됩니다. 예를 들어 회사가 빚을 갚지 못해 부도가 난다면 가지고 있는 주식만 포기하면 주주는 회사 빚을 갚을 필요가 없습니다.

주식은 언제부터 시작됐나요?

최초의 주식회사는 인도네시아로부터 네덜란드의 동인도회사로 후추 등 향신료를 수입하는 회사였습니다. 이 회사는 항해를 통해 향신료를 수입하곤 했는데 당시 항해 기술로 바다를 헤쳐 나간다는 것은 매우 위험한 일이었습니다. 게다가 한 번 항해를 하기 위해서는 천문학적인 비용이 필요했습니다. 그래서 이 비용을 시민들로부터 모아서 마련하였는데, 이것이 회사의 기초 자본금이 되었습니다. 이 자본금으로 회사는 향신료를 수입하여 수익을 남겼고 얻은 수익은 투자금에 비례해서 나누어 주었습니다. 그리고 수익을 얻기 전에 투자금의 대가로 권리가 표기된 어떤 증서를 같이 나눠 주곤 했는데, 이것이 현재 주식의 시초입니다.

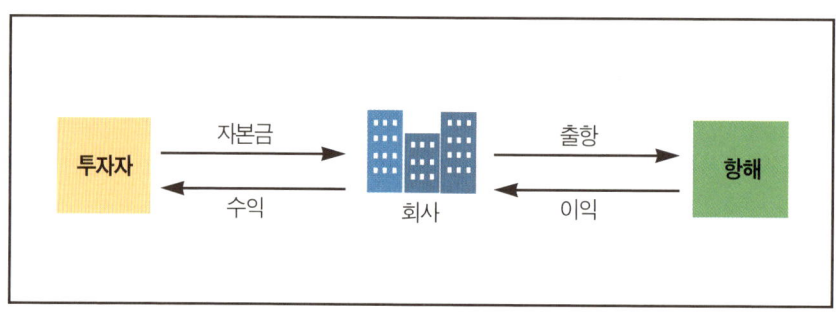

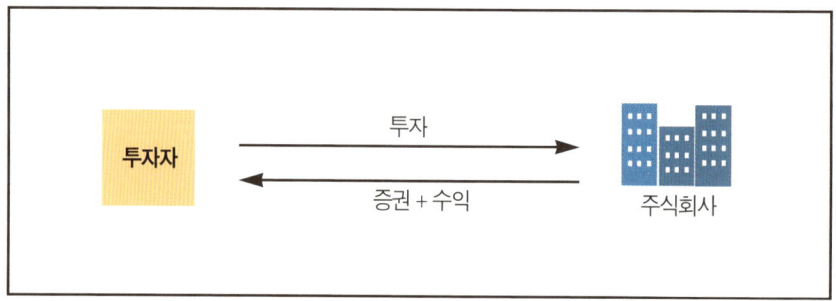

주식을 매매하는 것도 이와 같은 방식입니다. 즉, 투자가 잘될 것이라 생각되면 그 권리를 사고 싶은 사람이 생깁니다. 반대로 투자했던 것이 실패할 것 같으면 투자금을 돌려받기 위해 파는 사람이 생기기 때문에 이 과정에서 주식매매가 생성되고 발전하게 되었습니다.

주식과 채권은 다른 것인가요?

주식과 채권은 많은 차이가 있습니다. 주식은 우리가 기업의 지분을 직접 사서 주주 즉, 회사의 동반자가 됨을 의미하지만 채권은 돈을 빌려 주고 이자를 받는 채권자를 의미합니다. 그래서 채권은 기업이 망하지 않는 한 원금에 대한 손실은 없지만 투자회사가 잘된다고 해도 그에 따라 수익이 늘지 않습니다. 다시 말해 위험도 적고 이익도 적다는 뜻이죠.

주식의 경우 원금 손실 위험이 있는 만큼 회사가 승승장구하면 실적이 고스란히 주식에도 반영되므로 주가가 올라 시세차익을 얻을 수 있습니다. 회사 입장에서 보면 주식은 갚아야 하는 의무사항이 없기 때문에 이를 자신의 자본금으로 봅니다. 이익이 나면 그만큼 이익을 나누어 주지만, 어쩔 수 없이 손실이 나더라도 빌린 돈이 아니기 때문에 책임을 지지 않습니다.

반대로 채권은 '타인 자본'에 의한 엄연한 계약관계이므로 나중에 원금을 돌려주어야 함은 물론 이자를 지급해야 하기 때문에 부채와 같은 역할을 합니다. 그래서 채권은 회사가 망하면 법적인 절차를 거쳐 돈을 주어야 하고 잘되도 이자 외에는 이익을 분배하지 않아도 됩니다. 그러므로 빚으로 회사의 덩치를 키워 운영하기보다는 상장을 통해 얻은 자본금으로 운영을 하는 것이 안전하기 때문에 기업은 가능한 한 채권보다는 기업을 공개하여 주식을 상장시키고자 합니다.

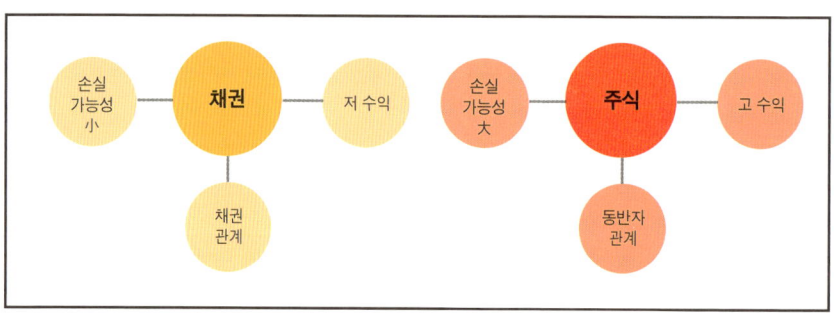

채권 VS 주식

기업은 왜 주식을 상장시킬까요?

Chapter 02

기업이 상장했다는 것은 '주식'을 발행했다는 의미입니다. 이는 기업 정보를 개방했다는 의미이기도 합니다. 업계에서는 성공한 기업이 주식회사로 나가는 것을 당연시하는 분위기입니다. 주식상장이 어떤 장점이 있기에 유수의 기업들이 주식을 상장하고 싶어 하는 걸까요?

회사 입장의 재무상태표

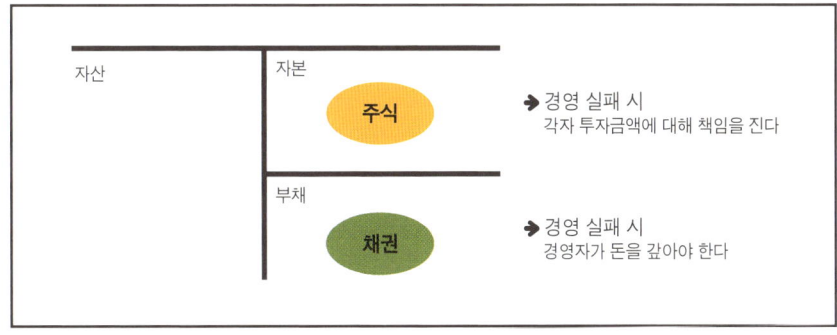

1장 주식! 쉽게 이해하자

우선 상장의 가장 큰 장점은 기업에 필요한 자본을 마련할 수 있다는 것입니다. 기업은 보통 은행에 빌리거나 채권을 내놓거나 주식을 상장하는 방법으로 필요한 돈을 마련합니다. 은행에 빌리거나 채권을 발행하면 매년 이자를 내야 하지만 주식을 상장하면 이자를 내지 않으니 기업운영에 부담이 없습니다. 또한 빌린 돈은 회사 장부에 부채로 잡혀 회사의 재무구조가 나빠지지만 주식상장으로 돈이 들어오게 되면 부채가 아니기에 재무구조에도 부담이 없습니다.

그래서 기업은 주식을 상장하고 싶어 합니다. 또한 상장을 하면 기업에 관한 각종 정보가 여러 언론 매체뿐 아니라 증권기관에도 수시로 보도됩니다. 이 때문에 상장기업은 자연스럽게 기업 인지도를 높일 수 있다는 장점이 있습니다. 한편으로는 기업의 기밀유지에 방해가 되는 등 단점이 존재하기도 합니다. 그 외에도 기업을 상장함으로서 법적인 혜택을 받을 수 있습니다.

상장으로 인한 법률 혜택

회사 측면	투자자 측면
● 이사회 결의만으로 신주 모집 가능 ● 상속, 증여 시 세금 기준 완화	● 장내 거래 시 주식 양도세 비과세 ● 투자의 수단

TIP

*신주
유상 증자나 무상 증자를 통하여 새로이 발행한 주식. 이미 발행되어 있는 주식은 구주라고 한다

회사 입장에서 상장 기업은 이사회 결의만으로도 주주 외 제3자에 대한 신주* 모집이 가능하고 상속과 증여 시 세금 기준을 완화시켜 줍니다. 소액 주주 입장에서도 장내 거래 시 주식 양도세가 비과세되는 등 각종 혜택이 있

습니다.

  또한 기업 대표자는 그 기업의 가장 큰 주주일 가능성이 큽니다. 그래서 기업이 상장해 주식이 오르면 큰 이익을 얻을 수 있습니다. 상장된 주식은 사고팔기 쉬워 실제 현금이나 다름없는 역할을 해 줄 수가 있고 주가가 오를 경우에는 기존 주식을 가지고 있는 주주는 차익을 얻을 수도 있습니다.

  이러한 장점들이 있기 때문에 기업은 까다로운 기업공개 절차를 거쳐서라도 주식을 상장시키려고 합니다.

Chapter 03 주식계좌는 어떻게 만들어요?

처음 주식을 접하는 사람이라면 가장 궁금한 점이 주식계좌를 만드는 방법입니다. 생소할 수도 있으나 간단하게 만들 수 있습니다. 주식계좌는 두 가지 방법이 있는데, 거래은행 등에서 주식계좌를 개설하거나 증권사에서 위탁계좌를 개설한 다음 자신의 은행계좌와 연동하면 됩니다.

은행을 통해 만드는 경우 자신이 선택한 은행 지점에 신분증을 들고 방문하면 증권금융창구에서 주식연계계좌를 만들 수 있습니다. 증권사의 경우 마찬가지로 가까운 지점의 일반창구에 신분증을 들고 가면 비슷한 절차로 만들 수 있습니다.

주식계좌와 은행계좌는 다른가요?

주식계좌는 주식매매를 하기 위해서 만든 위탁계좌이고 은행계좌는 보통 공과금 납부, 급여 이체, 목돈 마련 등을 위해 만든 계좌입니다. 최근에는 위탁계좌도 급여 이체 및 공과금 납부가 가능해져 그 경계가 모호하지만 위탁계좌에 있는 돈은 이자가 붙지 않으니 증권사에서 CMA계좌를 개설하여 연동하여 쓰면 하루마다 이자가 붙어 이익을 얻을 수 있습니다.

어떤 증권사를 선택해야 하나요?

증권사 및 은행을 선택하는 기준은 수수료와 연계 혜택을 고려하는 것이 좋습니다. 요즘은 대부분의 증권사, 은행의 경쟁수준이 심화되면서 수수료의 차이가 많지 않지만 주식투자 금액이 커질수록, 또는 매매회전율*이 높을수록 수수료의 차이가 커지기 때문에 처음 만들 때 발품을 조금 팔더라도 잘 선택하는 것이 좋습니다. 즉, 거래가 잦아질수록 수수료가 늘어난다고 생각하면 됩니다. 장기적인 투자방식을 선호해서 매매회전율이 낮은 분들은 수수료에 덜 민감한 편이라 수수료보다는 자신이 사용하기 편한 HTS의 인터페이스를 보고 증권사를 선택하곤 합니다.

> **TIP**
>
> *매매회전율
> 일정기간 대비 매매횟수를 말한다. 매매횟수가 많아질수록 그만큼 수수료도 많아지기에 실제 수익률도 낮아질 수밖에 없다

거래방식별 수수료

증권사	온라인 주식 수수료
온라인 거래 시	0.015~0.09%
지점 거래 시	0.019~0.5%

주식을 사고팔려면 어떻게 하나요?

Chapter 04

계좌를 개설하고 나면 주식을 사고팔 수 있습니다. 단, 매매 시 수수료가 있으나 거래방식에 따라 다르고 주식매매 후 현금 정산은 3거래일에 됩니다. 쉽게 말하자면 월요일에 팔면 수요일에 돈이 들어오고 수요일에 사면 금요일에 돈이 빠져나갑니다.

그리고 자신에게 맞는 트레이딩* 방법을 선택해야 하는데, 크게 네 가지가 있습니다.

> **TIP**
> *트레이딩
> 거래라는 뜻으로서 주식을 사고 파는 것을 말한다. 주식매매

네 가지 트레이딩 방법을 알아봅시다

첫 번째는 직접 증권사 객장으로 찾아가 직원에게 주문표를 제출하는 방식입니다. 하지만 최근에는 컴퓨터 HTS 프로그램 및 스마트폰의 보급으로 잘 이용되지 않습니다.

두 번째는 전화로 주문하는 방식입니다. 이 방식은 언제 어디서든 전화 한 통으로 주문을 할 수 있다는 장점이 있으나 수수료가 비싸고 정보를 한 눈에 확인하면서 거래할 수 없다는 단점이 있습니다.

세 번째는 HTS라고 불리는 컴퓨터 프로그램을 이용해 직접 거래하는 방식으로 가장 많이 사용되고 있습니다. 다른 방법들에 비해 수수료가 가장 싸고 편리합니다. 또한 객장에 가지 않고도 모든 종목의 시세를 볼 수 있고, 전문가처럼 기술적 분석이 가능하며 인터넷으로 정보를 찾으면서 거래가 가능합니다. 그러므로 HTS가 있으면 전문가처럼 주식을 사고팔 수 있습니다.

네 번째는 스마트폰을 활용한 모바일 거래(MTS)가 있습니다. 컴퓨터에서만 가능하던 HTS 프로그램 기능을 스마트폰에 옮겨 놓은 것이라 생각하면 쉽습니다. 초기에는 스마트폰의 한계상 HTS에 비해 기능이 떨어졌지만 점점 발전을 거듭하여 개인투자자들이 거래하는 데 불편함이 없는 수준에 이르렀습니다. 모바일 거래는 언제 어디서나 손쉽게 주식거래를 할 수 있다는 장점이 있지만 주식 중독에 빠지게 할 위험도 지니고 있습니다.

Chapter 05 코스피와 코스닥은 무엇인가요?

　코스피와 코스닥은 주식과 경제에 관심이 없는 사람이라도 한 번 이상은 들어 봤을 단어입니다. 이 단어들은 무엇을 말할까요? 기업은 자본을 늘리기 위해 코스피시장 또는 코스닥시장에 자신의 기업을 공개하여 자금을 얻습니다. 하지만 아무 기업이나 상장을 할 수 없습니다. 투자자의 피해를 막기 위해 적정한 기준을 통과한 기업들만이 상장할 수 있습니다.

코스피와 코스닥은 어떤 차이가 있을까요?

　거래소라고도 불리는 코스피시장은 한마디로 우리가 흔히 알고 있는 대기업이 모여 있는 시장이라고 할 수 있습니다. 이는 상장 기업의 규모에 제한을 두는 것은 아니지만 코스닥에 상장하는 것보다 코스피에 상장하는 것이 더 까다롭기 때문이

> **TIP**
> **＊시가총액**
> 전 상장주식을 시가로 평가한 총액

기도 합니다. 코스피시장에 있는 모든 주식을 시가총액* 방식으로 지수를 산출해 전체 장세의 흐름을 나타내는 지수가 바로 코스피지수입니다.

| 코스피에 있는 주요기업 예시 |

삼성전자, LG, SK, 현대차, 기아차, 두산, 포스코 …

코스피 주식의 특징으로는 5만 원 이상의 주식일 경우 1주씩 살 수 있지만 5만 원 이하의 주식은 10주 단위로 살 수 있습니다. 또한 코스닥 기업들보다 규모가 큰 기업들이 포진해 있습니다.

| 코스닥에 있는 주요기업 예시 |

셀트리온, 파라다이스, CJ 오쇼핑, 서울반도체, 동서식품 …

한편 코스닥은 중소벤처기업의 자금조달과 상장을 목적으로 만들어졌습니다. 다시 말해 코스피에 비해 규모가 작은 기업들의 성장을 위해 만들어진 시장입니다. 이 시장에 상장된 모든 주식을 대상으로 전체의 주가동향을 파악할 수 있도록 만든 투자분석지표가 바로 코스닥지수입니다. 코스닥지수는 미국의 나스닥을 벤치마킹하여 만들어진 것입니다. 현재 코스닥 종합지수는 상장된 기업의 주가에 주식수를 가중평균한 시가총액방식을 택하고 있습니다. 코스닥 주식은 코스피 주식과는 달리 가격에 상관없이 1주 단위로 살 수 있습니다.

지금까지 이야기한 것을 종합해 보자면 코스피시장은 누구나 알 만한 대기업이나 중견기업에 투자하는 시장이고, 코스닥시장은 코스피시장의 기업들에는 조금 못 미치지만 충분히 성장 가능한 벤처기업, 신흥 루키 기업들에 투자하는 시장이라고 보면 됩니다. 두 가지가 우리나라 공식적인 주식 거래 시장이며, 이 안에서 거래되는 시장을 '장내시장'이라고 합니다. 이 밖에 장에서 거래되지 않는 주식은 장외주식*이라고 합니다.

> **TIP**
>
> **＊장외주식**
> 장외주식은 코스피나 코스닥에 상장되지 못한 기업들의 주식을 의미한다.
> 장외주식은 인터넷 공간 안에서 주로 거래되는데 개인 간의 직접 거래가 많다. 가끔 우량한 기업을 발견하기도 하지만 주식초보가 접근하기에는 위험도가 매우 높다

주식으로 돈 벌 수 있을까요?

Chapter 06

결론적으로 말하면 돈을 벌 수 있습니다. 주식에 관심 없는 사람들도 한 번쯤은 들어 봤을 만한 워런 버핏이나 피터 린치, 벤저민 그레이엄은 엄청난 수익률을 기록했습니다. 워런 버핏의 경우 1964년을 기준으로 58,000%라는 경이적인 누적수익률을 자랑했으며, 피터 린치의 경우 마젤란 펀드를 운영하며 한 주식투자로 연평균 29.2%, 누적수익률 2,703%라는 놀라운 수익률을 보였습니다. 외국뿐만 아니라 우리나라에도 많은 사람들이 주식을 통해 큰돈을 벌고 있습니다.

주식을 하는 가장 큰 이유는 직장에서 버는 돈만으로는 결혼자금, 노후대비, 자녀양육비 등을 충족하기가 버겁기 때문입니다. 그래서 많은 사람들이 자신의 돈을 불려 줄 황금거위를 찾아다닙니다. 보통 돈을 벌기 위해서 할 수 있는 재테크 수단은 부동산 투자, 경매, 창업, 주식이나 펀드 같은 금융상품 등이 있습니다.

그러나 부동산 투자에는 많은 종잣돈이 필요하며, 최근 부동산시장이 많이 침체되어 접근하기가 어렵습니다. 예금이나 적금은 금리가 낮아 인플레이션을 고려하면 오히려 실질 수익률이 마이너스인 상황입니다.

주식이라는 투자수단은 인플레이션을 이기며 소액으로 돈을 벌 수 있는 가장 적절한 수단이라 할 수 있습니다. 하지만 많은 사람들이 잘못된 투자로 손실을 보는 경우가 많은데, 이는 초보자들 특성상 제대로 된 공부 없이 바로 투자를 했기 때문입니다.

또한 단기적으로 투자하는 매매방식도 손실을 보는 이유 중 하나입니다. 주식을 접하는 일반인들은 개미라고 불리는 소액투자자로 보통 주식투자가 전업이 아닌 직장인이 대부분입니다. 투자 전문가인 펀드매니저가 하루 종일 종목을 연구하고 기업을 탐방하여 투자를 해도 수익을 내기 힘든데 일반인이 아무런 지식 없이 주식매매를 시도한다면 과연 수익이 날 수 있을까요?

하지만 지금도 주식으로 꾸준히 수익을 내는 일반인이 많습니다. 일반인이 주식으로 오랫동안 수익을 낼 수 있는 방법은 여러 가지가 있겠지만 한 가지 공통점은 주식에 대해서 많이 알고 있고 주식공부를 게을리하지 않는다는 것입니다. 즉, 누구나 주식에 대해서 열심히 공부한 다음에 투자에 임한다면 충분히 수익을 낼 수 있습니다.

그런데 왜 주변에는 주식으로 돈 번 사람이 없죠?

주식으로 대박 난 사람도 있지만 주식으로 손해 본 사람이 더 많은 것이 사실입니다. 주식투자에 실패한 사람들의 이야기를 들어 보면 수많은 이유가 있겠지만 경험이나 지식이 부족한데도 불구하고 욕심 부려 무리한 투자를 했다는 공통점이 있습니다.

평소에 차를 사거나 더 작게는 노트북, 핸드폰, 옷 등을 살 때는 근방의 모든 가게들을 돌아다니며 각 제품의 가격부터 시작해 특징, 고객들의 리뷰를 꼼꼼히 살펴보고 구매를 결정합니다. 하지만 주식을 살 때는 누군가의 말이나 소문만을 듣고 덥석 큰돈을 투자했다가 소중한 돈을 잃어버리는 경우가 허다합니다.

HTS의 발전으로 언제든지 매수와 매도를 할 수 있는 환경이 마련되면서 주식에 대한 접근성이 늘어나 주식 중독에 빠진 탓도 있습니다. 스마트폰 거래가 생긴 이후로 이런 분위기가 더욱 고조되었습니다. 중독이 되면 거래가 잦아지고 수수료도 같이 증가하면서 계좌잔고가 조금씩 녹아내리게 되어 결국 돈을 날리는 현상이 벌어집니다.

대중심리가 집단의 광기를 보일 때도 많은 사람들이 돈을 잃습니다. IT 버블 때 대박을 꿈꾸며 도박처럼 주식을 시작했다가 대폭락으로 많은 사람들이 큰 손해를 본 적이 있습니다.

주식은 도박이 아닙니다. 1년에 10%의 수익만 낸다는 마음으로 욕심을 버리고 느리지만 꾸준한 수익을 목표로 투자한다면 주식은 복리로 수익을 얻을 수 있는 몇 안 되는 투자수단입니다. 그래서 주식은 장기간 투자하면 큰 수익을 얻을 수 있습니다.

'72법칙'을 통해 원금이 두 배가 되기까지 필요한 이자율과 기간 등을 쉽게 알 수 있습니다. 예를 들어 자신의 돈 1,000만 원을 5년 안에 두 배로 만들고 싶으면 '72/5년 = 14.4%'라는 수익률이 필요하고, 1,000만 원을 8%의 이자로 투자했을 때 '72/8% = 9년'이라는 시간이 필요한 것을 알 수 있습니다.

개인의 올바른 투자습관과 복리의 마법이 만난다면 대박 없이도 꾸준히 자산을 늘려 부자가 될 수 있습니다. 실제로 1억을 30년간 복리로 투자하여 연 10%의 수익률을 올렸다면 17억, 연 20%의 수익률을 올렸다면 237억이 됩니다. 이처럼 한 방이 크게 터지지 않더라도 꾸준히 수익만 나면 충분히 부자 반열에 들어설 수 있습니다. 그래서 충분한 분석과 안전성을 중요시 하는 '잃지 않으려는 투자'를 배워야 합니다.

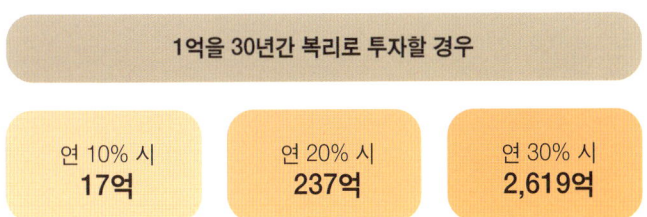

Chapter 08 — 그냥 펀드하면 안될까요?

저금리 시대에 마냥 예금만 바라볼 수는 없고, 주식투자를 하자니 주식에 대해 지식이 부족해서 투자를 망설이는 경우 투자 전문가인 펀드매니저가 자금을 운용해 주는 펀드에 돈을 맡기는 것이 적합합니다.

펀드의 장점 VS 주식의 장점

펀드의 장점	주식의 장점
● 적은 돈으로 투자 가능	● 펀드보다 적은 수수료
● 전문적 투자 지식이 없어도 가능	● 수익의 극대화 가능
● 소액으로 분산투자 효과	● 경제에 대한 안목 배양
● 투자 성향에 맞는 다양한 상품 존재	

펀드와 주식에는 각각 다른 장점이 있습니다. 자신이 투자에 대한 지식이 부족하고 신경을 못 쓸 때는 펀드같이 간접투자 방식도 괜찮지만 몇 가지 주의점이 있습니다.

첫째는 원금이 보장되지 않으며 수익률이 불규칙하여 은행 이자율보다 낮을 수도 있습니다. 오히려 시기를 잘못 맞추면 손해를 보는 경우도 허다합니다. 둘째, 직접적투자보다는 덜하겠지만 나름의 공부와 기본 지식이 필요합니다. 자신의 돈을 맡기는 것이기 때문에 어떤 종목에 투자하는지, 운용방식은 어떠한지, 환매*는 언제 하는지 등 최소한의 지식은 요구됩니다. 셋째, 환매 조건에 따라 해약 후 중도 해지 수수료가 생길 수 있고, 펀드에 따라 해지 후 지급시기가 다를 수 있습니다. 보통 국내 주식형펀드의 경우 90일 이내 환매 시 수익의 70%를 수수료로 내야 하며, 3일 후에 지급이 가능합니다. 해외 주식의 경우 지급일이 더 길게 걸립니다.

> **TIP**
> *환매
> 증권 회사 측에서 투자 신탁의 중도 해약을 이르는 말

국내 펀드 환매 기준일 예시

요일	월	화	수	목	금
예시	3시 전 환매 신청	기준가 적용		지급일	
	3시 후 환매 신청		기준가 적용		지급일

이런 펀드의 갖가지 장점과 단점의 특성을 잘 파악하여 자신의 투자스타일에 펀드투자가 적합한지를 살펴보아야 합니다. 만약 자신이 기본적으로 투자에 대한 기초적인 지식과 어느 정도의 시간을 할애할 수 있고, 펀드에 대한 수수료를 절약하고 싶다면 간접투자보다는 직접적인 주식투자를 하는 편이 더 나을 수 있습니다.

펀드의 종류는 어떤 것이 있나요?

펀드는 투자방식과 성향에 따라 거치식과 적립식으로 나뉩니다. 목돈을 한 번에 맡기는 경우를 거치식이라고 하고, 매달 일정 금액을 맡기는 경우를 적립식이라고 합니다. 주식에 주로 투자를 하면 주식형 펀드, 채권 위주로 투자하면 채권형 펀드, 주식과 채권을 혼합하면 혼합형 펀드로 분류합니다. 그 외에도 원자재에 투자하는 원자재 펀드, 금에 투자하는 금 펀드, 원유 펀드, 부동산 펀드 등 다양한 펀드들이 존재합니다.

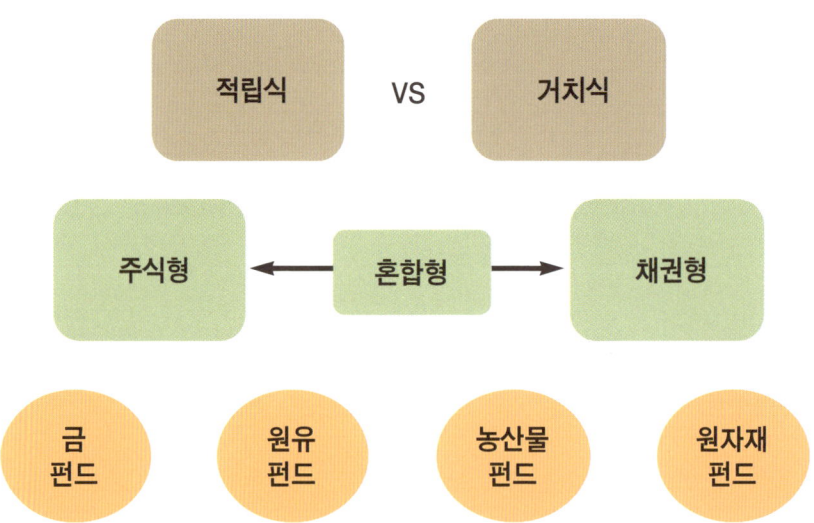

펀드로 직접투자할 수 있는 방법은 없나요?

금융상품 중에는 ETF라는 것이 있습니다. ETF는 Exchange Traded Funds의 약자로 상장지수펀드를 의미합니다. KOSPI1200, KOSPI200 등 특정지수를 쫓아 포트폴리오를 구성한 가격을 상장시켜 주식처럼 자유롭게 사고팔 수 있는 지수상품입니다. 다시 말해, ETF는 특정지수의 성과에 따라 수익률이 결정되며 주식처럼 거래가 가능한 펀드와 주식의 장점을 모두 갖추고 있습니다. 예를 들어 건설업종에 투자를 하고 싶은데 마땅한 펀드가 없거나 특정기업에 투자하기에 정보가 부족하고 자금도 부족하다면 건설 ETF를 매수하면 됩니다. 개인이 주식처럼 직접투자하니까 매매하기 편리하고 펀드에 비해 수수료도 저렴하며 거래세도 면제되는 등 이점이 많습니다.

어떤 식으로 펀드를 운용해야 할까요?

경제의 흐름을 파악하면서 펀드를 운용하는 것이 가장 좋습니다. 일반적으로 경기가 확장하는 시기에는 증시가 좋아지면서 주식형 펀드의 수익률이 높게 나오고 경기가 수축하는 시기에는 금리가 하락하면서 채권형 펀드의 수익률이 좋게 나옵니다. 하지만 펀드도 한 종류만 투자하면 안됩니다. 국내 정세가 불안할 때는 해외 펀드에 비중을 두어 위험을 피할 수 있고, 물가가 급등하는 것에 대비해서 실물자산인 원자재 펀드나 원유 펀드, 농산물 펀드 등을 가입할 수도 있습니다.

주식을 하려면 기본적으로 알아야 할 용어들이 있습니다. 많은 용어들이 있지만 그중에서 주식투자에 반드시 필요한 용어들만 추려 보겠습니다.

PER이란?

주가수익비율을 PER이라고 합니다. PER은 현재의 주가를 주당순이익*으로 나눈 것이며 주가가 주당순이익의 몇 배인지를 나타내 줍니다. 이는 투자 원금이 몇 년

TIP

*주당순이익
당기 순이익을 발행 주식 총수로 나눈 값. 이것이 높을수록 주식의 투자 가치는 높다고 볼 수 있다

주가수익비율(PER) = 주가 ÷ 주당순이익(EPS)
= 시가총액 ÷ 순이익

안에 회수되느냐로 볼 수도 있고, PER을 역수로 구하면 기업의 연수익률을 구할 수도 있습니다.

기업의 주가가 10만 원일 때, 주당순이익이 1만 원이면 PER은 10이고, 연수익률은 10%가 됩니다. 주당순이익이 5,000원이면 PER은 20이고, 연수익률은 5%입니다. 즉, PER이 낮을수록 저평가 상태입니다. 반대로 PER이 높을수록 고평가 상태입니다.

PER	5	10	20	25	40
연수익률	20%	10%	5%	4%	2.5%

PBR이란?

주가순자산비율(PBR)은 주가가 자산가치의 몇 배가 되는지를 나타내는 지표입니다. 이 기업이 사업을 청산했을 때 가치와 주가를 비교하는 데 쓰입니다. 기업의 총자산에서 부채를 뺀 것이 순자산입니다.

주가순자산비율(PBR) = 주가 ÷ 주당순자산(BPS)
= 시가총액 ÷ 순자산
= ROE × PER

PBR이 1 미만이면 순자산이 시가총액* 보다 많기 때문에 기업이 부도나도 청산가치* 가 시가총액보다 많기 때문에 주주들에게 안정감을 줄 수 있고, 이는 안전 마진이 됩니다. 반대로 PBR이 1 이상이면 시가총액이

TIP

*시가총액
전 상장 주식을 시가로 평가한 금액

*청산가치
현재 시점에서 기업의 영업활동을 중단하고 청산할 경우 회수 가능한 금액의 가치

순자산보다 높기 때문에 주가가 자산가치 대비 고평가 상태입니다. 즉 부도가 난다면 원금 회수가 힘들다는 이야기입니다. 그러므로 투자 시에 안정성을 위해 PBR을 고려해야 합니다.

ROE란?

자기자본이익률(ROE)은 자기자본을 통해 얼마나 순이익을 냈는지 비율로 나타낸 것입니다. 1,000만 원으로 400만 원을 버는 사업과 4,000만 원으로 400만 원을 버는 사업이 있다면 누구나 1,000만 원으로 하는 사업을 하려고 할 것입니다. ROE는 얼마나 자본이 효율적으로 이익을 뽑아내는지를 측정하는 지표입니다. 그러므로 이 기업이 얼마나 빨리 성장하는지를 알려 주는 지표이기도 합니다. PER이 수익성, PBR이 안정성, ROE는 성장성을 나타냅니다.

ROE가 10%라는 뜻은 이 기업이 자기자본을 활용해 10%의 성장을 하고 있

자기자본이익률(ROE) = 순자산 ÷ 자기자본
= 주당순이익(EPS) ÷ 주당순자산(BPS)
= PBR ÷ PER

다는 의미입니다. 일반적으로 ROE가 10%를 넘는다면 높은 성장을 하고 있는 기업이고 앞으로 주가가 올라갈 가능성이 높다는 뜻이기도 합니다. 그러므로 기업을 고를 때 ROE를 통해 기업의 성장속도를 확인해야 합니다.

제2장

실전투자 무작정 따라하기

Chapter 01 내 주식 성향은 어떤가요?

자신의 성향이 주식투자에 적합한지 확인하는 것은 매우 중요합니다. 주식투자가 알맞지 않은 사람이 주식투자를 하게 되면 성공할 확률도 낮을뿐더러 본인이 받을 스트레스 또한 매우 큽니다. 그렇기 때문에 증권사에서는 주식계좌를 개설하기에 앞서 투자자 성향을 확인한 뒤 투자를 권유하고 있습니다.

순번	질문 내용
1	귀하의 연령대는 어떻게 되십니까? ㉠미성년자 ㉡20~40세 ㉢41~50세 ㉣51~60세 ㉤61세 이상
2	귀하가 보유한 부채를 뺀 순금융자산은 어느 정도입니까? ㉠5천만 원 이하 ㉡2억 이하 ㉢5억 이하 ㉣10억 이하 ㉤10억 이상
3	금융자산대비 금융투자상품(예금, 보험 등을 제외한 주식, 펀드, 채권 등)의 비중은 어느 정도입니까? ㉠10% 이하 ㉡20% 이하 ㉢40% 이하 ㉣60% 이하 ㉤60% 초과
4	귀하께서 투자해 본 경험이 있는 것을 모두 표시해 주세요. 선물/옵션, 신용거래, ELW, 원금비보장 DLS/ELS/ELF, 주식, 주식형 펀드, 해외펀드, 외화증권, 원금보장 DLS/ELS/ELF, 채권, 채권/혼합형 펀드, 신탁, 투자 경험 없음

5	귀하에게 가장 맞는 것을 표시해 주세요. ㉮손실위험이 있더라도 투자수익이 중요 ㉯원금보존을 고려하나 투자수익이 더 중요 ㉰투자수익을 고려하나 원금보존이 더 중요
6	귀하가 감내할 수 있는 투자수익 및 위험수준은 어느 정도입니까? ㉮원금기준 ±30% 초과 ㉯원금기준 ±30% 범위 ㉰원금기준 ±20% 범위 ㉱원금기준 ±10% 범위 ㉲원금기준 ±5% 범위
7	귀하의 수입원을 가장 잘 나타낸 것은 어느 것입니까? ㉮현재 일정한 수입이 발생하고 있고, 향후 수준을 유지하거나 늘어날 전망 ㉯현재 일정한 수입이 발생하고 있으나, 향후 감소할 전망 ㉰현재 일정한 수입이 없으며, 연금이 주 수입원임
8	귀하의 투자목표와 투자성향을 가장 잘 설명한 투자유형은 어느 것입니까? ㉮안정형 ㉯안정추구형 ㉰위험중립형 ㉱적극투자형 ㉲공격투자형
9	귀하께 가장 맞는 것은 어느 것입니까? ㉮파생상품을 포함한 대부분의 금융투자상품의 구조 및 위험을 이해함 ㉯널리 알려진 금융투자상품의 구조 및 위험을 깊이 있게 이해함 ㉰널리 알려진 금융투자상품의 구조 및 위험을 일정 부분 이해함 ㉱금융투자상품에 투자해 본 경험 없음
10	파생상품에 투자한 경험은 얼마나 되십니까? ㉮없음 ㉯6개월 이내 ㉰1년 이내 ㉱3년 이내 ㉲3년 이상

이렇게 투자분석에 대한 답을 하고 나면 고객의 투자자 성향을 다섯 가지로 분석하여 안정형, 안정추구형, 위험중립형, 적극투자형, 공격투자형으로 나누게 됩니다. 성향에 따른 적합한 투자상품은 다음과 같습니다.

종류	투자 가능 상품
안정형	MMF, 국고채, 지방채, 보증채
안정추구형	원금보장 ELS/DLS, 채권형 펀드, 회사채(A-이상), 특수채, 금융채
위험중립형	원금부분보장 ELS/DLS, 혼합형 펀드, 회사채(BBB-이상)
적극투자형	원금비보장 ELS/DLS, 주식형 펀드, 회사채(BBB-이상), 주식
공격투자형	선물옵션, 원금비보장 ELS/DLS, 파생 펀드, 주식형 펀드, 신용거래, ELW, 투자위험/투자경고/관리종목 주식, 투기등급(BB이하) 회사채

주식 거래 방법을 알아봅시다

주식을 거래하는 방법은 매우 다양합니다. 개인투자자가 가장 기본적으로 사용할 수 있는 방법은 바로 HTS를 이용하는 것입니다. 주식의 역사에 비해 HTS를 이용하는 주식 거래는 그 역사가 매우 짧습니다.

주식을 거래하는 방법 중 가장 오래된 방법은 직접 주식 거래소 창구에 찾아가 주식을 거래하는 것입니다. 이를 '방문거래'라고 부르며 직접 창구 직원에게 지정종목의 매수가와 매도가를 적어서 거래를 접수하면 됩니다.

다음으로 전화를 이용한 방법이 있습니다. 주식 거래 창구에 전화를 걸어 지정종목의 매수매도를 주문하여 거래하는 방법입니다. 마지막으로 앞서 말씀드린 HTS 프로그램과 스마트폰을 이용한 모바일 거래 방법입니다.

HTS 프로그램이란 Home Trading System의 줄임말로 정보통신 매체의 발전으로 인해 증권과 주식시장에 관한 정보들을 개인투자자들에게 빠르게 제공할 수 있게 만들어진 프로그램을 의미합니다.

HTS 프로그램으로 인해 개인투자자들은 이전에는 접하기 어려운 속보들을 실시간으로 접하는 동시에 증권사에서 제공하는 다양한 분석과 전망, 투자 의견 등을 얻을 수 있게 됐습니다. 또한 차트를 실시간으로 볼 수 있고, 예전보다 거래를 더 빠르게 할 수 있어서 단타투자*가 대중화되기도 했습니다.

> **TIP**
>
> *단타투자
> 기업의 장기 성장보다는 호재나 기술적분석에 의존한 타이밍 투자를 주로 하며 주식을 보유하는 기간이 짧고 잦은 매매를 하는 것이 특징이다

거래 방법별 거래 수수료의 차이 비교 (D증권 거래금 10만 원 기준)			
오프라인	온라인		
	HTS	ARS	모바일 거래
500원	15원	250원	100원

주식 거래가 가능한 시간

정규 주식 거래 시간은 오전 9시~오후 3시입니다. 이 시간에 주식을 사고팔 수 있습니다. 다만 주식을 주문하는 시간은 조금 다릅니다. 주식 주문은 오전 8시부터 가능한데 오전 8시부터 9시까지 동시호가 주문을 받고 체결은 9시에 이뤄집니다. 오후 2시 50분~3시도 동시호가 시간으로 체결은 3시에 이뤄집니다.

동시호가란 장을 시작할 때와 끝날 때 주문이 몰리면서 생기는 가격 왜곡 현상을 바로 잡으려고 만든 제도입니다. 동시호가 시간에 이뤄진 주문은 순서에 상관없이 가장 싸게 팔려는 사람과 가장 비싸게 사려는 사람 순으로 정리하여 적당한 가격에 단일가로 체결시킵니다. 이때 두 가지 원칙

이 있는데 하나는 수량이 많은 주문이 우선이고, 수량이 같을 경우에는 먼저 주문을 한 사람이 우선입니다.

정규 거래 시간 외에 '시간 외 거래'가 있습니다. 오전 7시 30분~8시 30분은 전일 종가로 거래되고, 오후 3시 10분~3시 30분에는 당일 종가로 거래됩니다. 시간 외 단일가 거래는 오후 3시 30분~6시까지이며 30분 단위로 체결되고, 당일 종가 대비 ±5% 이내 가격으로 거래가 이루어집니다.

종류		시간	비고
정규 거래 시간		09:00 ~ 15:00	-
동시호가	장 시작 동시호가	08:00 ~ 09:00	-
	장 마감 동시호가	14:50 ~ 15:00	-
시간 외 거래	장 전 시간 외	07:30 ~ 08:30	전일 종가로 거래
	장 후 시간 외	15:10 ~ 15:30	당일 종가로 거래
시간 외 단일가		15:30 ~ 18:00	당일 종가로 거래 30분 단위로 체결

HTS 설치는 어떻게 하죠?

Chapter 03

컴퓨터나 스마트폰을 통한 주식 거래 방법을 택했다면 가장 먼저 HTS 또는 MTS(모바일 거래 프로그램)프로그램을 설치해야 합니다. 설치 방법은 간단합니다!

스마트폰으로 거래할 경우

1) 스마트폰에 있는 앱스토어에 연결하고 증권사의 이름을 검색합니다.

2) 원하는 증권사의 프로그램을 찾았으면 설치를 눌러 프로그램을 설치합니다.

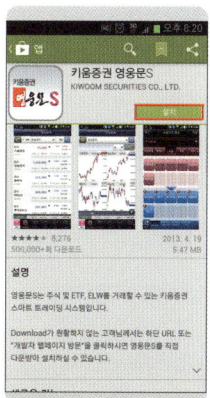

2장 실전투자 무작정 따라하기　53

3) 설치가 완료되면 스마트폰에 프로그램이 설치된 것을 확인할 수 있습니다.

4) 프로그램을 실행시킨 뒤 아이디와 비밀번호를 입력하여 로그인합니다.

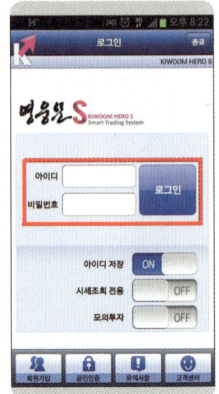

스마트폰에 공인인증서를 옮기는 방법

스마트폰에서 주식 프로그램을 실행하려면 컴퓨터에 있는 공인인증서

공인인증서 복사하는 방법

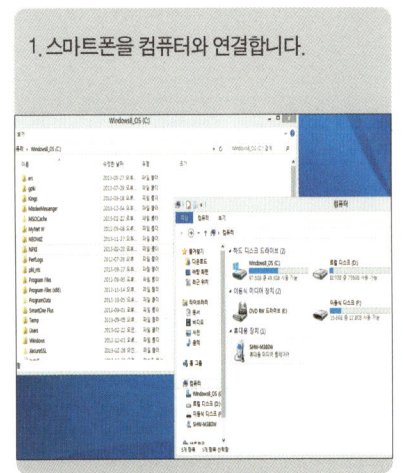

1. 스마트폰을 컴퓨터와 연결합니다.

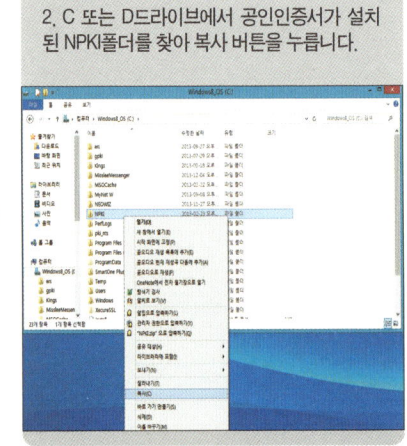

2. C 또는 D드라이브에서 공인인증서가 설치된 NPKI폴더를 찾아 복사 버튼을 누릅니다.

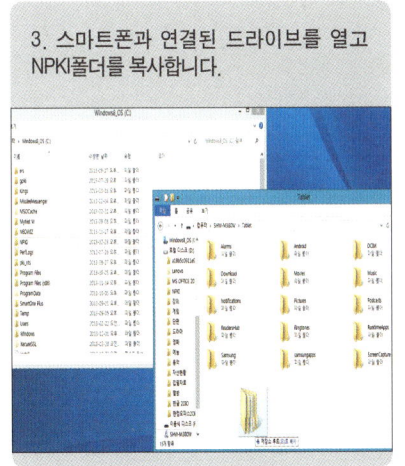

3. 스마트폰과 연결된 드라이브를 열고 NPKI폴더를 복사합니다.

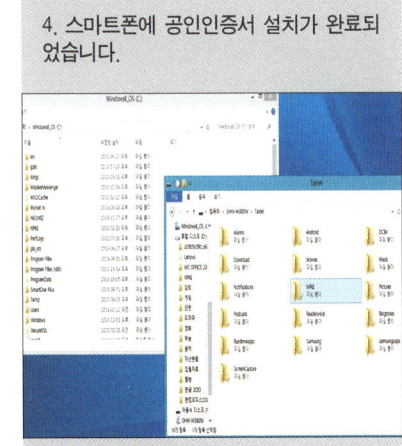

4. 스마트폰에 공인인증서 설치가 완료되었습니다.

를 스마트폰으로 옮겨야 합니다. 공인인증서를 옮기는 방법으로는 두 가지가 있습니다. 하나는 스마트폰의 MTS와 컴퓨터의 HTS 프로그램을 열고 공인인증센터에 접속하여 컴퓨터에 설치된 공인인증서를 스마트폰으로 옮기는 방법입니다.

또 다른 방법은 컴퓨터에 설치된 공인인증서 폴더를 그대로 복사해 스마트폰에 설치하는 것입니다. 이 방법이 비교적 설치가 빠르고 간편하기에 알아두면 좋습니다.

컴퓨터로 거래할 경우

1) HTS 프로그램을 설치하기 위해서는 증권사 홈페이지에 접속해야 합니다.

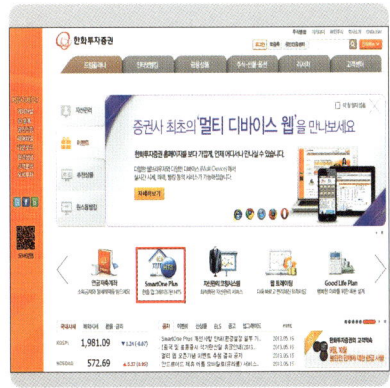

증권사 홈페이지를 보면 HTS를 다운 받을 수 있는 부분이 있습니다. 이 부분을 클릭합니다.

2) 다운로드 페이지가 나오면 원하는 HTS 프로그램을 다운로드하여 설치하면 됩니다.

3) 프로그램을 다운로드 받아 설치한 뒤 프로그램을 실행시키면 아래와 같은 로그인 화면을 볼 수 있습니다. 로그인을 위해서는 아이디와 비밀번호, 공인인증서가 별도로 필요합니다. 공인인증서가 없는 경우 증권사 홈페이지 공인인증센터에서 발급받을 수 있습니다. 로그인 후에는 HTS 프로그램을 통해 주식을 매매할 수 있습니다.

Chapter 04 관심종목을 담아 봅시다

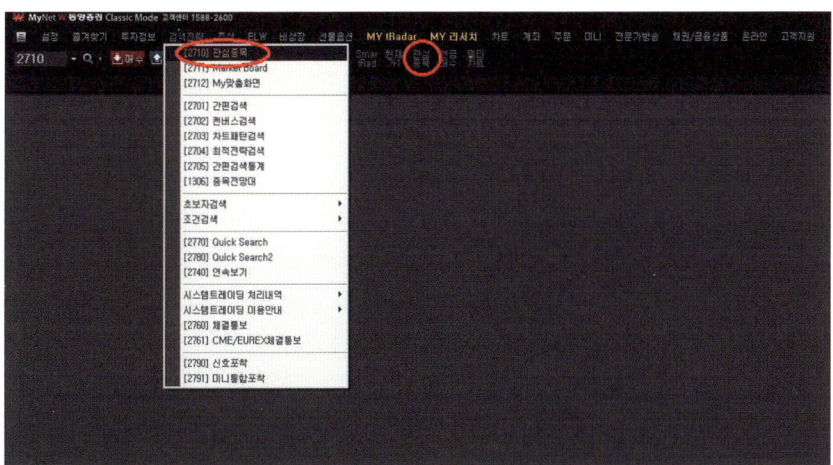

HTS 프로그램에서 자주 검색하는 종목들을 관심종목에 따라 모아두면 빠르게 확인할 수 있어 시간을 절약할 수 있습니다.

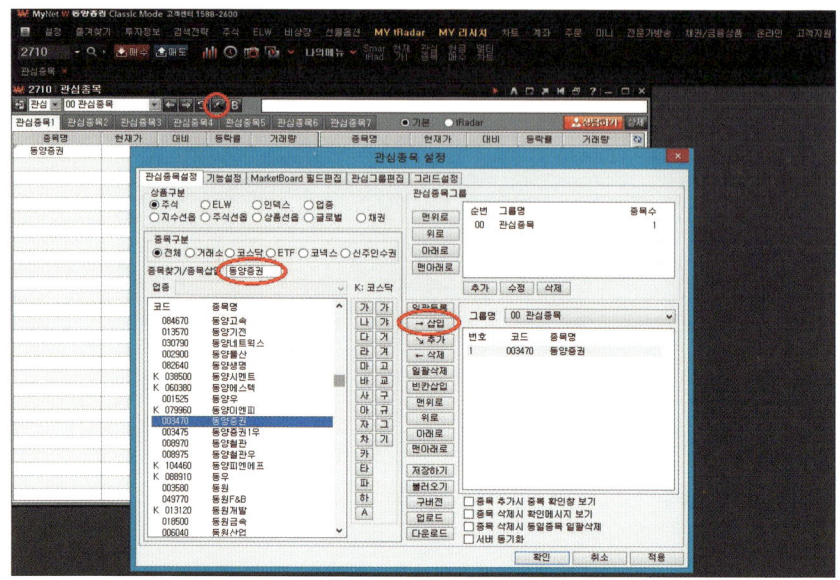

관심종목 설정에 들어가서 원하는 종목을 선택한 후 삽입을 누른 후 확인을 선택합니다.

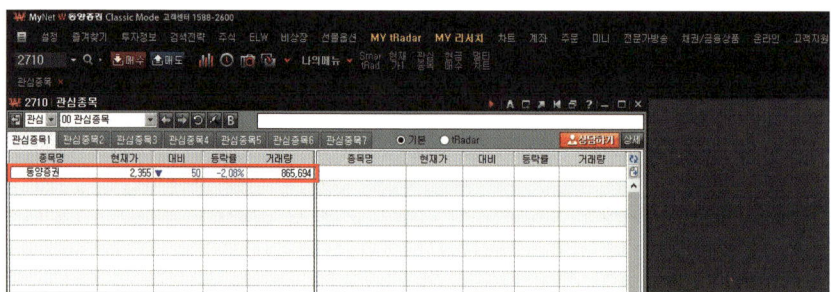

원하는 종목이 관심종목에 추가된 것을 확인할 수 있습니다. 이 방법 외에도 '현재가' 메뉴 또는 '멀티 차트' 메뉴에서 추가하는 방법 등이 있습니다.

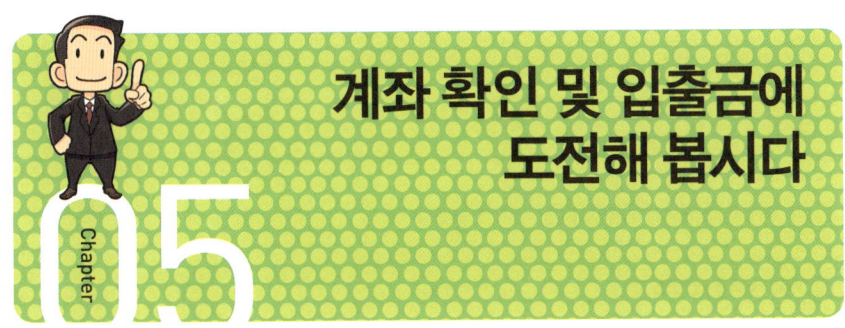

입금하기

본격적인 주식투자를 위해서는 투자금을 주식 계좌로 입금해야 합니다. **투자 증거금**[*]이 있어야 주식을 매수할

> **TIP**
>
> **＊투자 증거금**
> 계약 이행을 확실히 하기 위하여 계약의 증거로 당사자의 한쪽이 상대편에게 주는 금전

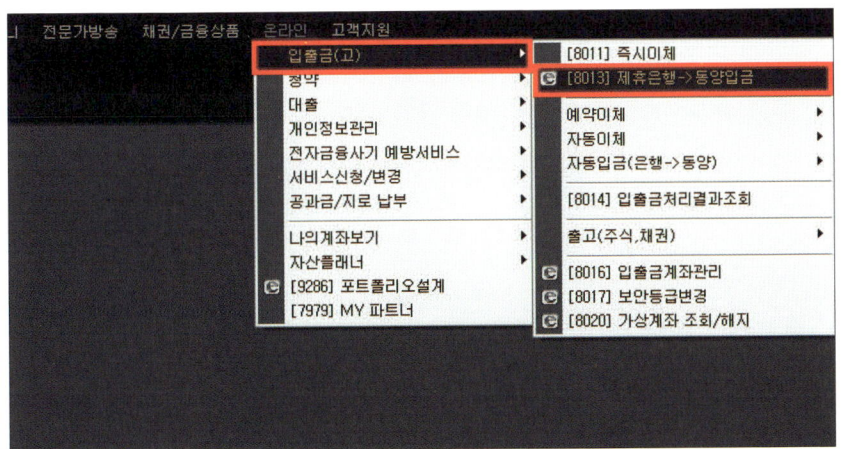

수 있기 때문입니다. 입금은 직접 증권사나 은행을 방문하거나 계좌이체를 통해서도 가능하지만 HTS 프로그램으로도 할 수 있습니다. HTS 프로그램에서 입출금 ▶ 제휴은행을 선택합니다. 새로운 창이 뜨면 은행을 선택하고 주식 거래 계좌로 입금하면 됩니다.

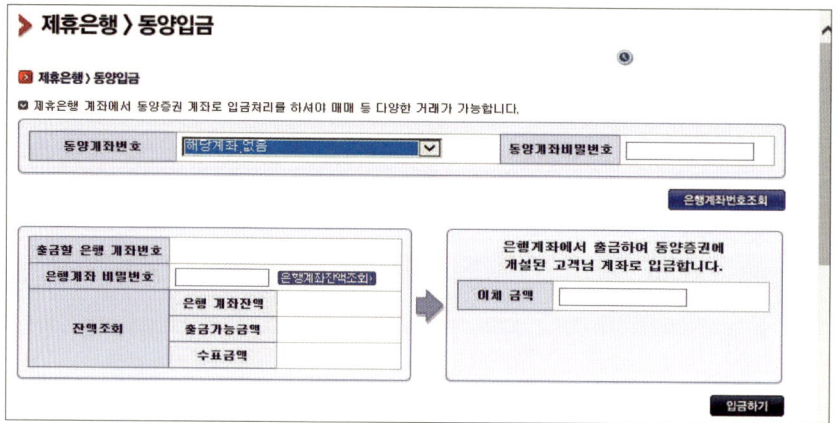

계좌 확인

주식투자를 위해 계좌에 투자금을 입금한 뒤, 거래에 나서면 계좌 확인을 통해 현재 자산현황, 거래 체결 현황, 수익률 평가 등 자산에 대한 다양한 분석을 할 수 있습니다. 주요 기능들을 정리하면 다음과 같습니다.

주식 주문 체결

투자하기 위해 매수 주문을 해놓았거나 주식을 팔기 위해 매도 주문을 신청해 놨을 때 거래 내역이 어떻게 체결되고 있는지 확인할 수 있는 기능입니다.

이 기능을 통해 주식의 주문량/주문 가격, 체결량/체결 가격을 비교할 수 있습니다.

체결 기준 거래 내역
체결이 완료되어 거래가 종료된 주식을 확인할 수 있는 기능입니다.

체결 기준 잔고 평가
주식 거래를 하고 난 뒤 주가의 움직임에 따라 현재 자산이 어떻게 변화했는지 알 수 있는 기능입니다.

매수/매도 가능 수량 조회
현재 내가 가지고 있는 투자금에서 지정 주식을 얼마나 매수할 수 있는지, 내가 소유하고 있는 주식을 얼마나 처분할 수 있는지 확인할 수 있는 기능입니다.

계좌 확인은 어디서 하나요?
① HTS를 열고 메뉴창에 계좌라고 적힌 부분을 클릭합니다.

② 자산통합조회 ▶ 계좌별통합잔고조회를 클릭합니다(증권사마다 약간씩 다름).

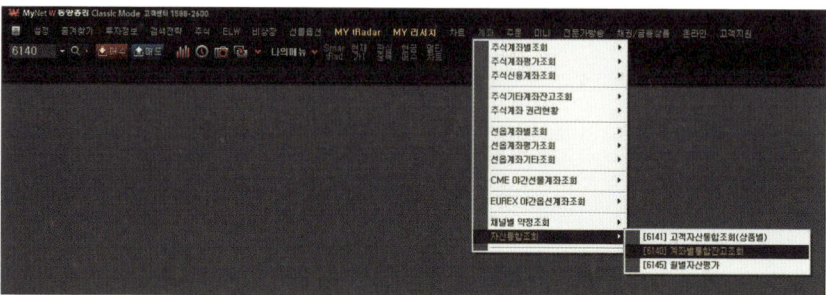

③ 현재 보유한 주식의 보유액 및 평가손익, 예수금 등을 한눈에 파악할 수 있습니다.

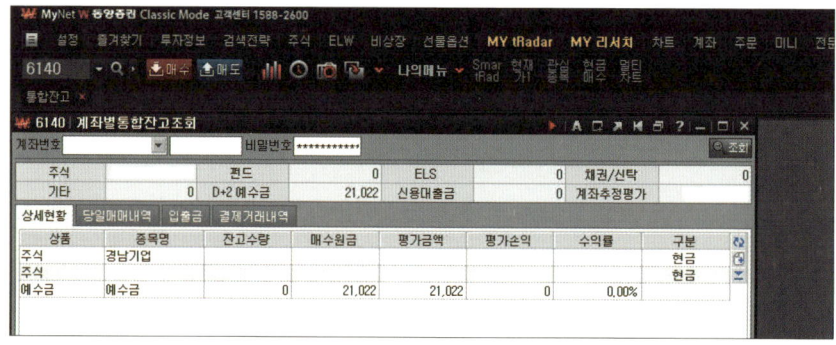

출금하기

거래를 통해 수익금이 나왔다면 수익금을 출금해 볼 차례입니다.

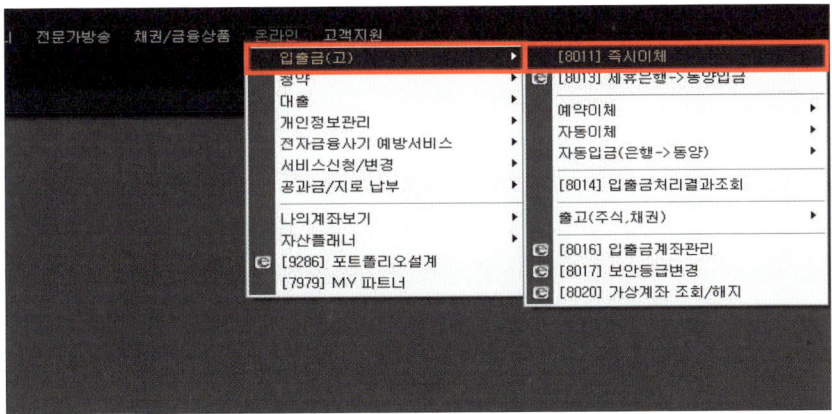

① HTS에서 온라인 ▶ 입출금 ▶ 즉시이체를 선택합니다.

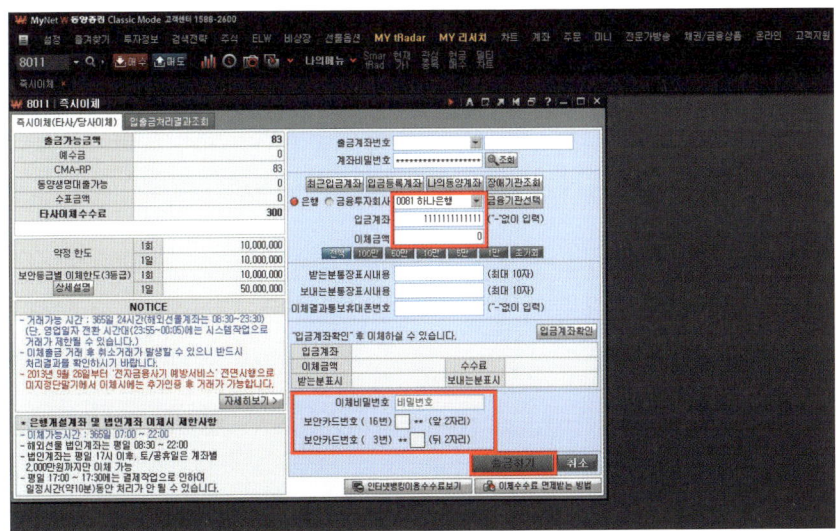

② 즉시이체 창이 뜨면 이체를 원하는 금융사와 계좌번호를 입력하고 출금을 하면 됩니다.

Chapter 06 주식 매수 및 매도하기

    HTS 프로그램 실행 방법과 계좌 확인 방법을 숙지했으면 본격적으로 주식을 매수 및 매도하는 방법을 배워 봅시다. 코스피의 경우 주식의 최소거래단위는 기본적으로 10주지만, 주가가 5만 원이 넘어가는 주식은 단주매매도 가능합니다. 코스닥의 경우 최소거래단위의 제한이 없으며 단주매매 또한 가능합니다.

    하지만 장 시작 전 30분과 장 마감 10분 전의 동시호가에서는 모든 주문이 일괄결제 되기 때문에 단주거래가 가능합니다. 다시 말해, 장 시간 전과 동시호가 시간에는 코스피시장에서도 단주매매가 가능합니다.

    거래량을 결정했으면 다음은 거래가격을 결정해야 합니다. 거래가격은 크게 지정가, 시장가, 조건부 지정가, 최유리 지정가, 최우선 지정가, 시간외 거래가가 있습니다.

가격 설정에 대한 세부 내용

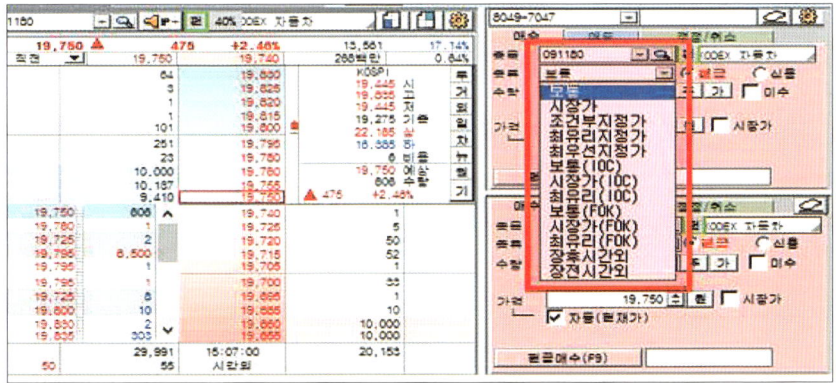

HTS 프로그램에서 '매수' 또는 '주문' 버튼을 누르면 거래가격을 결정할 수 있다

보통 주문

매수 및 매도자가 지정한 가격에 의해 거래되는 것으로 가장 일반적인 방법이라고 할 수 있습니다. 원하는 가격에 주문을 걸어 놓은 뒤 희망자가 있으면 사거나 팔고 그날 장이 끝나면 자동으로 주문이 취소됩니다.

시장가 주문

특정 가격을 정해 놓지 않고 거래량만 설정하여 현재 시장에서 거래되고 있는 가격으로 거래가 이루어지는 것을 말합니다. 잘못하면 현재가보다 상당히 높은 가격에 매수하거나 낮은 가격에 매도할 수 있기에 호가[*] 창에 걸

> **TIP**
> **＊호가**
> 팔거나 사려는 물건의 값을 부르는 말. 매수인이 부르는 가격을 매수호가 매도인이 부르는 가격을 매도호가라 한다. 보통 매수인이 부르는 가격은 낮고 매도인이 부르는 가격은 높다

려 있는 물량을 보고 주문을 해야 합니다. 보통 급하게 매수하거나 매도할 때 주로 사용합니다.

조건부 지정가 주문

매매거래 시간 중에는 지정가 주문으로 거래를 하고 체결이 안 된 상태에서 장 마감 전 동시호가가 시작되면 시장가 주문으로 전환됩니다.

최유리 지정가 주문

가격을 정하지 않고 종목과 수량만 지정합니다. 상대 주문이 있는 경우 즉시 체결이 가능하도록 상대방의 최우선 호가가격으로 가격을 지정합니다. 매매 확률이 높고 주문자에게 유리합니다.

최우선 지정가 주문

최유리와 마찬가지로 종목 및 수량을 지정합니다. 가격은 매수의 경우 매수호가 중 최우선 호가의 가격으로 지정되고, 매도의 경우 매도호가 중 최우선 호가로 주문이 체결됩니다. 빠르게 체결이 가능하다는 장점이 있습니다.

시간 외 종가 매매

장 마감 후 15시 10분부터 15시 30분까지 금일의 종가*
로 거래하는 방법입니다. 종가를 기준으로 20분간 수량
을 호가해 주문합니다.

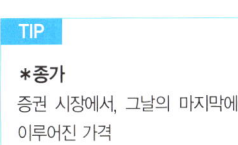

TIP

*종가
증권 시장에서, 그날의 마지막에
이루어진 가격

시간 외 지정가 매매

시간 외 종가 매매가 끝나고 18시까지 이루어지는 지정가 매매입니다. 예를 들어 종가가 1,000원이라면 종가의 ±5% 수준인 950원에서 1,050원 사이의 가격에서 거래할 수 있습니다.

Chapter 07 기업분석 하기

    병원에 건강검진을 받으러 가면 수많은 검사를 받은 후 건강하다 또는 건강하지 않다는 결과를 받게 됩니다. 기업도 여러 가지 검진을 하게 되면 이 기업이 얼마나 튼튼한지 또는 겉보기와 달리 얼마나 부실한지 등을 알 수 있습니다. 그러므로 기업분석은 그 기업이 제대로 된 기업인지를 가늠하게 하는 가장 기초작업이라고 할 수 있습니다.

    기업에 관해 얻을 수 있는 가장 기초적인 정보는 바로 사업보고서입니다. 사업보고서는 당해사업년도의 경영성과 및 재무상태, 유가증권의 변동에 관한 사항 등 기업 내용에 관한 사항을 금융감독위원회와 증권거래소에 제출하는 공시자료입니다. 쉽게 말해 기업이 '우리가 사업을 이렇게 해왔습니다' 하고 발표하는 것이라 할 수 있습니다. 각 기업의 사업보고서는 전자공시시스템(http://dart.fss.or.kr)에 들어가서 확인해 볼 수 있습니다. 전자공시시스템에 들어가서 회사명, 기간을 기입한 후 검색을 하면 그 기업의 주요 공시정보를 확인해 볼 수 있습니다.

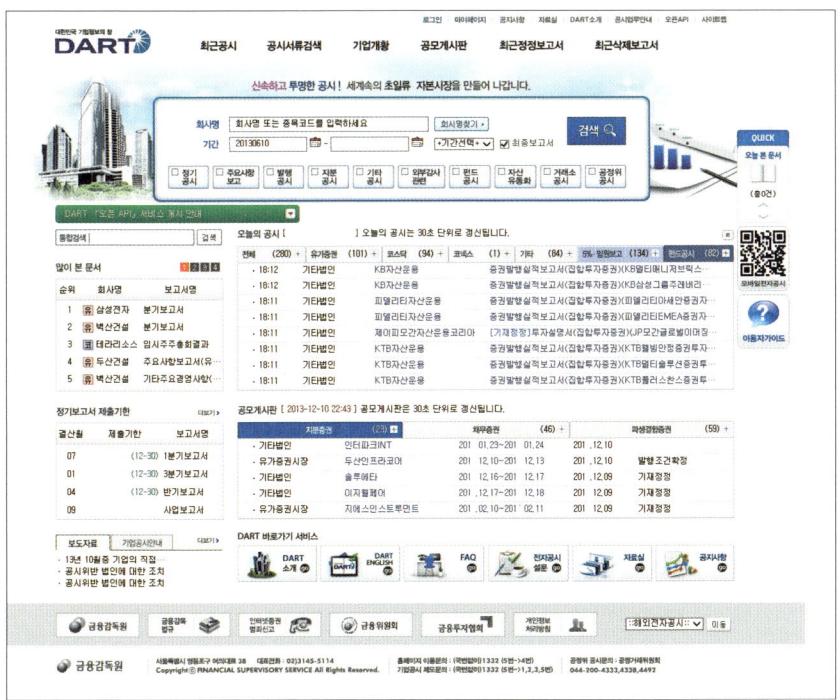

사업보고서에서 꼭 봐야 할 몇 가지!

첫째, 주식의 숫자 변동

사업보고서에는 보통주와 우선주의 발행현황, 자사주의 수, 주식의 증감 현황 등을 한눈에 파악할 수 있습니다. 주식 수는 의결권*, 배당금*, 거래 주식 수의 변화 등에 영향을 미칠 수 있습니다.

주식 증감의 이유 역시 유상증자* 인지 무상증자* 인지

> **TIP**
>
> **＊의결권**
> 주주가 자신의 의사 표시를 통하여 주주 총회의 공동 의사 결정에 참가할 수 있는 권리. 주주 평등의 원칙에 따라 한 개의 주마다 한 개의 의결권이 주어진다
>
> **＊배당금**
> 주식 소유자에게 주는 회사의 이익 분배금
>
> **＊유상증자**
> 신주를 발행함으로써 자금을 새로 조달하여 자본금을 늘리는 일
>
> **＊무상증자**
> 주식 대금을 받지 않고 기존의 주식 보유자, 즉 주주에게 주식을 나누어 주는 것

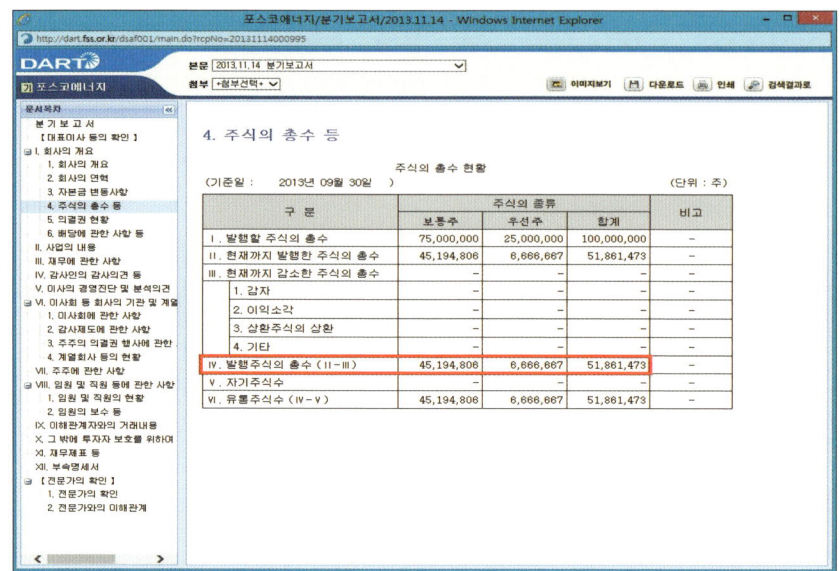

에 따라 주가에 미치는 영향이 다르므로 주요하게 바라볼 필요가 있습니다.

둘째, 사업에 대한 내용

사업에 대한 내용에는 기업이 영위하고 있는 사업이 어떠한 것인지에 대한 정의와 성장성, 경쟁요소 등에 대한 전반적인 이야기가 있으며 그 사업 내에서 기업이 영위하고 있는 제품군에 대한 소개, 시장점유율, 매출 비중, 수출·수입 비중, 판매가격, 원재료가격에 대한 내용이 있습니다. 또한 생산 및 설비에 관한 사항과 환율, 이자 등 위험에 관한 대비 사항 등 기업이 사업을 영위해 나감에 있어 변동요인으로 작용할 수 있는 부분에 대해 자세히 나타내고 있습니다.

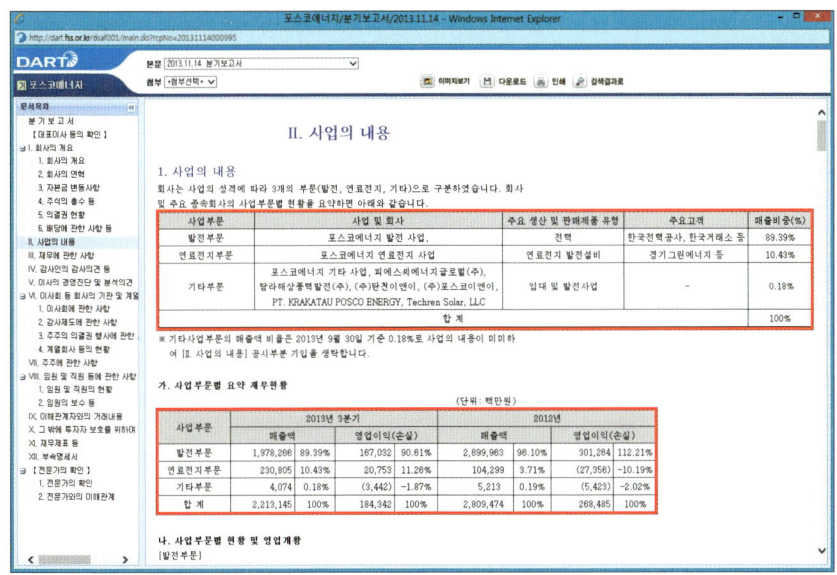

셋째, 재무제표

재무제표는 일정 기간 기업의 상태를 나타내기 위한 회계보고서로서, 기업이 활동한 사항을 수치적으로 나타내 준 것입니다. 크게 대차대조표와 손익계산서, 현금흐름표로 구성되어 있는데, 이에 대한 설명은 뒤에서 자세히 다루도록 하겠습니다.

재무제표에서는 매출이 얼마나 증감했는지, 이익은 어떻게 변했는지, 현금은 많이 증가했는지 줄었는지를 확인할 수 있습니다. 또한 이러한 변화들이 어떠한 이유로 발생하였는지도 상세하게 기술해 놓았기 때문에 사업보고서 중 가장 필수적인 부분이라고 할 수 있습니다.

2장 실전투자 무작정 따라하기

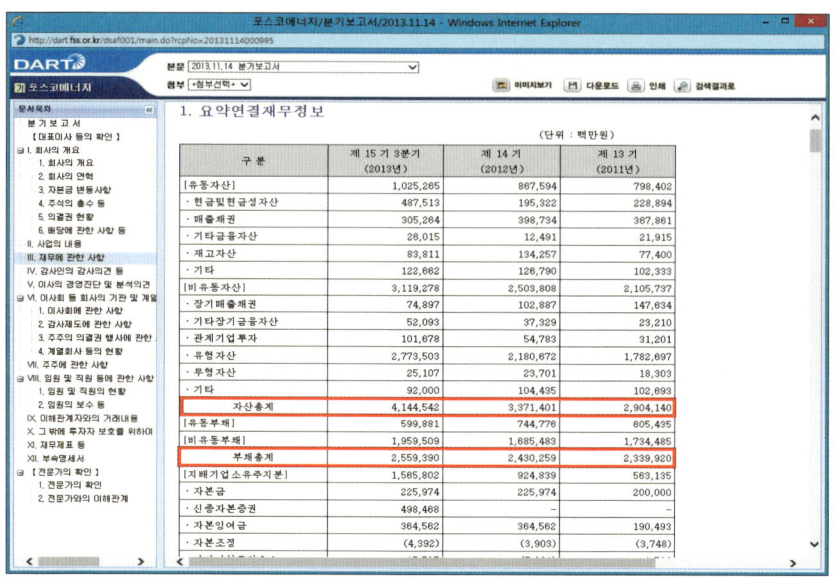

Chapter 08 시황 확인하기

어떠한 주식을 사야 하는지에 대한 고민은 주식을 투자하는 사람이라면 누구나 할 것입니다. 1,500개가 넘는 상장 주식들 중 수익의 기쁨을 줄 기업을 찾는 것은 생각보다 어렵습니다. 만약 아무 노력도 하지 않고 방법조차 모른 채 주식투자를 한다면 큰돈을 잃을 수 있습니다. 그렇기에 좋은 기업을 고르는 방법을 꼭 알고 있어야 합니다.

좋은 기업을 고르는 방법

기업을 고르는 방법은 크게 탑다운(Top-down) 방식과 바텀업(Bottom-up) 방식이 있습니다. 탑다운 방식은 경제 전망을 살핀 후 전망이 밝을 것 같은 업종을 찾은 뒤, 그중에서 가장 수혜를 볼 것 같은 기업을 찾아 투자하는 방식입니다.

예를 들어 앞으로의 경제 전망을 보아 건설업종에 투자하기 적격이라고 생각했을 때 건설회사 중 가장 튼튼하고 주가가 많이 오를 것 같은 회사를 찾아 투자하는 방식이 탑다운 방식입니다.

반대로 바텀업 방식은 가장 먼저 기업을 찾은 뒤 그 업종을 분석하고 경제 전망을 보고 투자를 결정하는 방식입니다. 위의 예시를 빌리자면 어떤 건설회사가 있는데 가치가 우량함에도 불구하고 너무 저평가되고 있다고 생각해 건설업종의 업황을 조사합니다. 그 다음 충분히 괜찮다고 판단되면 현재 경제상황을 고려하여 투자를 결정합니다.

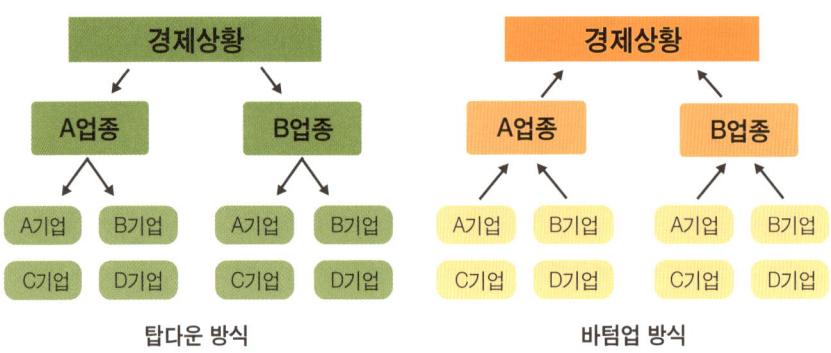

위 두 방식에서 알 수 있는 공통점은 기업을 정할 때 '시장이 현재 어떠한 상황인가'를 고려한다는 것입니다. 이러한 시장 상황을 줄여서 '시황'이라고 합니다. 시황이 중요한 이유는 기업들이 시황에 큰 영향을 받기 때문입니다. 최근 유럽발 금융위기로 인해 세계 경제가 냉각되자, 실제로는 재정적으로 큰 문제가 없는 우리나라 기업의 주가 역시 큰 폭으로 하락했습니다. 이는 시황이 주식과 큰 연관이 있다는 것을 보여 주는 예시입니다.

시황에 대한 정보는 어디서 얻나요?

신문

경제신문에는 그날에 발생한 중요한 이슈들과 산업, 개별 기업에 대한 정보, 주식 시장의 현황 등 수많은 정보가 나와 있습니다. 시황을 알려면 한 번에 모든 정보를 얻기보다는 흐름을 봐야 합니다. 따라서 시황을 파악하기 위해서는 신문을 꾸준히 보면서 현재 발생했던 이슈가 어떻게 흘러갈 것인지를 예측해 보는 것이 매우 중요합니다.

증권정보 사이트

우리나라의 경우 수출 비중이 전체의 60%가 넘는 수출주도형 경제활동을 하고 있어, 외국의 경제상황에 큰 영향을 받습니다. 그래서 증권정보 사이트에서 해외 주요국들인 미국, 중국, 일본, 유럽의 주가 지수를 자주 파악해 보는 것이 좋습니다. 특히 미국의 다우지수와 한국의 코스피는 주가의 연관성이 매우 높습니다. 그렇기 때문에 오전 6시에 장 마감을 하는 다우지수의 흐름을 보면 당일의 주가흐름을 예측해 볼 수 있습니다.

Chapter 09 매수세력 확인하기

　어민들이 잡아온 생선은 항구를 거쳐 수산물 도매시장으로 갑니다. 여기서 도매상들은 경매를 통해 물건을 입찰합니다. 현란한 손기호를 통해 가격을 제시하고 적당한 가격을 써낸 도매상이 물건을 받아냅니다. 통상 정해진 가격이 있어 낙찰받는 금액이 어느 수준을 유지하지만 이 물건을 사려는 도매상들이 많거나 물건을 쌍끌이해서 사가려는 세력이 나타나면 도매가격은 크게 올라갑니다.

　주식도 기업의 주식을 사려는 사람이 많을수록 주가가 상승합니다. 주식을 사려는 사람을 '매수세력'이라고 하고, 매수세력이 현재 종목에서 어느 정도 관심을 가지고 매매를 하고 있는지가 '수급현황' 입니다. 수급현황은 주가를 변동시키는 직접적인 요인이므로 반드시 주식 매수 전에 확인을 해야 합니다.

수급을 구성하는 매수세력

수급을 구성하는 매수세력은 크게 외인, 기관, 개인으로 구분되어 있습니다.

외인
외인은 말 그대로 외국인투자자로서 우리나라의 증권시장에 투자하고 있는 JP모건, 골드만삭스와 같은 외국투자기업입니다.

기관
기관은 금융투자기관, 은행, 보험, 연기금, 국가지방단체 등으로 구성되어 있습니다. 외인이나 기관 세력의 경우 투자자금이 매우 크기 때문에 매수에 가담할 경우 주가 상승을 불러일으킬 수 있습니다. 큰손인 외인과 기관이 동시에 매수해 주가가 상승하는 것을 '쌍끌이 매수'라고 합니다.

개인
반면 개인투자자의 경우 자금의 규모가 적고 정보수준이 외인이나 기관보다 낮기 때문에 주가에는 큰 영향을 미치지 못합니다.

수급을 확인하기 위해서는 HTS 프로그램을 활용할 수 있습니다. HTS에서 종목별 매매동향에 들어가면 당일 매수세력이 매수 매도 중 어느 것에 더 치중했는가를 알 수 있습니다. 또한 종목별 일별동향에서는 일자별로 매수세력의 매매 현황에 대해서 그래프로 보기 쉽게 나타낸 것을 알 수 있습니다.

이렇게 오늘 누가 사고파는지 또는 누가 그동안 얼마나 샀는지 등을 알게 되면 외인 또는 기관투자자를 따라 사고파는 매매가 가능해지고, 앞으로 주가가 어떻게 전개될지도 추측해 볼 수 있습니다.

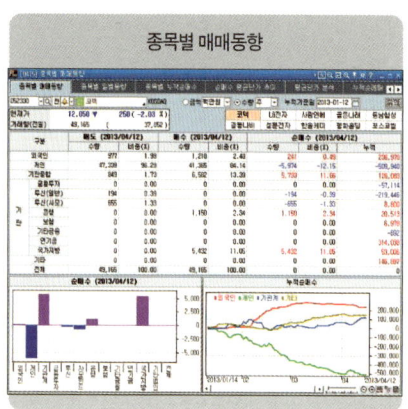
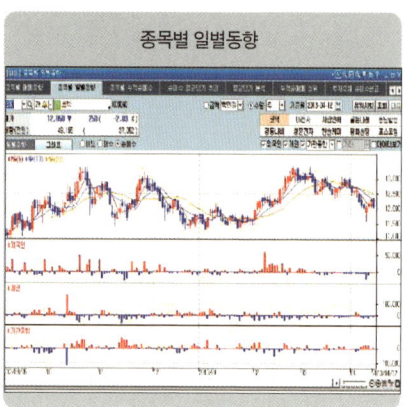

상한가 / 하한가 확인하기

Chapter 10

코스피시장과 코스닥시장은 하루에 위아래로 상·하한가 폭이 15%씩 움직입니다. 즉, 하루에 가능한 최대 변동폭이 30%라는 뜻입니다. 상한가에 산 주식이 그날 하한가로 마감을 하면 손실률은 30%가 되는 것이고, 하

양선과 음선

순위	종목명	현재가	전일대비	등락률(%)	거래량	거래대금(백만원)	시가총액(백만원)	비중(%)	외국인보유율
1	삼성전자	1,509,000	▲ 17,000	1.14	198,462	298,214	244,217,622	18.69	49.15
2	현대차	202,000	▲ 3,500	1.76	651,840	131,513	50,542,314	3.87	43.46
3	POSCO	326,000	▲ 5,000	1.56	214,997	70,086	28,422,908	2.18	51.55
4	현대모비스	282,000	▲ 8,500		355,245	100,448	27,454,596	2.10	50.11
5	기아차	57,100	▲ 2,500		219,422	23,146,247		1.77	33.58
6	SK하이닉스	31,300	▲ 700	2.29		238,023	21,727,712	1.66	29.18
7	삼성생명	105,000	▲ 500	0.48	195,651	20,397	21,000,000	1.61	10.53
8	LG화학	275,500	▼ 1,500	-0.54	231,275	63,729	19,249,447	1.47	33.25
9	신한지주	39,850	▲ 300	0.76	1,111,994	44,611	18,896,853	1.45	62.71
10	한국전력	29,250	0		1,876,366	55,326	18,777,449	1.44	58.78
11	SK텔레콤	215,000	0	0.00	221,461	47,767	17,360,327	1.33	91.16
12	현대중공업	207,000	▲ 1,000	0.49	127,763	26,559	15,732,000	1.20	17.64
13	NHN	317,000	▼ 2,000			64,387	15,256,482	1.17	53.42
14	KB금융	37,350	▲ 350	0.95		31,303	14,430,235	1.10	65.66
15	SK이노베이션	153,500	▼ 500	-0.3	243,432	38,179	14,284,599	1.09	35.15
16	LG전자	83,400	▲ 100	0.12	942,879	78,814	14,214,505	1.09	18.52
17	LG	69,900	▲ 200	0.29	321,682	22,368	12,184,386	0.93	26.46
18	롯데쇼핑	360,000	▼ 11,000	-2.96	122,212	44,344	11,336,721	0.87	13.96

→ 양선
→ 음선

2장 실전투자 무작정 따라하기

한가에 산 주식이 그날 상한가로 마감하면 수익률이 하루만에 30%가 되는 것입니다. 단, 정리매매*를 하는 주식의 경우 상·하한가 폭의 제한이 없습니다.

일반적으로 가격이 오르면 양선, 가격이 내리면 음선이라고 하여 각각 삼각형 모양으로 표시됩니다. 양선은 빨간색, 음선은 파란색을 사용합니다.

이때, 양선이 15% 상승한 것을 상한가라고 부르고, 음선이 15% 하락한 것을 하한가라고 부릅니다. 상한가는 삼각형 대신 빨간색 화살표로 표시되고 하한가는 파란색 화살표로 표시됩니다.

TIP

*정리매매
기업이 주식시장을 떠나기 위해 상장폐지를 할 경우 주주를 보호하기 위해 일정기간 동안 정리매매를 실시하게 된다. 이때는 상한가와 하한가 없이 주가가 결정되므로 변동이 매우 커서 투자위험도 그만큼 커지게 된다

상한가 모습

제3장

좋은 기업을 고르는 방법

Chapter 01 기업도 하나의 가게일 뿐이에요

　빵집을 경영하는 A씨는 요즘 고민이 많습니다. 장사가 잘돼 가게를 더 크게 넓히고 싶지만 확장할 공간이 없기 때문입니다. 그래서 길 건너편에 가게를 하나 더 오픈하기로 했습니다. 길 건너에 있는 가게도 장사가 잘되다 보니 번화가 쪽에 빵집을 하나 더 차렸습니다. 여기도 마찬가지로 장사가 잘되었습니다. 그래서 목 좋은 곳에 몇 개 더 차렸고, 나중에는 체인점을 열고 싶어 하는 사람들을 모아 기술을 알려 주고 전국 여러 군데에 빵집을 오픈했습니다. A씨는 전국에서 가장 많은 제빵 체인점을 보유하게 되었고 매출은 500억이 넘습니다. 이렇다면 A씨의 빵집은 가게일까요? 기업일까요?

　기업도 덩치가 큰 가게에 불과합니다. 원료를 가져다가 제품을 만들고 고객 또는 거래처에 팔아 돈을 법니다. 어떻게 하면 더 싸게 원료를 들여올까 고민을 하고, 신제품을 만들어 수익을 증가시키고, 좀 더 제품을 많이 팔기 위해 고객들과 거래처에 영업을 하며, 모은 이익으로 부채를 갚거나 사업을 확장합니다. 단지, 기업은 가게에 비해 업무가 세밀화되어 있고 규모가 클 뿐입니다. 그러므로 기업을 분석할 때 가게를 생각하면 더 쉽게 이해할 수 있습니다.

그럼에도 불구하고 기업과 주가는 다른 것이라고 생각하는 사람들이 많습니다. 기업의 실적과 가치, 주가가 엇갈리게 움직일 때도 있지만 크게 보면 기업의 실적, 가치, 주가는 결국 동행합니다. 기업의 가치가 따라 주지 않는데 주가가 오른다면 그것은 거품이고 곧 그 거품은 꺼집니다. 반대로 기업의 가치는 높은데 주가가 올라 주지 않는다면 이때 매수를 해두고 주가가 제자리를 찾을 때까지 기다리면 됩니다.

장사가 잘되는 가게의 특징

고객만족도가 높습니다

장사가 잘되는 가게는 손님들의 평이 좋습니다. 즉, 잘나가는 기업들을 보면 고객만족도가 높습니다. 고객들이 인정하면 점점 입소문이 나면서 매출이 증가하게 됩니다. 자연스럽게 돈이 따라올 수밖에 없습니다. 잘되는 가게는 단골손님이 많습니다. 만족을 했기에 고객들이 다시 오고 주변사람들도 데려옵니다. 데려온 주변사람이 다시 단골이 되고 또 다른 사람을 데려오는 게 반복되면서 점점 손님이 늘어나게 됩니다. 기업도 마찬가지입니다. 고객만족도가 높은 기업은 시장점유율을 잘 빼앗기지 않고 안정적인 매출을 유지할 수 있습니다.

사장의 마인드가 뛰어납니다

장사가 잘되는 가게를 보면 사장의 마인드가 다른 곳보다 뛰어납니다. 항상 가게를 위해 노력하고 손님들에게 서비스 하나라도 더 잘해 주려고 하며 어떠한 위기가 와도 적절한 판단으로 헤쳐 나갑니다. 기업의 CEO도 마찬가지입니다. 기업을 위해 아이디어를 짜고 고민하며 기업을 번창시키기 위해 고군분투합니다. 위기가 오면 직원들의 힘을 하나로 모아 위기를 타개하고 기업을 한 단계 업그레이드 시킵니다.

이익이 꾸준히 증가합니다

회계면도 다를 바가 없습니다. 총 매출액이 있고 장사를 해서 벌어들인 영업이익과 장사 외의 방법으로 벌어들인 영업 외 이익, 인건비, 원료, 임대료 등을 지불하고 난 뒤 순수하게 남은 순이익 등 기업과 가게의 회계는 별반 차이가 없습니다. 잘나가는 가게가 매출이 점점 늘어나면서 영업이익과 순이익이 증가하듯이 잘나가는 기업들도 매출, 영업이익, 순이익이 꾸준히 증가합니다.

항상 손님이 많습니다

장사가 잘되는 가게는 불황이 와도 손님이 좀처럼 줄어들지 않습니다. 불황이든 호황이든 손님이 점점 늘어나는 가게도 있습니다. 잘되는 기업도 호황이든 불황이든 매출이 줄지 않고 꾸준히 늘어납니다. 이렇게 기업을 고를 때 가게와 비교해서 생각해 보면 나쁜 기업을 거르고 좋은 기업을 고르는 데 도움이 될 것입니다.

모든 재테크의 원리는 같아요

축구를 잘하는 친구들을 보면 농구도 잘하는 경우가 많습니다. 처음에는 서툴다가도 남보다 빠른 속도로 배워 금방 그 능력이 두드러집니다. 운동에 대한 감각은 한 종목만 잘하도록 설계되어 있지 않기 때문입니다. 돈에도 감각이라는 것이 있습니다. 돈 감각이 뛰어난 사람을 돈 냄새 잘 맡는 사람이라고 부르기도 하는데 이들은 돈에 있어서 어느 분야 할 것 없이 뛰어난 수익률을 보여 줍니다.

주식으로 부자 반열에 오른 사람들을 보면 다른 업종에서 성공을 거두고 온 사람들이 꽤 많습니다. 장사를 해서 성공을 한 후 주식에 투자해 부자가 된 사람도 많고, 부동산으로 돈을 번 사람이 주식에서도 성공을 거둔 경우가 많습니다. 이들은 자신이 성공한 분야의 노하우를 주식시장에도 적용하였더니 돈을 벌 수 있었다고 말합니다.

실제로도 이는 많은 공통점을 가지고 있습니다. 앞에서 기업과 가게는 단지 규모와 세부적인 업무 구조만 다를뿐 결국 같다고 말했습니다. 한 가게를 성공으로 이끌어 본 사람은 기업을 분석할 때도 자신의 가게에 빗대어 더 정확하게 분석해 낼 수 있기 때문에 유망한 기업, 저평가 기업들을 감각적으로 찾아낼 수 있습니다.

'경영자 마인드로 주식을 매수하고 보유하라' 는 주식의 명언과도 일치합니다.

부동산투자도 주식투자와 비슷한 점이 많습니다. 시기에 따라 호황과 불황이 있으며 과열되면 고평가되고 냉랭하면 저평가되는 물건이 여기저기 널립니다. 사람들의 심리가 얼어붙어 투자를 안 하고 가격이 바닥을 칠 때 싸게 사 두었다가 부동산 경기가 좋아질 때 비싼 값으로 되판다면 이윤을 남길 수 있습니다. 물론 부동산은 주식보다 법률 또는 정부정책에 따른 영향을 크게 받습니다. 차익에 대한 세금이 주식보다 상당히 많기 때문입니다.

경매투자도 주식투자와 비슷합니다. 경매로 나온 물건을 시세보다 싸게 낙찰 받아 다시 되팔면서 차익을 남기기 때문입니다. 권리관계가 깔끔한 물건은 낙찰 받아 되팔아도 크게 이익이 없기 때문에 이익을 남기려면 사람들이 꺼리는 물건, 인기가 없는 물건을 건드려야 합니다. 권리분석이 복잡해서 다른 사람들이 겁먹고 투자를 두려워하는 것을 싸게 낙찰 받으면 큰 이익을 얻을 수 있습니다.

임대업의 경우 땅을 싸게 사는 것이 중요합니다. 좋은 땅을 싸게 산 뒤 원룸, 상가 등의 건물을 짓고 분양 또는 임대하여 수익을 얻는 것입니다. 이때 좋은 땅을 비싼 가격에 사면 임대를 해도 수익이 낮게 나오기 때문에 좋은 땅을 쌀 때 사야만 높은 임대 수익을 기대할 수 있습니다.

부동산, 경매, 임대, 주식투자 모두 싸게 사서 비싸게 파는 것이 핵심입니다. 각 투자 방법마다 세부적인 방법은 다르지만 어느 정도 리스크를 감당하느냐에 따라서 수익의 크기가 결정됩니다. 잃지 않고 수익을 얻으려면 리스크를 지식과 혜안을 통해 줄여야 합니다.

Chapter 03 저PER - 수익이 높은 가게

장사하는 가게를 매매할 때 꼭 붙는 것이 권리금*입니다. 이전 사장이 고객들을 확보하여 매출을 내면 다음 사장은 노력 없이 기존 고객을 받아올 수 있기 때문에 가게를 매매할 때는 권리금이라는 프리미엄을 주고받습니다. 돈을 잘 버는 가게는 권리금을 높게 주고 장사가 잘 안 되는 가게는 권리금이 없는 경우도 있습니다. 권리금은 보통 몇 달치 순이익부터 몇 년치 순이익까지 다양합니다.

예를 들어서 한 달 매출이 5천만 원이고 순이익이 1천만 원인 가게가 있다면 이 가게를 인수할 때 권리금으로 얼마를 줘야 적당할지 알아봅니다. 1년간 매출은 6억, 순이익은 1억 2천만 원입니다. 6억에 사들이면 연간 1억 2천만 원을 얻으니 5년이면 본전을 뽑게 됩니다. 이런 경우 PER*이 5입니다. 6억을 투자해서 1억 2천만 원을 버니 계산하면 연 20%(100÷5=20%)의 수익률입니다. 반대로

> **TIP**
> **＊권리금**
> 토지 또는 건물의 임대차에 부수해서 그 부동산이 가지는 특수한 장소적 이익의 대가로서 임차인이 임대인에게 지급하는 금전

> **TIP**
> **＊PER**
> PER 관련 설명은 40페이지를 참고해 주세요!

12억에 사들이면 10년 후에 본전을 뽑게 되니 PER은 10이 됩니다. 연 수익률은 100÷10=10%입니다. 이렇듯 PER은 내가 투자했을 때 몇 년 안에 원금을 회수할 수 있느냐 하는 것입니다. 그래서 기업 적정주가를 분석할 때 가장 많이 사용합니다.

기업의 PER은 얼마가 적당할까요? 정답은 없습니다. 대략적으로 PER 9~12 정도를 적정하다고 봅니다. PER 9이면 연 수익률이 11%이고 PER 12이면 8%입니다. 이 정도면 회사채 금리보다 더 높은 수익률입니다. 회사채[*]보다는 주식이 좀 더 불안하다고 보기 때문에 이 정도 PER이 형성됩니다. 그럼에도 불구하고 아직도 주식시장에는 PER이 낮은 기업들이 많습니다. 여러 사유로 낮은 PER을 형성하고 있지만 그 할인요소가 해소되고 나면 이 기업들은 적정 PER까지 주가가 상승할 수 있습니다. 그래서 저평가 주식을 찾을 때 가장 먼저 보는 것이 PER입니다. 예를 들어 적정 PER을 12로 보는 투자자가 PER이 3인 저평가주를 발견하게 되면 기대할 수 있는 수익률은 300%입니다. 그렇기 때문에 저PER주를 잘 고르면 큰 홈런을 칠 수도 있습니다.

TIP
＊회사채
기업이 자금조달을 위해 직접 발행하는 채권으로 사채라고도 한다

저PER 상위 10종목

순위	종목명	PER	순위	종목명	PER
1	국동	2.2	6	신대양제지	3.4
2	세원정공	2.9	7	서산	3.9
3	대림제지	3.0	8	대원산업	3.9
4	대양제지	3.2	9	대창단조	4.1
5	수출포장	3.4	10	삼성SDI	4.4

〈2013. 4월 기준〉

반대로 고PER주들은 왜 높은 가격에 거래되고 있을까요?

당장은 이익이 적지만 차후에 이익이 늘 것을 기대하기 때문에 고PER을 유지하고 있는 것입니다. 예를 들어 당장은 PER이 100이고 순이익이 100만 원밖에 안 되는 가게이지만 가게 확장이 끝나는 대로 내년부터 예상 순이익이 1,000만 원이라면 예상되는 PER은 10입니다. 그렇기 때문에 당장 PER이 낮다고 매수를 하면 안 되고, 앞으로 그 기업의 전망이 어떤지를 먼저 살펴야 합니다. 차후에 이익이 줄어드는 기업인지 이익이 느는지를 관련기사, 리포트, 업종전망 등을 보며 기업의 미래를 예측해야 합니다.

Chapter 04
저PBR - 재산이 많은 가게

김 씨네 치킨집을 2억에 판다는 광고를 보고 조 씨는 김 씨네 치킨집을 찾아갔습니다.

"왜 2억에 내 놓습니까?"

"우선 이 가게 보증금이 2억이요. 그리고 집기류 1,000만 원, 배달 오토바이 총 1,000만 원, 그리고 닭을 5,000만 원어치 살 수 있는 어음, 그리고 금고에 현금 1억이 있소. 매출은 변변찮고 순이익은 우리 부부 간신히 입에 풀칠이나 하는 정도요. 사겠소?"

"그럼 총 3억 7천만 원의 가치가 있는 가게인데 왜 2억에 내놓습니까?"

"어쩔 수 없소. 주변 치킨집도 장사가 안 되니 이 가격에 팔 수밖에."

실제로 이런 가게가 나온다면 얼른 2억을 주고 산 다음 보증금 2억과 금고 안의 1억만 갖고 나머지는 버린다고 하더라도 1억의 이익을 그 자리에서 얻을 수 있습니다. 당연히 주인이 바보가 아니라면 이런 가게를 팔지 않겠지요. 그런데 신기하게도 주식시장에서는 이런 가격에 팔리는 기업들이 여럿 있습니다.

PBR이라는 수치를 통해 이 기업이 얼마나 싸게 거래되고 있는지 알 수 있습니다. 공식은 간단합니다. 시가총액 ÷ 순자산 = PBR입니다. 즉, 주식시장에서 시가총액이 3,000억인 기업의 순자산이 9,000억이면 이 기업의 PBR은 3000 ÷ 9000 = 0.33입니다. 가지고 있는 순자산의 1/3가격에 팔리고 있다는 뜻입니다. 만약에 이 기업을 3,000억에 산 다음 파산을 해 버리고 자산을 다 팔아 정리한다면 단순계산으로도 6,000억의 이익을 낼 수 있습니다. 즉, 이 기업이 파산을 하더라도 주주는 이득이라는 뜻입니다. 이것을 '안전마진' 이라고 부르기도 합니다. PBR이 1 미만인 기업에 투자하면 만약 기업이 잘못되더라도 원금 이상의 돈을 받을 수가 있으니 땅 짚고 헤엄치기식의 투자입니다.

> **TIP**
> **＊PBR**
> PBR 관련 설명은 41페이지를 참고해 주세요!

저PBR 상위 10종목

순위	종목명	PBR	순위	종목명	PBR
1	한신공영	0.22	6	삼양제넥스	0.33
2	삼보판지	0.27	7	S&T홀딩스	0.33
3	유화증권	0.29	8	KPX홀딩스	0.33
4	한양증권	0.31	9	삼양통상	0.33
5	만호제강	0.32	10	진양홀딩스	0.33

〈2013. 4월 기준〉
＊최근 2년간 분기적자 2회 이상, 주당 현금 흐름 적자 기업 제외

그렇다면 어떻게 이런 헐값에 주가가 형성되어 거래가 되고 있는 것일

까요? 호락호락하지 않은 주식시장이 바보가 아닌 이상 헐값에 주가가 거래되도록 놔두지는 않겠지요. 다양한 이유가 있지만 일반적으로 저PBR주는 성장성이 낮은 기업이 대부분입니다. 업황이 무척 안 좋아 이익을 내지 못하는 기업도 많습니다. 즉, 미래가 밝지 않기 때문에 자산만도 못한 주가를 형성하는 것입니다. 만약 이런 기업들이 업황이 다시 좋아져서 이익이 늘어나거나 신사업 진출로 성장성이 생긴다면 주가는 단숨에 자산가치 이상으로 올라갈 수가 있습니다. 그러므로 저PBR주들을 분석해둔 뒤, 가능성 있는 종목들을 눈여겨보아야 합니다.

고ROE - 성장성이 높은 가게

Chapter 05

　치킨집을 인수하려는 조 씨는 최 씨가 치킨집을 내놓는다는 광고를 보고 찾아가 보았습니다.

　"아니, 순이익이 1년에 5,000만 원밖에 안 되는데 어떻게 10억에 파는 겁니까?"

　"잘 들어 보시오. 재작년에는 순이익이 1,250만 원이었고, 작년에는 2,500만 원이었소. 그리고 올해는 5,000만 원이라오. 그럼 내년에는 순이익이 얼마겠소?"

　"1억 아닙니까?"

　"그렇지. 그럼 그 다음 해는 얼마겠소?"

　"2억. 그 다음 해는 4억?"

　"10억이면 당장은 비싼 가격일수도 있지만 지금 성장속도를 생각하면 헐값에 파는 거요. 사기 싫으면 안 사도 좋으니 나가시오."

주식시장은 성장성이 높은 기업을 가장 좋아합니다. 당장 눈에 보이는 현재가치보다 미래가치는 계산하기가 어렵기 때문에 그만큼 상상력을 동원하면 엄청난 가치로 불어납니다. 그래서 비싼 가격에 거래를 할 수 있습니다.

그렇다면 앞의 예시에서 최 씨네 치킨집의 적정가격은 얼마일까요? PER 10을 적정가격이라고 본다면 올해 적정가격은 5억, 내년 적정가격은 예상 순이익이 1억이니 10억, 2년 뒤는 20억, 3년 뒤는 40억이 됩니다. 성장속도가 계속 유지된다면 이 가게를 10억에 인수한다고 해도 나중에는 떼돈을 벌 수 있을 것입니다.

성장성을 측정하는 지표로 자기자본이익률*을 사용합니다. 말 그대로 가지고 있는 자본을 활용하여 얼마의 수익을 내었는가를 비교하는 것입니다. 자본이 1억인 가게가 순이익이 3,000만 원이면 3,000만 원÷1억×100 = 30%이므로 매년 30%씩 성장한다고 볼 수 있습니다. 자본을 통해 얼마나 효율적으로 이익을 내는지를 알 수 있습니다. 같은 3,000만 원을 벌더라도 1억

> **TIP**
> *자기자본이익률(ROE)
> ROE 관련 설명은 42페이지를 참고해 주세요!

고ROE 상위 10종목

순위	종목명	ROE	순위	종목명	ROE
1	한국타이어 월드 와이어	162.59	6	성창기업지주	67.48
2	케이엠더블유	126.81	7	국동	67.43
3	피엘에이	87.77	8	이그잭스	58.50
4	세하	73.33	9	AK홀딩스	54.55
5	지디	70.65	10	일진디스플레이	53.30

〈2013. 4월 기준〉

을 투자해서 버는 것과 10억을 투자해서 버는 것은 다르기 때문입니다.

ROE가 높으면 주가가 상승하는 속도도 상당히 빠릅니다. 성장 속도만큼 주가도 빠르게 올라가기 때문입니다. 그러므로 ROE가 높은 종목을 찾는 것도 좋은 투자방법입니다.

시장점유율이 높은 가게

Chapter 06

양 씨네 치킨집은 이 동네에서 가장 많은 점유율을 가지고 있습니다. 이 동네에 치킨집이 여러 곳 있지만 그중에서 양 씨네 치킨집이 가장 장사가 잘됩니다. 신장개업을 한 조 씨는 노하우를 배우기 위해 양 씨네 치킨집을 가 보았습니다.

"양 사장님, 어떻게 가장 많이 팔리는 가게가 된 겁니까?"

"그건 노하우인기라. 말할 수 없데이. 대신 점유율이 높으면 누릴 수 있는 장점이 몇 개 있는데 내가 그건 알려 줄게."

"점유율이 높으면 장점이 있다고요?"

"당연히 있다 안 카나. 우선 가격결정권이 내한테 있지. 내가 가격을 올리면 다른 가게들도 따라서 올리고 내가 낮추면 다른 데도 따라 내리지. 그리고 이미 이 동네에서는 우리 가게 치킨이 가장 많이 팔리기 때문에 굳이 따로 광고비를 쓰지 않아도 치킨하면 우리 집이라는 인식이 있제. 닭도 다른 가게들보다 몇 배는 많이 사다 쓰니 닭도 싸게 들어올 수 있어서 다른 집보다 마진이 더 좋아."

"처음부터 양 사장님 치킨집이 가장 장사가 잘되었나요?"

"그건 아니데이. 예전에는 유 사장 네가 가장 많이 팔았었다. 그래서 아무리 우리 집 치킨이 맛있어도 점유율이 쉽게 오르지 않았데이. 정말 피나게 오랜 시간 조금씩 점유율을 늘려서 결국 해낸 거 아이가. 조 사장도 열심히 노력하면 할 수 있데이. 힘내그라."

시장점유율이 높다는 것은 어떤 품목에 있어서 가장 많이 판매를 하는 것입니다. 거의 독점에 가까운 품목이 있고, 점유율이 몇 갈래로 갈라져서 서로 치열하게 전쟁 중인 품목도 있습니다. 특히 독점에 가까울 정도로 시장점유율을 장악한 기업들의 경우 경쟁자 없이 막대한 이익을 얻게 됩니다. 경쟁자를 물리치기 위해 과도한 광고비나 기술개발비를 들일 필요가 없고, 물건가격도 제약 없이 상승시킬 수 있기 때문입니다. 그래서 워런버핏도 독점기업을 사랑하라고 말했습니다.

품목별 점유율이 높은 기업

품목	기업	품목	기업
반도체	삼성전자	라면	농심
과자	롯데제과	커피	동서식품
음료	롯데칠성	소주	진로
자동차	현대차	맥주	하이트맥주
담배	KT&G	전기	한국전력

한 번 차지한 점유율은 쉽게 밀리지도 않고, 쉽게 늘어나지도 않습니다.

점유율 싸움이 가장 치열한 업종 중 하나인 소주업계에서 점유율 1%를 올리려면 마케팅 비용이 100억이 들어간다는 말이 있습니다. 신규 소주 업체가 점유율 10%를 차지하려면 마케팅 비용만 1,000억이 들어간다는 이야기입니다. 그러므로 이런 시장점유율 자체가 눈에 보이지 않는 자산이라고 보면 됩니다. 그러므로 기업의 적정가격을 분석할 때 점유율도 분석하여 업계에서 어느 정도의 위치를 차지하고 있는지 프리미엄을 계산해야 합니다.

하지만 시장점유율만 믿고 방심하면 안 됩니다. 점유율이라는 것이 늘리기는 어려워도 어떠한 사고로 뚝 떨어지는 경우가 간혹 있기 때문입니다. 한때 라면의 최강자 신라면도 흰 국물 라면 열풍 때문에 1위 자리를 잠시 내준 적이 있고, 도요타 리콜 사태 때문에 도요타도 미국 1위에서 잠시 밀린 적이 있습니다. 그러므로 업계 1위라고 해서 너무 믿고 투자하면 투자손실이 일어날 수 있습니다. 항상 투자한 기업의 뉴스에 관심을 두어야 합니다. 투자를 고려하다 보면 시장점유율이 높은 기업들의 주가는 같은 업종의 다른 기업들의 주가보다 약간 고평가되어 형성된 경우가 많습니다. 이는 안정적인 수익창출능력을 바탕으로 앞으로 미래가 어느 정도 보장되어 있고, 아까도 말했듯이 점유율 프리미엄이 반영되어 있기 때문입니다. 안정적인 투자를 원한다면 높은 점유율을 바탕으로 안정적인 성장을 하는 기업들에 관심을 가져야 합니다.

Chapter 07 브랜드 가치가 높은 가게

    황 씨네 치킨 가격은 다른 집보다 훨씬 비쌉니다. 식물성 기름으로 튀겼고 친환경공법으로 키운 닭을 재료로 하고 MSG가 전혀 들어가지 않고, 고급스러운 양념소스를 사용하기 때문입니다. 조 씨도 한 번 황 씨네 치킨집을 방문해 맛을 보았습니다. 정말 맛있었습니다. 하지만 가격이 이렇게까지 비쌀 필요가 있나 싶기도 합니다.

  "황 사장님, 옆 동네에서 치킨집을 하고 있는 조 아무개입니다. 사장님 가게 치킨이 정말 고급스러운 것은 알겠는데 너무 비싼 것 아닌가요?"

  "그런 소리 마시게. 치킨에 브랜드를 입히는 것이 얼마나 어려운 일인 줄 아는가? 엄청난 시간과 비용이 투자되어 나온 결실이란 말일세."

  "그런 줄은 몰랐습니다. 브랜드를 입히면 어떤 장점이 있나요?"

  "우선 일반 치킨과 우리 집 치킨이 같은 가격이라면 어떤 치킨을 먹을 텐가?"

  "당연히 여기 치킨을 먹겠죠."

3장 좋은 기업을 고르는 방법 103

"그럼 우리 치킨이 5천 원 정도 더 비싸다면?"

"좀 더 고민을 하겠지만 맛, 청결, 친환경, 건강 등을 생각하면 5천 원 더 비싸도 먹을 것 같은데요?"

"그렇지. 이러한 가격 차이가 브랜드 가치라네. 브랜드 가치가 올라갈수록 가게의 마진은 더욱 올라가는 거지."

거리를 나가면 브랜드 천국입니다. 살고 있는 아파트, 입고 있는 옷, 먹는 빵과 과자, 식당, 학교 앞 분식집, 생수 등 브랜드가 없는 물건은 찾아보기도 힘듭니다.

그렇다면 기업들은 왜 이렇게 브랜드에 집착하는 것일까요?

인지도 높은 브랜드를 가지게 되면 고객들에게 좋은 이미지를 심어 주게 되고, 이것은 곧 점유율과 직결되기 때문입니다. 이렇게 좋은 이미지를 쌓은 브랜드는 고객들의 머릿속에서 잘 지워지지 않습니다. 싼 것보다는 좋은 것을 찾는 고객의 변화에 따라 브랜드의 역할은 더욱 강조되고 있습니다. 같은 위치에 있는 아파트의 경우에도 브랜드가 있느냐에 따라 가격이 몇 천만 원씩 차이가 나기도 합니다. 이렇듯 브랜드 가치가 기업의 수익성에도 엄청난 영향을 줍니다. 그러므로 기업들은 브랜드 가치를 올리기 위해 수많은 노력과 비용을 투자합니다.

세계에서 가장 유명한 브랜드는 예전에는 코카콜라가 1위를 굳건히 지키고 있었지만 이제는 애플입니다. 브랜드 가치만 10조 가까이 됩니다. 상위 10위 내에 삼성 빼고는 모두 미국기업이라는 것을 볼 때 우리나라 기업의 브랜드 발전이 정말 놀랍습니다.

세계 브랜드 가치 상위 10위

순위	브랜드명	가치	순위	브랜드명	가치
1	애플	9조 8,758억	6	IBM	4조 2,669억
2	삼성	6조 6,481억	7	GE	4조 2,036억
3	구글	5조 8,971억	8	아마존	4조 1,614억
4	마이크로소프트	5조 1,509억	9	코카콜라	3조 8,692억
5	월마트	4조 7,853억	10	Verizon	3조 4,760억

〈2013년 기준, 출처 브랜드디렉토리〉

브랜드 가치를 높이기는 어렵지만 브랜드 가치를 가지게 된 기업은 더 높은 평가를 받게 됩니다. 브랜드를 가졌기 때문에 판로를 개척하기 쉽고, 확장하기도 쉽고 가격을 올리는 것도 쉬워집니다. 매출은 안정적으로 유지되고 이 브랜드 유통망을 통해 또 다른 제품을 판매할 수도 있으니 브랜드를 가져야 기업으로서는 더 나은 미래를 내다볼 수 있습니다.

그러므로 기업에 투자할 때 브랜드를 가진 기업인지 아닌지를 확인해야 합니다. 동네제과점과 동네슈퍼가 브랜드를 가진 대기업에 의해 사라져 버린 것만 봐도 알 수 있습니다. 브랜드 싸움이 치열한 업종에서 브랜드를 가지지 못한 기업이 생존하기란 어렵기 때문에 강력한 브랜드를 가진 업종에 투자하는 것이 유리합니다.

Chapter 08 사업구조가 단순한 가게

워런버핏의 명언 중 하나가 '돈 버는 구조가 단순한 기업을 고르라'는 것입니다. 사업구조가 단순해서 돈 버는 과정이 어린아이도 이해할 수 있는 기업이어야 한다는 뜻인데 상당히 일리가 있습니다.

돈 버는 과정이 단순하다는 것은 첫째로 경영자가 뛰어나지 않아도 기업의 수익에 지장이 없다는 뜻입니다. 기업을 평가할 때 경영자의 능력을 중요시합니다. 그 배의 선장이 누구냐에 따라서 배 전체가 침몰할 수도 있고 안전하게 항해할 수도 있습니다. 하지만 뱃길이 단순해 누가 선장이어도 배가 안전하게 다닐 수 있다면 사람들은 마음 놓고 그 배를 타고 다닐 수 있습니다. 경영자의 능력에 따라 좌우되는 기업은 그 수익이 불규칙하지만 단순한 구조의 사업을 하는 경우 안정적으로 수익을 낼 수 있어 투자자가 손실을 입을 가능성이 적습니다.

두 번째로 사업구조가 단순하다면 어느 정도 사업이 안정화된 기업일 가능성이 높습니다. 사업이 안정화된 기업은 어느 정도의 점유율을 가지고 있고, 나름의 브랜드를 지니고 있어 물건을 찍어내고 팔기만 해도 돈이 계속 들어옵니다. 즉, 힘들게 돈을 벌지 않는 기업입니다.

실제로 전 세계적으로 IT기업들의 붐이 일 때였습니다. 인터넷이라는 환상에 빠져서 닷컴기업이 상장만 하면 연일 상한가를 기록하던 시기였습니다. 기업의 실적은 중요하지 않고 오로지 IT의 화려한 미래만을 상상하며 주가에 거품이 가득 낀 시기였습니다. 워런 버핏은 이때 홀로 IT주에 투자하지 않았습니다. 사람들은 한물간 노인네라며 비아냥거렸지만 머지 않아 거품 낀 IT주들이 폭락에 폭락을 거듭하였고, 워런 버핏은 홀로 살아남아 세계 2위의 거부가 되었습니다.

IT기업들은 기술 발전 속도가 너무 빨라 기술력에서 뒤지면 바로 매출이 떨어지고 밀려나기 때문에 흥망속도가 매우 빠릅니다. 게다가 돈을 버는 구조도 복잡합니다. 인터넷 기업의 경우도 초기에는 엄청나게 많은 포털사이트들이 난립했다가 몇 개만 빼고 모두 사라졌습니다.

예전에 우리나라도 새롬기술이라는 기업을 필두로 IT버블이 한창이던 시절이 있었습니다. 거기에 투자해서 수많은 부자들이 나왔고 그를 지켜본 수많은 사람들이 벼락부자를 꿈꾸며 묻지 마 투자를 하였습니다. 하지만 거품이 꺼지면서 엄청난 후유증이 찾아와, 수많은 사람들이 길거리에 나앉았고 IT주로 돈을 벌었다는 주변인은 찾아보기 어려워졌습니다.

최근 몇 년 전에도 모기지 금융*에 손을 대었던 세계적

> **TIP**
> *모기지 금융
> 부동산을 담보로 주택저당증권을 발행하여 장기주택자금을 대출해 주는 제도

인 은행, 보험사들이 파산하는 사건이 있었습니다.

　상당히 복잡한 구조의 금융기법이었는데 신용이 불량한 사람들에게 주택을 살 수 있도록 돈을 빌려 주고 그 채권을 여러 개로 쪼개 다시 다른 투자사들에게 팔았습니다. 돈을 빌린 사람들이 빚을 잘 갚을 때는 채권 수익이 높아져 수많은 투자사들이 돈을 벌었습니다. 하지만 이들이 빚을 못 갚기 시작하는 순간부터 채권은 휴지 조각이 되었고 여기에 투자했던 수많은 은행과 보험사는 심각한 타격을 받았습니다. 결국 이 충격은 전 세계 금융에 심각한 후유증을 남겼습니다.

　이해하기 어려운 사업구조일수록 수많은 위험이 도사리고 있습니다. 좀 더 높은 수익에 눈이 멀어 잘못 손을 대었다가 큰 손해를 입느니 단순하고 안정적으로 돈을 벌어오는 사업에 동참하여 꾸준한 수익을 내는 것이 더 좋은 방법입니다.

Chapter 09 배당을 많이 주는 가게

조 씨는 친구와 만나 이야기를 하던 중 친구가 치킨집에 투자를 하고 있다는 사실을 알게 되었습니다. 네 명의 사장이 공동으로 투자를 해서 치킨집을 차리고 따로 매니저를 두어 가게 전반을 관리하게 한다고 합니다.

"그럼, 수익 배분은 어떻게 하는 거야?"

"1년 동안 들어간 인건비, 임대료 등의 비용을 빼고 남은 순이익이 예를 들어 1억이라고 하면 이 중에 20%는 가게의 현금으로 남겨두고 나머지 80%를 네 명이서 나눠 갖지. 그럼 매년 2,000만 원씩 수익이 생기는 거야."

"그래? 그럼 각자 얼마를 투자해서 차린 건데?"

"총 4억이 들었으니까 1인당 1억씩 투자했어. 매년 평균 2,000만 원씩 배당을 받으니까 연 20% 정도 수익률이 나와."

기업도 주주들을 모집해 많은 자본을 확보한 뒤 사업을 해 매년 수익을 냅니다. 그렇게 나온 수익을 다시 기업에 재투자하거나 수익의 일부를 투자자들에게 나누어 줍니다. 이렇게 수익을 주주들에게 나누어 주는 것을 배당이라고 합니다. 수익의 얼마큼을 주주들의 배당으로 나누어 주느냐를 '배당성향'이라고 하는데 배당성향이 높은 기업들은 많은 배당금을 매년 꾸준히 지급하고 있습니다.

하지만 투자자에게는 배당금의 액수보다 주가 대비 얼마를 배당금으로 주느냐가 더 중요합니다. 배당금을 주가로 나눈 비율(배당금÷주가)을 '시가배당률'이라고 합니다. 시가배당률을 알면 은행 이자 등과 비교해 보기 쉽습니다.

고배당주 상위 10종목

순위	종목명	시가배당률(%)	순위	종목명	시가배당률(%)
1	신풍제지	12.9	6	진양산업	8.1
2	영풍제지	11.97	7	일정실업	8.0
3	진양폴리우레탄	10.10	8	아주캐피탈	7.1
4	대신증권2우B	10.07	9	한국쉘석유	7.1
5	대신증권우	9.2	10	한국금융지주	6.28

〈2013. 3월 기준〉

고배당주에 잘만 투자하면 은행 이자보다 훨씬 높은 수익을 챙길 수 있습니다. 주가가 오르지 않아도 배당만 잘 받으면 높은 배당수익을 얻을 수 있고, 주가가 오르면 그 만큼의 시세차익을 덤으로 얻을 수 있습니다.

하지만 올해 배당을 많이 주었다고 하더라도 다음 해에 또 배당을 잘 주라는 법은 없습니다. 그렇기 때문에 몇 년간 얼마만큼의 배당금을 주었는지 철저하게 분석한 다음에 예상 배당액을 설정하고 적절한 시가배당률이 나오는 선 이하로 주가가 떨어졌을 때 매수하는 것이 좋습니다.

좋은 기업을 고르려면?

제**4**장

초보자가 명심할 몇 가지

2년간은 소액으로만 투자하세요

처음부터 과감하게 큰돈을 투자해서 주식을 운용하는 사람들이 있습니다. 성공을 하려면 배짱이 필요하기는 하지만 아직 초보인 상태에서 부리는 배짱은 무모한 행동입니다. 주식투자에서의 성공 또한 마찬가지입니다. 그러므로 주식초보는 먼저 300만 원 정도의 소액으로 2년 정도 투자하는 것을 추천합니다. 너무 적은 금액으로 투자하면 수익이 나도 눈에 띄지 않고 손실이 나도 제대로 체감하기 어렵습니다. 그렇기 때문에 최소한 300만 원 정도는 투자해야 수익과 손실이 피부로 와 닿습니다. 300만 원을 투자한 경우 하루에 5% 수익이 나면 15만 원이 늘어납니다. 15만 원은 절대 직장인에게 적은 금액이 아닙니다. 반대로 하루에 5% 손실이 나면 마이너스 15만 원입니다. 이 정도 금액이면 충분히 수익과 손실을 체감할 수 있고, 주식 공부에 대한 열정이 생겨날 것입니다.

가끔 투자한 지 몇 달도 안 되어 자기는 벌써 고수라며 본격적으로 주식에 돈을 투자하는 사람이 있습니다. 기술적으로는 어느 정도 수준에 올라왔을지 모르겠으나 주식에는 상승장이 있고 하락장이 있습니다. 상승장과 하락장을 모두 겪으며 '상승장 때는 이런 심리를 느끼는구나', '하락장 때는 정말 팔고 싶어 못 견디겠구나'와 같은 다양한 심리를 느껴 보아야 차후에 큰돈을 투자하더라도 심리적으로 흔들리지 않습니다.

처음 시작하는 소액 투자 방법

소액으로 투자하는 방법을 자세히 소개해 보겠습니다.

첫 달에는 100만 원 이하로 투자를 합니다. 두 종목만 매수해서 운용을 해 봅니다. 그리고 매도는 하지 않습니다. 계속 지켜만 봅니다. 주가가 올라 매도하고 싶은 마음이 들고 주가가 떨어져 팔고 싶은 마음이 강하게 들 것입니다. 하지만 이때일수록 절대로 팔지 말고 지금의 심리를 일기장 또는 투자노트에 적어 둡니다. 아마도 한 달이 지나면 주식에 대해 어느 정도 조금씩 이해가 될 것입니다.

이제 100만 원을 추가하여 두 종목을 더 매수해 봅시다. 이제 총 200만 원으로 네 종목을 운용하게 됩니다. 마찬가지로 이번에도 네 종목 모두 매도는 하지 않고 지켜만 봅니다. 주가가 오르든 내리든 팔고 싶은 마음은 인간의 본성입니다. 이것을 이기는 연습을 해 보는 것입니다. 돈의 노예가 되는 것이 아니라 돈을 통제할 줄 아는 사람이 되어야 나중에 큰돈을 운용할 수 있습니다. 두 달 후에 100만 원을 추가하여 한 종목을 매수하고 남은 돈은 기존의 네 종목 중 하나를 골라 추가매수를 합니다. 이제 300만 원으로 다섯 종목을 운용하게 됩니다. 이렇게 1~2년간은 그저 이 종목들을 지켜보는 연습을 하는 것입니다. 가지고 있는 주식을 너무 팔고 싶을 때, 그리고 다른 주식이 너무 사고 싶을 때 투자일기를 써놓습니다. 나중에 큰돈을 투자할 때 이 투자일기가 정말 소중한 자료가 됩니다.

여기서 가장 중요한 점은 종목을 고를 때 신중하게 골라야 한다는 점입니다. 한 번 매수하면 1~2년간은 매도를 하지 않기로 정했기 때문에 우량주를 골라야만 합니다. 주가 확인을 장중거래시간에 하면 사고팔고 싶은 마음이 강해지니 퇴근 후 저녁시간에 확인을 하는 것도 괜찮은 방법입니다. 내가 이 회사 사장이 된 것처럼 회사 실적도 자세히 분석해 보고 업계 동향도 살펴보고 경쟁사들과의 관계, 제품에 대한 소비자의 선호도, 시장점유율, 지분관계 등을 꼼꼼히 분석하여 최소한 내가 가진 다섯 종목에 대해서는 제대로 알고 있어야 합니다. 좋은 기업을 찾아 그 주식을 보유하고 헐값에 매도하지 않는다면 큰 수익을 얻을 수 있기 때문입니다.

경제 공부를 먼저 합시다

일반인 중에는 공부를 해서 투자하기보다는 누군가의 권유 또는 소문을 듣고 투자를 하는 경우가 많습니다. 본인이 힘들게 공부해 내공을 키우는 것보다 다른 사람이 쉽게 알려 주는 종목을 사고팔며 수익을 올리는 것이 편하기 때문입니다. 하지만 경제를 알게 되면 주식도 부동산도 눈에 보여 누군가의 추천이나 소문에 휘둘리지 않고 스스로 생각하고 판단하게 됩니다. 이러한 투자가 가장 좋은 투자입니다. 투자를 하는 데 필요한 경제 공부를 몇 가지 소개합니다.

경기순환주기와 주가의 법칙

계절에 봄, 여름, 가을, 겨울이 있듯이 경제도 경기회복기, 경기활황기, 경기후퇴기, 경기침체기가 있습니다. 이 주기를 이해하고 있어야 엉뚱한 타이밍에 투자하여 돈을 잃지 않습니다.

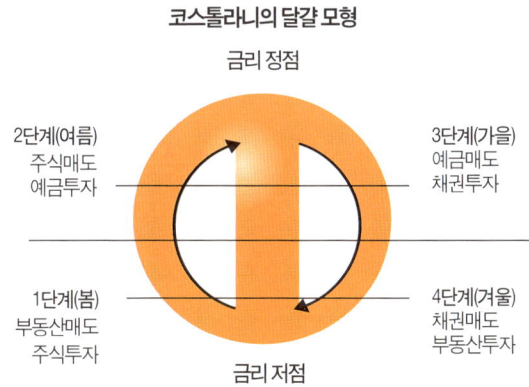

봄

봄이 되면 언 땅이 녹고 새싹이 자라듯이 경기도 바닥에서 조금씩 살아나기 시작합니다. 추운 겨울 같은 침체기 동안 정부가 풀었던 돈이 이제야 싹을 틔우는 시기입니다. 기업도 슬슬 투자와 고용을 늘리기 시작합니다. 돈이 회전되니 서민들의 지갑도 열립니다. 집도 사고 차도 사는 등 구매력이 증가하니 대출이 늘고 금리도 서서히 오릅니다. 금리가 올라도 주가는 떨어지지 않는 이유는 경기가 급속도로 회복되면서 주가가 상승세를 유지하기 때문입니다.

여름

여름이 되면 본격적으로 경기가 좋아지고 주식 또는 부동산이 과열되기 시작합니다. 주변에서 돈 좀 벌었다는 사람이 속속 등장하기 시작하고 너도 나도 투자열풍이 부는 시기입니다. 물가도 치솟아 중앙은행에서는 이를 억제하고자 금리를 올립니다. 이 시기는 과열된 시장이 조성되기 때문에 서서히 주식을 정리하여 현금을 확보하는 것이 좋습니다.

가을

가을이 되면 서서히 불황으로 접어드는 시기입니다. 하지만 개인투자자들은 불황을 불황으로 여기지 않고 곧 다시 찾아올 호황을 기다리며 희망을 부풀립니다. 금리가 서서히 떨어지고 기업의 매출 증가세가 꺾이지만 과열되었던 경기 탓에 불황이 시작되었는지도 모르는 사람들이 많습니다. 주식시장에서는 이때 최대한 정리를 하고 예금 또는 채권으로 갈아타는 것이 좋습니다.

겨울

겨울이 되면 경기는 더욱 냉각되고 먹고 살기 힘들다는 뉴스로 도배를 하는 시기입니다. 금융당국에서는 경기를 살리기 위해 강력한 부양책을 내놓습니다. 물론 효과가 나타날 때까지는 어느 정도의 시간이 걸립니다. 금리도 더 이상 내려가기 힘들 정도로 바닥을 찍기 때문에 적금 및 예금 이자도 마땅치 않습니다. 하지만 이 시기야말로 싼 금리로 부동산을 구입하거나 가장 싼 가격에 나온 우량주식을 매수할 수 있는 적기입니다.

경제 공부에 도움 되는 것들

경제 공부에 도움이 되는 것에는 어떤 것들이 있을까요?

대표적으로 경제신문, 경제잡지, TV 등이 있습니다. 예전에는 경제신문이 경제 흐름을 익힐 수 있는 유일한 방법이었으나 미디어의 발달로 인터넷을 통해서 경제뉴스를 심층적으로 공부할 수 있고, 모르는 내용은 바로 검색을 할 수 있습니다. 그리고 경제 관련 케이블TV 채널이 많아져 원하면 24시간 내내 공부를 할 수 있습니다.

처음에는 뉴스를 보고 신문을 봐도 전문용어가 많아 무슨 말인지 잘 모르지만 꾸준히 계속 듣다 보면 나중에는 무리 없이 경제흐름을 읽을 수 있습니다. 요즘은 인터넷 및 스마트폰을 통해 인터넷뉴스를 자주 보므로 언제 어디서든 경제 공부를 할 수 있습니다.

1. 인터넷에서 관심이 가는 경제기사를 클릭한다
▼
2. 기사를 읽어 보고 모르는 용어들을 체크한다
▼
3. 모르는 용어들을 사전 등을 이용해 찾아본다

Chapter 03 안전한 주식을 삽시다

　사람들은 보통 주식을 위험한 투자라고 말합니다. 하지만 안전한 기업을 고를 수만 있다면 다른 투자보다 안전한 투자가 될 수 있습니다. 불안한 주식을 사면 오늘 오를지 내일 떨어질지 모르니 본업이 손에 잡히지 않게 됩니다. 돈을 좀 더 벌려다 본업마저 놓치는 일은 없어야 합니다. 반대로 안전한 주식을 사면 마음이 편하기 때문에 본업에 집중할 수 있습니다.

　그렇다면 안전한 주식은 어떻게 고를 수 있을까요?

　기본적으로 회사가 가진 자산이 시가총액보다 많은 회사를 고르면 됩니다. 빚을 다 갚고도 현금을 5억 가지고 있는 가게가 4억에 팔린다면 최소한 가게가 망해도 손해는 보지 않습니다. 이런 기업들이 주식시장에 널려 있습니다.

　역으로 불안한 주식을 골라내서 투자를 하지 않는 것도 안전한 주식에 투자하는 방법이 될 수 있습니다.

불안한 주식에는 어떤 것이 있을까요?

부도나기 직전의 기업 주식

부도가 나거나 상장폐지가 예정되면 그 기업의 주식은 급락하게 됩니다. 이런 주식을 싸다는 이유로 사들이는 경우가 있는데 매우 위험한 행동입니다. 예전에 금호그룹이나 쌍용차처럼 다시 살아나서 주가가 어느 정도 회복되는 기업들도 있지만 대다수 기업의 주식은 휴지 조각이 되었습니다.

빚이 많은 기업 주식

과도한 빚으로 허덕이는 기업을 보면 장사가 잘되지 않아 돈을 제대로 벌지 못하고 있거나 영업이익이 나더라도 엄청난 대출이자를 감당하느라 적자가 심한 기업이 대부분입니다. 이자는 이자를 낳고 빚은 점점 늘어나니 겉으로 보기에 멀쩡한 대기업도 쓰러질 수밖에 없습니다. 돌이켜 보면 대기업 중에도 빚 때문에 무너진 곳이 한둘이 아닌 것을 알 수 있습니다.

규모가 작은 기업 주식

규모가 작은 기업들도 초보자가 투자하기에 적합하지 않습니다. 아직 회사가 궤도에 안정적으로 오르지 못한 상태이기 때문입니다. 또 제품 하나로 먹고 사는 기업이 많기 때문에 주력상품이 경쟁에서 밀리면 바로 도태될 수 있습니다. 사장의 능력에 따라 좌우되는 기업도 많아 사장이 바뀌거나 일일이 모든 업무에 터치할 수 없을 만큼 기업이 커져 버리면 기업 효율이 떨어질 수 있습니다. 또한 위기가 닥치면 힘든 시기를 견뎌낼 만한 자금이 부족하여 버티지 못하고 쓰러질 수도 있습니다. 가장 큰 단점은 시가총액의 규모가 작기 때문에 작전세력들이 장난을 칠 확률이 높습니다. 그렇기에 사업영역이 다양하고 시장점유율이 어느 정도 있고, 시가총액 1,000억이 넘는 중견기업 이상에 투자하는 것이 안전합니다.

테마주

주식 초보자가 주식에 입문하는 계기 중 지인에게 어떤 기업을 추천받은 경우가 가장 많습니다. 그래서 테마주, 작전주로 주식을 시작하는 경우가 많은데 이런 경우 돈을 잃을 확률이 높습니다. 우리가 알고 있는 테마주 중에는 미래의 꿈만 가지고 주가가 형성되었다가 실적이 뒷받침되지 못하자 폭락한 종목이 수없이 많습니다. 테마주에 투자했다가 망한 사례를 말하자면 하루가 걸려도 시간이 모자랄 겁니다. 대표적인 사례를 딱 한 종목만 이야기한다면 1999년 8월 13일에 1,491원으로 시작한 새롬기술입니다. 새롬기술의 주식은 IT버블을 타고 엄청나게 폭등하기 시작합니다. 결국 2000년 2월, 20만 원을 넘으면서 137배가 올랐고 상장기업 중 시가총액 2위에 오릅니다. 순이익 4억인 회사가 미래의 꿈만 먹고 시가총액이 2조 4,700억이 되었습니다. 이 순이익으로 6000년을 넘게 벌어야 시가총액이 성립됩니다. 이처럼 말도 안 되는 거품이 끼고 얼마 되지 않아 폭락의 폭락을 거듭하며 수많은 투자자들이 거리에 나앉게 되었습니다.

한때 자전거 테마주가 열풍인 적이 있어 삼천리 자전거는 1년 사이에 10배가 넘게 올랐습니다. 하지만 실적은 전혀 따라 주지 못했습니다. 오른 주가만큼 실적이 따라오려면 온 국민이 자전거를 세 대씩 보유해야 가능했습

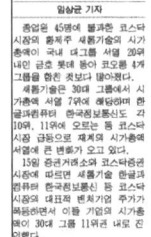
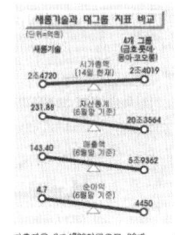

니다. 결국 주가는 곤두박질치고 1/5 토막이 나면서 수많은 투자자들이 눈물을 흘리게 됐습니다.

하지만 지금도 수많은 테마주가 떠올랐다 사라지고 있습니다. 이런 테마주에 투자자들이 빠져드는 것은 테마주가 주는 수익률의 환상 때문입니다. 주식을 통해 대박을 잡으려는 욕심을 버리지 못한다면 주식을 하지 않는 것이 더 낫습니다. 거의 모든 테마주에는 작전세력들이 개입해 있고 이들이 주가를 좌지우지하기에 개인투자자가 돈을 벌 확률은 지극히 낮습니다.

욕심을 버리고 튼실한 기업을 사서 장기간 보유하는 것이 결국에는 가장 훌륭한 투자라고 다시금 말씀드립니다.

분할매수 / 분할매도 하기

Chapter 04

초보자들이 주식에 입문 시 가장 많이 하는 실수 중 하나가 한 번에 주식을 샀다가 한 번에 다 팔아 버리는 것입니다. 주가가 오르는 것이 보이면 나

분할매수를 통한 평균매입단가 하락 효과

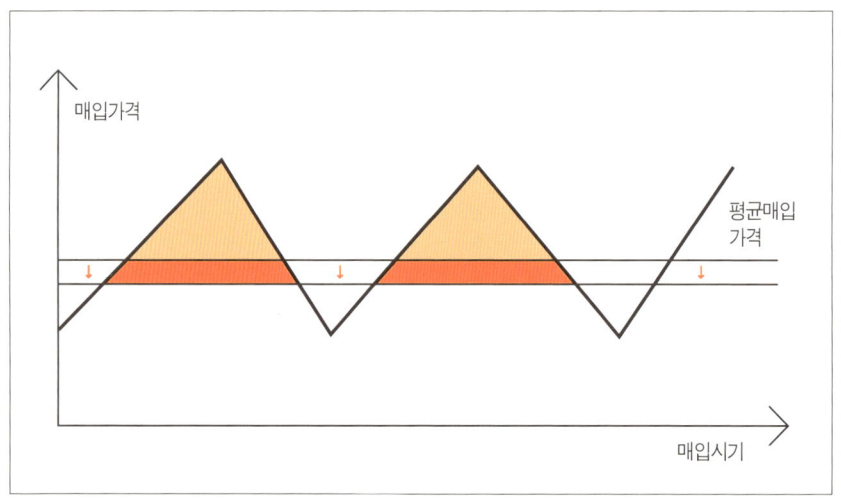

중에 더 비싸질 것 같다는 생각에 덜컥 사 버리고 주가가 조금만 떨어지면 더 떨어질 것 같은 공포심에 냅다 팔아 버리는 현상은 인간의 기본 심리입니다. 세력들은 이런 대중심리를 절묘하게 이용합니다. 가격을 올렸다 내렸다를 반복하며 개인투자자들의 물량을 뺏기도 하고 크게 올리기 전에 가격을 폭락시켜서 투매를 유발합니다.

가장 바닥에 사들여 가장 꼭대기에 판다면 정말 좋겠지만 우리는 신이 아니기에 주가가 얼마나 떨어질지 또 얼마나 오를지 예측할 수 없습니다. 그렇기에 수익률은 조금 낮추더라도 안정적인 분할매수와 분할매도를 해야 합니다.

좋은 기업을 발견한다면 철저하게 분석해서 이 기업의 적정주가를 산출한 뒤, 지금 주가가 충분히 싸다고 판단되면 일정기간을 두고 조금씩 매수를 하거나 또는 주가가 하락하거나 조정을 받을 때마다 추가매수를 하는 것이 좋습니다. 이렇게 분할매수를 하면 평균매입단가를 낮출 수 있습니다. 특히 주가가 오르락내리락하는 경우라면 분할매수가 매우 효과적인 방법입니다.

이렇게 보유한 기업의 주가가 충분히 오르고 있다고 판단되면 조금씩 매도를 합니다. 예를 들어 목표가가 10만 원인 기업의 주가를 5만 원에 샀을 경우 6만 원에 20%, 7만 원에 20%, 8만 원에 20%, 9만 원에 20%, 10만 원에 20%씩 분할매도하는 방법도 있습니다. 또는 주가가 만 원씩 오를 때마다 주식잔량에서 20%씩 매도하는 방법도 있습니다. 그 외에도 주식보유액에서 일정 비율씩 줄여 나가는 방법, 시간에 따라 분할매도하는 방법 등 여러 가지 방법이 있습니다.

구분	1차 상승 시	2차 상승 시	3차 상승 시	4차 상승 시	목표 도달 시
방법A (100주)	20주 매도	20주 매도	20주 매도	20주 매도	20주 매도
방법B (100주)	20주 매도	16주 매도	13주 매도	10주 매도	8주 매도

분할매수와 분할매도는 습관을 들여놓지 않으면 고치기 쉽지 않습니다. 그렇기에 주식을 시작할 때부터 분할해서 조금씩 매수하고 주가가 오르기 시작하면 조금씩 매도하는 연습을 해두어야 나중에 후회하는 일을 막을 수 있습니다.

공포심을 이겨야 최후의 승자가 됩니다

Chapter 05

주식투자에 실패하는 이유는 욕심과 공포심 때문입니다.

반대로 욕심을 부리지 않고 공포심을 이겨 내면 주식투자에서 성공할 수 있습니다. 역설적이게도 욕심을 버리고 투자했을 때 더 높은 수익을 내는 경우가 많습니다. 실제로 재야고수들 중에는 욕심과 공포심을 통제함으로써 높은 주식 수익률을 기록한 사람이 많습니다. 왜 그럴까요?

주식시장에는 개인의 욕심을 이용하려는 세력들이 항상 숨어 있습니다. 욕심이 없는 사람은 사기를 당하지 않습니다. 사기꾼들은 일확천금을 노리는 사람의 욕심을 교묘히 이용할 줄 압니다. 주식투자는 욕심을 버리고 은행예금보다 좀 더 높은 수익을 얻겠다는 마음으로 여유를 가지고 길게 투자해야 성공할 수 있습니다.

하지만 욕심을 이기는 것보다 공포심을 이기는 것이 더 어렵습니다. 공포심은 인간의 가장 원초적인 본능이기 때문입니다. 내 재산이 반 토막 나는 것을 보고도 마음의 평정심을 유지할 수 있는 사람이 몇이나 될까요? 주식초보자들이 하락장에서 더 큰 피해를 보는 것도 이런 이유 때문입니다.

지금이야 어떤 폭락장이 와도 견뎌낼 수 있다고 자신하지만 막상 폭락을 경험하면 그 공포심은 상상을 초월합니다. 2008년 어느 날 글로벌 경제위기 위험이 닥치자 사상 유례없이 전 종목 하한가를 기록한 적이 있습니다. 주식을 팔고 빠져나오고 싶어도 아무도 사 주지 않았기에 그 공포심은 최고조에 이르렀습니다. 2000선을 돌파했던 코스피 지수는 900대로 반 토막이 나 버렸습니다. STX는 1/10토막이 났고 증권주들과 하이닉스도 1/5토막이 났습니다. 코스피 지수가 500 밑으로 떨어질 것이라는 인터넷 논객 말에 대다수의 사람이 동요했고 주식시장은 공포와 혼란의 도가니였습니다. 전 세계 경제 시스템이 붕괴되고 예전의 대공황보다 훨씬 더 심한 불황이 온다는 소문이 파다했습니다. 하지만 결국 어떻게 되었습니까?

2008~2009년 KOSPI 지수

900선을 터치하고 바닥을 찍은 코스피는 가파르게 올라 1년 만에 1600선을 돌파했습니다. 만약 남들이 공포심에 질려 우량주들을 헐값에 던질 때 주식을 쓸어 담았다면 어땠을까요? 현대차와 LG화학은 3년 뒤에 7배나 넘게 올랐고, 정유주는 5배가 올랐습니다.

2008~2011년간 주가차트

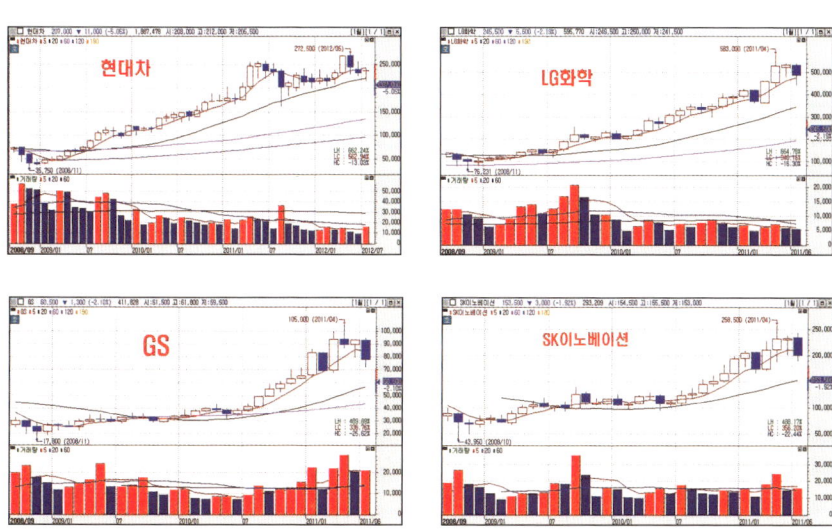

하지만 다시 그 시절로 돌아간다고 해도 모두가 공포에 질린 패닉상태에서 매수할 수 있을까요? 아마도 다시 남들처럼 헐값에 주식을 집어 던질 것입니다. 그렇기에 주식에 입문하면 2년간은 상승이 오든 하락이 오든 매도하지 않고 욕심과 공포를 그대로 느껴 보는 연습을 해야 합니다. 욕심과 공포에 익숙해져야 나중에 실제 상황이 닥쳐도 흔들리지 않고 투자를 할 수 있습니다.

Chapter 06 스스로 기업을 찾아내 봅시다

　많은 사람들이 누군가 추천해 준 주식을 사면서부터 주식에 입문하게 됩니다. 이렇게 추천해 준 주식을 사고 난 뒤 꽤 수익을 거두었다면 또 다시 주식 추천을 구걸하고 다니게 됩니다. 하지만 노력 없이 얻은 수익은 언젠가 내 발목을 잡을 것입니다.

　예전에 유명한 인터넷카페가 있었습니다. 그곳에는 카페 회원들에게 인지도가 꽤 높은 카페지기가 있었는데 그 사람이 찍어 주는 주식을 사면 대부분 오르는 효과가 있었습니다. 미래를 내다보는 눈이 있는 것도 아닌데 정말 신기한 노릇이었고 점점 유명세를 타게 되었습니다. 하지만 결국 모든 것이 카페지기가 꾸민 사기인 것으로 드러났습니다. 게다가 전문 투자자도 아닌 지방에 사는 대학생으로 밝혀졌습니다. 카페지기는 미리 어떤 주식을 사둔 다음 장이 시작되기 전에 회원들에게 문자를 보내 회원들이 앞다투어 그 주식을 사려고 상한가를 만들면 팔아서 수익을 챙기는 수법을 사용한 것입니다. 결국 그날 하루만 상한가였고 다음 날은 폭락하여 아수라장이 되었습니다. 어쨌든 카페지기가 점지해 준 종목이 상한가로 갔으니 그의 말은 틀리지 않았습니다.

주식시장에서 아무리 고급정보라 해도 이미 내 귀에 들어왔을 때는 수많은 사람들 귀에도 들어간 것입니다. 누군가가 추천해 주는 종목은 의도가 있는 것이라고 생각하고 본인이 스스로 튼실한 기업을 찾아내야 합니다.

하지만 주식초보가 튼실한 기업을 찾는 것은 매우 어렵습니다. 그래서 2년간 소액으로 투자하면서 앞으로 제대로 투자할 기업을 찾아보아야 합니다. 좋은 기업을 평생에 4~5번만 만난다면 주식투자로 난 수익으로 충분히 노후를 즐길 수 있기 때문입니다.

스스로 기업을 찾아내려면 어떻게 해야 할까요?

자신만의 기업을 찾는 원칙이 있어야 합니다

알짜 자산이 많은 기업, 매출이 계속 늘어나는 기업, 업황이 회복되어 적자에서 흑자로 전환하는 기업, 대대적인 시설투자가 완료되어 수익이 나기 시작하는 기업, 독보적인 시장점유율로 가격경쟁력을 가지고 있는 기업, 업종대표기업 등 자신이 정한 투자원칙을 세워야 합니다.

투자원칙에 해당하는 기업을 찾아야 합니다

HTS 프로그램의 필터링을 통해 찾아낼 수도 있고 경제TV에서 추천해 주는 기업을 심층분석해 보는 방법도 있습니다. 대형마트에서 반응이 좋은 물건을 만드는 기업을 찾아내서 분석하는 방법, 신문에서 찾아보는 방법 등 기업을 찾는 방법은 여러 가지가 있습니다.

기업을 찾은 다음에는 어떻게 해야 할까요?

아주 세밀하게 분석해야 합니다. 기본적으로 알짜 자산이 얼마나 되는지 매출, 영업이익, 순이익 등이 어떻게 변하는지, 경쟁사와 싸움에서 밀리고 있지는 않은지, 신제품을 준비 중인지, 경영진의 전략은 어떤지, 정부정책은 어떻게 변할 건지 등 그 기업 사장보다 더 분석을 해야 합니다. 이렇게 인터넷으로 사전조사를 마친 다음에는 그 기업을 직접 찾아가 보는 것도 좋습니다. 일반인이 기업을 방문하면 출입이 제한될 수 있기 때문에 여러 사람들과 같이 가는 방법도 있고 기업을 방문한 사람의 이야기를 들어 보는 법도 있고 그 기업 주변 사람에게 기업의 평판에 대해 듣는 방법도 있습니다.

이렇게 눈으로 확인까지 끝나면 이제 기업을 매수할 시기를 노립니다. 아무리 좋은 기업도 싸지 않으면 수익을 가져다주지 않기 때문입니다. 좋은 기업을 싸게 사는 것이 가장 중요합니다. 항상 기업의 소식과 주가를 체크하다 주가가 원하는 만큼 싸졌을 때 본격적으로 매수하는 것이 좋습니다. 하지만 이때 이유 없이 계속 하락하는 주식을 바로 사기보다는 주가가 하락한 이유를 알고 하락세가 진정되었을 때 매수해야 합니다.

무릎과 어깨는 아무도 모릅니다

가끔 드라마나 영화를 보면 미래에서 과거로 돌아가 주식을 해서 떼돈을 버는 소재가 종종 나옵니다. 그만큼 미래의 주가를 알고 싶어 하는 인간의 소망은 간절하지만 차라리 순간이동이나 투명인간을 바라는 것이 더 빠를지도 모르겠습니다. 하지만 아직도 주가의 미래를 맞힐 수 있다고 생각하는 사람들이 많습니다. 이 종목의 최고점은 얼마 정도니 이때 팔아야 하고 얼마가 바닥이니 이때 사라는 점쟁이들이 난무하고 이들을 따르며 추종매매하는 사람들이 있으니 마치 사이비 교주와 신도들을 보는 것 같습니다.

만약 주가의 바닥과 꼭지를 비슷하게라도 맞힐 수 있는 능력이 있다면 세계 최고의 부자가 되었을 것입니다. 아무도 그러한 능력이 없기 때문에 헐값에 팔기도 하고 꼭지에서 비싼 값에 사는 것입니다. 하지만 종목에 대해서 철저한 분석을 한다면 최소한 꼭지에서 사고 바닥에서 파는 일은 막을 수 있습니다.

기업을 철저하게 분석해 적정주가를 구하면 이 주가가 싼 것인지 비싼 것이지 알 수 있습니다. 단지 기업의 알짜자산을 중요시 하느냐 수익성을 중요시 하느냐에 따라 적정주가는 바뀔 수 있습니다. 즉, 적정주가는 자신만의 원칙에 따라 정하고 이에 맞추어 매수와 매도를 결정해야 하는 것입니다.

예를 들어 매출액과 순이익이 매년 10%씩 상승하고 현재 주가가 5만 원인 A기업이 있다고 봅시다. 기업의 PER을 10이라고 원칙을 세웠다면 아래 표처럼 기업의 적정주가는 계속 오르게 됩니다. 이렇게 분석한 A기업의 주가가 적정가보다 많이 싸다면 매수를 하고 적정가에 이르렀다면 매도를 하면 됩니다.

구분	2013	2014	2015	2016	2017	2018
매출액	100억	110억	121억	133억	146억	161억
순이익	10억	11억	12억	13.3억	14.6억	16억
PER	10	10	10	10	10	10
적정가	5만 원	5.5만 원	6만 원	6.6만 원	7.3만 원	8만 원

기업을 분석해서 적정가를 산출하는 방법 이외에도 어깨와 무릎을 예측할 수 있는 방법이 있습니다. 어느 종목의 주가가 어깨쯤 올라왔을 때는 이 주식을 가지고 있는 사람들은 주식을 팔기 싫어하고 이 주식이 없는 사람은 이 주식을 사기 위해 안달 난 상태입니다. 이 회사에 대한 희망으로 가득차 있기 때문에 안 좋은 소식은 바로 묻히거나 귀담아 들으려 하지 않습니다. 간혹 악재도 호재로 인식하는 분위기까지 나타납니다. 이때는 아무리 좋은 주식이어도 슬슬 매도를 하여 수익을 확정 짓는 것이 좋습니다. 이런

주식들 중에는 적정가보다 주가가 더 올라가 버리는 '오버슈팅 현상'이 나타나기도 합니다. 오버슈팅 현상이 나타났을 때에는 더 수익을 얻고 싶은 마음이 있더라도 과감히 정리하고 나오는 것이 나중에 있을 폭락 시 손해를 보지 않을 수 있습니다.

주가가 무릎쯤 내려갔을 때의 분위기는 어깨로 올라왔을 때와는 정반대입니다. 비관적인 사람들로 가득 차 거래량도 많이 줄어든 상태입니다. 기업의 적정가보다 주가가 많이 내려갔지만 비관적인 전망 덕분에 지금 주가도 비싸다는 말을 듣습니다. 호재가 터져도 주가는 계속 흘러내리는 상황입니다. 차트상으로 볼 때도 사기 두려울 정도로 주가가 계속 내려가고 있습니다. 이럴 때가 무릎 또는 바닥입니다. 좀 더 내려갈 수도 있고, 바닥을 찍고 오를 수도 있습니다. 이때는 천천히 분할매수를 통해 물량을 모아 가야 합니다. 도중에 주가가 확 올라 버린다면 추격매수를 하기보다는 놓아 주는 것도 방법입니다. 어깨 위에서 주식을 팔 때보다 무릎 아래서 주식을 살 때 더 주의가 필요합니다. 이 주식이 왜 내렸는지 정확히 알고 매수를 해야지 그냥 평소보다 싸다고 마구 사들였다가 지하 2층, 3층을 구경할 수도 있기 때문입니다. 그렇기 때문에 원인 분석을 충분히 한 후 앞으로 오를 희망이 있는 기업이라면 장기적인 관점을 가지고 바닥에서 천천히 매수하는 것이 좋습니다.

Chapter 08 싼 것이 비지떡

    백화점에 가 보면 옷이 너무 비싸다는 생각을 하게 됩니다. 비싼 만큼 품질이 좋다고는 하지만 품질에 비해서 너무 비싸다는 것은 단점입니다. 주식으로 치면 고평가된 우량주에 비유할 수 있겠지요. 반대로 인터넷에서 옷을 사려고 보면 정말 싸다는 생각이 듭니다. 대신 주문하고 물건을 받으면 실망할 때가 많습니다. 한 번 세탁하고 나면 물이 빠지거나 옷감이 망가지는 경우도 있습니다. 괜히 싼 게 아니구나라는 생각이 절로 듭니다.

    주식시장도 매우 합리적인 가격을 형성한다고 할 수는 없지만 일반적으로 그 주가가 그 가격을 유지하고 있는 데는 그만한 이유가 있습니다. 사연 없는 무덤 없듯이 어떤 기업의 주가가 평소보다 많이 오르거나 내렸다면 반드시 그 이유부터 찾아보아야 합니다. 간혹 이유 없이 오르거나 내렸다 해도 시간이 지나고 보면 그 이유를 찾을 수 있습니다.

주가가 적정가보다 낮아진 이유는 뭘까요?

명탐정처럼 주식 가격이 오르고 내린 이유를 정확히 분석하는 것이 주식투자의 핵심입니다. 주가가 적정가보다 싼 경우에는 여러 가지 이유가 있을 수 있습니다.

첫째, 매출과 이익이 줄고 있는 경우

기업에 있어서 매출이 줄어든다는 것은 치명적입니다. 성장이 아닌 퇴보를 하고 있다는 것이기에 점유율에서 밀리고 경쟁력을 잃어간다는 뜻도 됩니다. 순이익은 일시적인 손실처리 때문에 적자가 날 수도 있기에 주가가 크게 하락하지 않지만 매출이 줄어들면 주가는 크게 하락할 수 있습니다. 여기에 적자까지 더해진다면 기업도산에 대한 불안감이 커져 더 큰 하락을 불러올 수도 있습니다.

둘째, 매출은 유지가 되나 과도한 부채비율로 적자가 심해지는 경우

빚이 많으면 아무리 이익이 나더라도 은행이자를 갚는 데 써 버리기 때문에 기업이 제대로 유지될 수 없습니다. 만약 이익이 줄거나 금리가 오른다면 바로 적자로 이어질 수밖에 없습니다. 빚이 많은 기업은 가능한 투자를 안 하는 것이 좋지만 굳이 투자를 한다면 기업 이익이 갑자기 증가해서 부채를 줄여나갈 수 있다고 예상될 때 하는 것이 좋습니다.

셋째, 외부적인 영향으로 인해서 주가가 하락하는 경우

예를 들어 전쟁 위기 또는 환율, 회계, 벌금 등의 일시적인 손실로 인해서 주가가 하락하는 경우입니다. 기업의 매출, 이익 등에는 영향이 없으나 일회성 비용처리로 인해 이익이 감소된 것으로 나타나기 때문에 주가가 하락합니다. 보통 이럴 때가 주식을 평소보다 싸게 매수할 수 있는 좋은 기회입니다. 단, 일시적 손실이 매우 커서 완전히 망가진 기업의 경우에는 주식 매수를 자제해야 합니다. 예전에 KIKO사태로 중소 수출기업들이 엄청난 환손실을 입어 아직도 회복되지 못한 경우도 있습니다. 외부의 충격이든 일시적인 손실이든 기업의 매출과 이익에 영향을 주지 않는 종목에 투자해야 합니다.

넷째, 과도한 시설투자로 인해 당장 이익이 나지 않는 경우

화학, 정유, 철강 등의 중화학공업들은 수익성을 높이고 원가를 낮추기 위해 엄청난 규모의 돈을 주기적으로 투자합니다. 투자액 자체가 워낙 크다 보니 투자비용을 회계상으로 몇 년 동안 나누어 이익에서 빼 순이익이 적게 나는 것처럼 보이는 경우가 있습니다. 회계상 투자비용 처리가 다 끝나고 투자시설이 완성되어 본격적으로 가동되기 시작하면 그 기업의 이익은 급증하게 됩니다. 그러므로 순이익이 갑자기 줄었다면 왜 줄었는지 이유를 알아보고 투자를 해야 주식투자에 성공할 수 있습니다.

몰빵 금지! 분산투자!

주식투자의 경우 한두 종목에 집중투자하면 매우 위험합니다. 아무리 좋은 주식이라도 갑자기 돌발 변수에 의해서 주가가 폭락할 수 있기 때문입니다. 법적소송문제로 큰돈을 지불해야 한다거나 정책이 바뀌어 기업의 전망이 어두워졌거나 공장 화재 같은 사고가 나거나 갑자기 강력한 경쟁자가 나타나는 등 우리가 예측할 수 없는 일이 너무도 많습니다.

주식투자의 거장 중 한 명인 피터 린치의 경우 마젤란 펀드를 운영하면서 초기에는 40종목에 투자를 하였으나 나중에는 1,400종목으로 엄청난 분산투자를 하였습니다. 그 외에 워런버핏, 찰스 멍거, 필립 피셔와 같은 거장들도 10개 이내의 종목에 분산투자를 하고 그중 몇몇 종목에 좀 더 힘을 집중하여 투자한 것으로 알려져 있습니다.

일반인이 투자하기에 적당한 종목 수는 얼마일까요?

사람마다 다르지만 일반적으로 5~10종목 사이가 좋다고 합니다. 너무 적지도 많지도 않은 수이기 때문에 관리하기 적당하고 충분히 분산효과를 누릴 수도 있습니다.

일반인을 위한 분산투자 예시

구분	종목1	종목2	종목3	종목4	종목5	종목6	종목7	계
예시1	20%	20%	20%	10%	10%	10%	10%	100%
예시2	25%	25%	10%	10%	10%	10%	10%	100%

위의 예시를 보면 예시1에서는 총 7종목 중 주력종목을 세 개로 정하고 주력은 20% 비중으로 투자하고 나머지는 10% 비중으로 분산투자를 한 모습입니다. 예시2에서는 총 7종목 중 주력종목을 두 개로 정하고 주력은 25% 비중으로 투자하고 나머지 5종목은 10% 비중으로 분산투자한 모습입니다. 이렇듯 분산투자를 하면 한 종목이 갑자기 폭락을 하더라도 전체 수익률에 미치는 충격을 줄일 수가 있어 큰 손해를 입는 것을 막을 수 있습니다. 예를 들어 종목3이 갑자기 부도가 나서 주가가 50%나 하락하였다면 몰빵을 하였을 경우에는 손실이 50%가 되고 예시1에서는 손실이 10%, 예시2에서는 손실이 5%가 됩니다. 이렇듯 분산투자를 하는 것은 만약의 위험에 대한 보험이라 할 수 있습니다.

주식초보가 가장 주의할 점은?

제5장

초보자가 하면 안 되는 몇 가지

Chapter 01 3점 슛을 남발하면 결국은 질 수밖에 없어요

농구에는 1점 슛, 2점 슛, 3점 슛이 있습니다. 이 중 3점 슛이 주는 쾌감은 짜릿합니다. 3점 슛이 성공하면 관객의 환호소리도 커집니다. 3점 슛은 짜릿한 만큼 성공 확률이 낮습니다. 하지만 간혹 지고 있는 팀이 조급한 마음에 무리하게 3점 슛만 쏘다 더 점수 차가 벌어져 패배하는 경우를 볼 때가 있습니다. 왜 그런지 확률적으로 분석해 봅시다. 2점 슛을 넣을 확률은 감 좋은 선수들의 경우 보통 86% 이상을 찍습니다. 하지만 3점 슛의 경우 MBA에서 가장 감 좋은 선수도 45% 정도 확률밖에 되지 않습니다. 간단하게 기댓값을 구해 보면 2점 슛의 경우 $2 \times 0.86 = 1.72$, 3점 슛의 경우 $3 \times 0.45 = 1.35$가 됩니다. 경기당 슛팅을 각각 70번씩 했다고 가정해 보면 2점 슛만 한 팀의 점수는 120.4점이고 3점 슛만 한 팀의 점수는 94.5점이 됩니다. 이렇게 확률적으로는 3점 슛이 불리하다는 것을 알지만 이겨야겠다는 욕심 때문에 무리하게 되는 것입니다.

주식도 마찬가지입니다. 폭발적인 수익률을 자랑하던 자칭 주식도사, 슈

퍼개미라는 사람들은 화려한 3점 슛을 통해 주목을 받고 인기를 얻습니다. 그들은 사람들에게 벼락부자가 될 수 있다는 환상을 심어 주고 수많은 강연을 하면서 돈을 챙겨 갑니다. 그러나 몇 년 뒤, 그들을 기억하는 사람은 거의 없습니다. 실제로 어떻게 지내고 있나 몇몇을 추적해 보니 깡통을 차고 있는 사람도 있었습니다. 예전과 달리 매우 초라한 모습이었습니다. 하지만 지금도 화려한 수익률로 반짝이는 스타들이 탄생하기도 하고 사라지기도 합니다.

꾸준히 주식시장에서 돈을 벌어 살아남는 사람들을 보면 화려한 3점 슛을 넣는 사람들이 아닌 꾸준히 2점 슛을 넣는 사람들입니다. 대표적인 사람이 워런버핏입니다. 이 사람의 수익률은 연 25% 정도로 추정됩니다. 대중들을 현혹하기에 좋은 수익률은 아니지만 연 25% 수익률이 3년을 유지하면 2배가 됩니다. 결국 이렇게 복리로 누적되어 워런버핏의 현재 수익률은 580,000%가 되었습니다. 결국 꾸준함이 워런버핏을 세계 2위의 거부로 만들어 준 것입니다.

미수거래와 신용거래 중 어떤 것이 더 나쁠까요?

Chapter 02

개인투자자의 경우 운용하고 있는 자금이 적기 때문에 주식을 담보로 돈을 빌려 주식을 사고 그 주식으로 또 돈을 빌려 주식을 사는 '레버리지 투자'를 하는 경우가 많습니다. 쉽게 말해 레버리지 투자는 적은 돈으로 큰 수익률을 얻기 위해 빚을 내는 투자 기법이라고 할 수 있습니다. 1억으로 레버리지를 3배까지 걸었다면 주가가 10% 올라갈 때 수익률은 그 3배인 30%가 됩니다. 위험하지만 높은 수익률을 노릴 수 있기 때문에 한 번 맛들이면 빠져나오기 힘든 것이 레버리지 투자입니다. 레버리지 투자는 크게 미수거래와 신용거래로 나눌 수 있습니다.

미수거래가 뭐예요?

주식을 거래할 때 주식계좌에 있는 현금을 증거금으로 주식을 매수할 수 있습니다. 이때 주식을 사자마자 현금이 빠져나가는 것이 아니라 이틀 뒤에 현금이 나가게 됩니다. 그리고 가지고 있는 현금만큼만 주식을 매수할 수 있는 것이 아니라 보유 현금의 2.5배까지 주문이 가능합니다. 이를 '미수거래'라고 합니다. 계좌에 현금이 100만 원밖에 없어도 250만 원어치 주식을 매수하고 이틀 뒤 나머지 150만 원을 채워 넣으면 되기 때문에 자칫 미수거래를 자주 사용하면 돈의 감각이 무뎌질 수 있습니다. 주가가 10% 오르면 100만 원을 투자했을 때는 10만 원이 이득이지만 250만 원을 투자했을 때는 25만 원을 벌 수 있기 때문입니다. 더 많은 수익을 얻으려는 인간의 욕심은 미수거래의 유혹에 쉽게 말려들게 만듭니다. 만약 이틀 뒤에 부족한 현금을 채워 넣지 못하면 다음 날 장개시 전에 보유주식을 강제로 팔아치우기 때문에 손해가 큽니다.

신용거래가 뭐예요?

미수거래와 비슷한 개념으로 '신용거래'라는 것도 있습니다. 신용거래를 개설하게 되면 40%의 자금만으로도 주식을 매수할 수 있습니다. 즉, 본인이 보유한 현금보다 더 많은 주식을 살 수가 있고 남은 60% 돈에 대한 이

1,000만 원 투자 시 현금과 신용거래의 손실 차이

주가하락률		10%	20%	30%	40%
손실액	100%현금 시	100만 원	200만 원	300만 원	400만 원
	신용(증거금40%)	250만 원	500만 원	750만 원	1,000만 원

자를 갚아 나가야 합니다. 3~6개월 정도 빌릴 수 있으며 이율은 6~10% 정도 됩니다. 미수보다는 조금 낫지만 주식초보가 신용 및 미수거래를 하는 일은 없어야 합니다.

레버리지라는 것이 아까 말한 대로 그냥 내가 가진 돈으로만 투자하는 것보다 몇 배의 수익을 낼 수도 있지만 반대로 몇 배를 잃을 수도 있기 때문입니다. 특히 작전세력들은 물량을 빼앗을 때 가격을 오르내리다 순간적으로 크게 하락시켜 신용 반대매매가 나오도록 유도하기도 합니다. 이렇게 되면 헐값에 주식을 내던지는 투매가 발생하여 주가가 급락하게 되고 이때 신용거래를 했다면 엄청난 손실을 볼 수 있습니다. 주가가 40%만 하락하면 투자한 모든 돈을 잃게 되기 때문입니다. 이렇기 때문에 다소 수익률은 낮더라도 안전한 투자를 하는 것이 더 현명한 선택일 것입니다.

열 번 따도 한 번 잃으면 파산이에요

Chapter 03

사람과 사람 사이의 관계에서 열 번을 잘해도 한 번 실수하면 좋은 평을 듣기 어렵습니다. 10년 넘게 잘 이끌어 온 기업이 한순간의 판단 실수로 망하는 경우도 많이 있습니다. 주식투자도 마찬가지입니다. 승승장구하면서 주식투자 천재라는 소리를 듣다가 단 한 번의 파산으로 소리 소문 없이 주식시장에서 사라지는 사람들이 너무도 많습니다. 그만큼 주식시장에서는 화려한 스타가 되는 것보다 잃지 않고 계속 버티는 것이 더 중요합니다.

월가의 가장 위대한 개인투자자로 꼽히는 제시 리버모어는 20세기 초 시세조종*, 공매도*, 추세매매*의 천재로 유명한 사람입니다. 개인투자자로써 220,000%의 수익률을 단기간에 올렸으니 정말로 뛰어난 천재인 것은 분명합니다. 실제로 1907년 주식시장이 패닉에 빠졌을 때 당대의 은행 JP모건이 제시 리버모어에게 공매도를 멈추어 달

> **TIP**
>
> ***시세조종**
> 주가조작 혹은 작전으로도 불리며, 주가를 인위적으로 올리거나 내리거나 혹은 고정시키거나 하는 것을 말한다
>
> ***공매도**
> 해당 주식을 보유하지 않은 채 매도 주문을 내는 기법으로 주로 초단기 매매차익을 노리는 데 사용된다
>
> ***추세매매**
> 변화하는 주가의 움직임으로부터 추출되는 추세선을 관찰하여 주식의 매매시점을 포착하고자 하는 기법

라고 요청할 정도였습니다. 그때 그가 공매도로 번 돈이 현재 시세로 약 330억 원이나 되었습니다. 그는 주식시장에서 화려한 스타였습니다. 그는 어느 누구보다 방탕하게 살았는데 뉴욕 맨해튼에 고급맨션과 방이 12개나 되는 호화주택, 여름 별장, 겨울 별장을 가지고 있었고 90미터 길이의 호화 요트로 낚시를 즐겼으며 전용 열차로 휴양지를 다녔습니다. 여성편력도 심해서 유명 여배우들과 염문도 끊이지 않았으니 그 시절에 할 수 있는 모든 호화스러운 생활을 누렸습니다.

그는 언제든지 돈을 벌 수 있다는 자신감으로 능력을 과시했습니다. 그는 보통 레버리지 투자를 하였는데 이때 증거금*이 10% 정도였으니 10배 레버리지를 사용한 것입니다. 그 후, 그는 세 번을 파산했고 마지막으로 네 번째 파산했을 때 가진 자산은 18만 달러, 부채는 225만 달러에 이르렀습니다. 6년 뒤 그는 뉴욕의 한 호텔에서 권총 자살을 하고 맙니다.

> **TIP**
>
> *증거금
> 계약의 이행을 확실히 하기 위하여 계약의 증거로 당사자의 한쪽이 상대편에게 주는 금전

최고의 투자자도 시장을 얕보고 무리하게 투자를 하면 파산할 확률이 높습니다. 그럼에도 불구하고 시작한 지 몇 달밖에 안 된 주식초보가 자신은 투자 천재라며 무리한 투자를 하는 것을 볼 때마다 마음이 아픕니다. 절대로 시장을 이기려고 하면 안 됩니다. 시장이 어떻게 변하는지를 읽고 그에 맞게 투자해야 합니다. 그리고 단기간에 큰돈을 벌려는 욕심을 누르고 목표수익률을 낮추고 위험도를 낮추는 것이 장기투자로 성공하는 가장 빠르고 확실한 길입니다.

Chapter 04 소문 듣고 투자하면 이미 늦습니다

　연예계보다 더 소문이 많은 곳이 주식시장입니다. 연예계 소문만큼 재미있지는 않지만 정보 하나에 수익이 좌우되다 보니 하루에도 수많은 정보들이 오고 갑니다. 그런데 이런 소문은 누가 만들고 퍼뜨리는 것일까요?

　주식시장 특성상 고급정보를 다수가 알게 되면 이익을 낼 수 없습니다. 남이 알지 못하는 고급정보를 알아낸 소수가 먼저 주식을 사고 나중에 이 사실을 알게 된 다른 이들에게 팔면서 수익을 냅니다. 반대로 악재를 먼저 알아낸 소수가 아직 모르는 이들에게 주식을 팔아 버리는 것이 주식시장입니다. 굳이 고급정보를 다수에게 퍼뜨려 자신이 손해를 볼 필요가 없습니다. 모두가 돈을 벌기 위해 달려든 주식시장에서 천사처럼 고급정보를 뿌려 주는 사람이 수도 없이 많다는 게 너무 이상하지 않나요?

　기억해 두세요! 이들이 뿌리는 정보는 고급정보가 아니라 위험한 정보일 가능성이 더 높습니다. 작전세력들이 시세를 조종하거나 매수가 끝나 개인투자자들을 끌어들이기 위해서 보내는 정보일 가능성이 높습니다. 너만 알고 있으라는 정보라고 해서 덥석 물지 말고 어쩌다 나한테까지 정보가 흘러들어왔을지, 나 말고 다른 사람들도 똑같은 정보를 듣지는 않았을지 잘 생각해 보아야 합니다.

행여나 운이 좋아 이렇게 소문을 듣고 투자한 것이 올랐다고 해서 다음에 또 성공하리라는 보장은 없습니다. 자신의 노력으로 만들어진 성공이 아닌 요행에 의한 성공은 장기적으로 볼 때 자신을 망치는 길입니다.

예전에 한 지인이 모 회사에 대한 소문을 듣고 투자를 했습니다. 그 주식은 10배가 올랐고 그 다음에 또 소문을 듣고 투자해서 2배가량을 벌었습니다. 그 후 한참 소식이 없다가 몇 년 뒤 그 지인을 강연장에서 우연히 만났습니다. 그는 완전히 망했지만 이번이 마지막이라는 생각으로 대출을 받아서 주식을 하고 있다는 충격적인 소식을 들었습니다. 도대체 왜 그런 일이 벌어진 것일까요?

아직도 수많은 사람들이 주식정보를 얻기 위해 유명 주식게시판이나 주식카페 또는 유료사이트 회원으로 가입합니다. 하지만 정말 좋은 고급정보를 무료로 나누어 주거나 돈을 받고 다수에게 배포하는 것보다 자신이 그 주식을 사서 수익을 내는 것이 더 이득일 텐데 왜 굳이 이 주식을 사라고 추천하는지 의심이 듭니다.

또한 경제신문이나 TV에 나오는 정보를 듣고 투자하는 것도 추천하지 않습니다. 이미 신문이나 TV로 방송되기 전에 정보는 다 빠져나간 뒤이고 여러분이 접했을 당시에는 주가에 이미 반영이 되었을 가능성이 큽니다. 또는 세력들이 매체를 이용하여 매수 및 매도를 선동하는 것일 수도 있기에 신문 또는 TV 정보라 해서 맹신하면 안 됩니다.

    주식시장도 일터와 마찬가지로 자신이 땀 흘려 노력한 만큼 보상을 받을 수 있는 곳입니다. 요행을 바라기보다 당장은 이익이 안 나거나 손실이 생기더라도 몇 년간 꾸준히 좋은 기업을 찾아보고 리스트를 만들어 투자시기에 맞게 투자를 한다면 장기적으로 더 큰 성공을 이룰 수 있습니다.

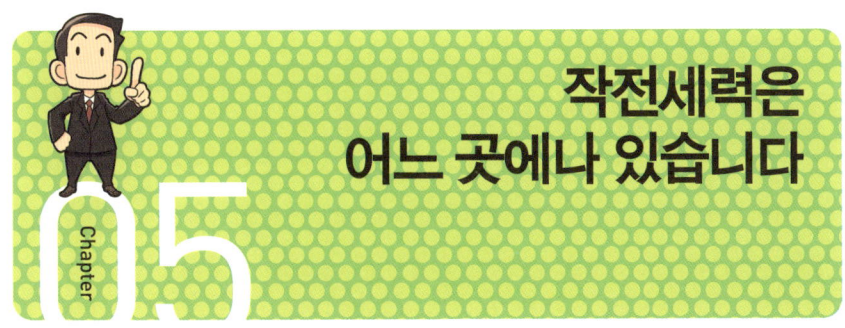

작전세력은 어느 곳에나 있습니다

영화 '작전'을 보면 알 수 있듯이 작전세력들은 점점 조직화, 세분화되어 가고 있습니다. 주식을 매집하고 차트를 예쁘게 만드는 기술자, 작전세력에게 돈을 빌려 주는 사채업자, 정보를 유포하고 홍보를 담당하는 홍보담당, 이 모든 판을 짜고 기획하여 작전을 진두지휘하는 설계사로 역할이 정해져 있습니다. 이런 작전세력들 말고도 각 종목마다 상당한 주식을 보유하여 기업의 주가를 오르고 내릴 수 있는 영향력을 가지고 있는 개인이나 펀드 등도 세력이라고 볼 수 있습니다. 이렇기에 모든 종목에는 세력이 존재한다고 볼 수 있습니다.

작전세력들은 싼 가격에 주식을 매수한 뒤, 주가를 슬금슬금 올리며 개인투자자들이 이 종목을 매수하도록 유혹합니다. 가격을 올렸다 내렸다 하면서 개인들이 더 많은 주식을 사도록 유도합니다. 이렇게 어느 정도 매수가 붙으면 가격을 올려 이목을 끌고 계속 가격을 올려 사람들이 가지고 있는 탐욕이라는 본성에 기름을 붓습니다. 계속 상한가를 치니 사고 싶어도 살 수가 없어 안달 나는 상태로 만듭니다. 그러다 세력들은 충분히 자신의 물량을 떠넘길 정도로 사려는 사람들이 많아지면 어느 날 갑자기 물량을 다 팔아 버리고 떠납니다. 세력들이 떠난 뒤에는 아수라장이 펼쳐집니다. 하한가에 팔려는 물량이 넘쳐나지만 이제 더 이상 사려는 사람은 없습니다. 어떤 이들은 고점을 찍은 후 떨어질 때 얼른 팔아 버리면 되지 않냐고 하지만 이렇게 하한가가 연속으로 이어지면 팔고 싶어도 팔지 못하고 그대로 깡통을 차게 됩니다.

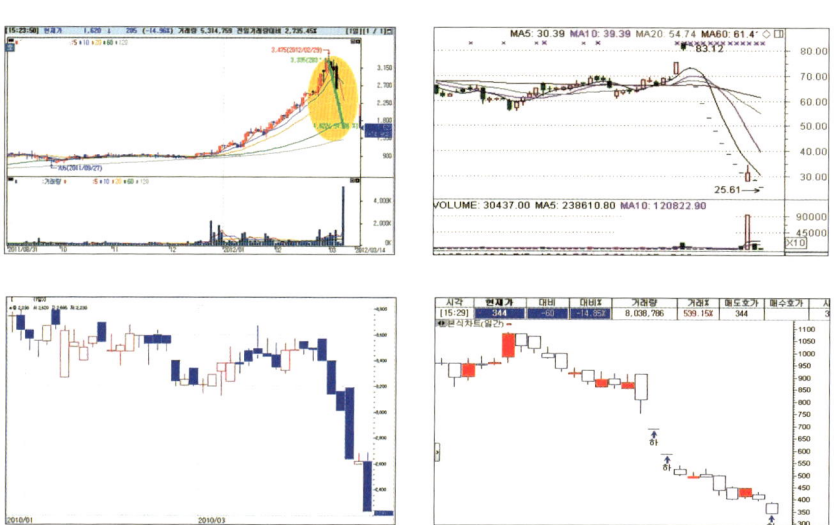

하한가를 맞은 주식 차트

물론 작전세력들도 매번 성공하는 것은 아닙니다. 이들도 준비과정에서 정보가 새거나 물량이 제대로 매수가 안 되거나 급작스런 변화가 생기면 실패하게 됩니다. 하지만 개인투자자가 작전세력을 이기는 것은 불가능에 가깝습니다. 이들보다 자금력과 정보력도 부족하며 매매기술에서도 밀리기 때문에 이들을 이기려 하거나 치고 나가는 타이밍을 같이 따라하려는 전략은 성공할 수 없습니다.

하지만 이들 큰손들도 약점은 있습니다. 펀드도 작전세력도 자신의 돈이 아닌 타인의 돈을 끌어들였기에 정해진 기간 안에 수익을 내야 한다는 제약이 있습니다. 하지만 개인투자자들은 시간에서 자유롭다는 장점이 있습니다. 3년이든 7년이든 오를 때까지 버틸 수 있는 힘이 있지만 작전세력들은 사채이자를 감당해가며 성공률이 높지 않은 작전을 펼쳐야 하기 때문에 보통 몇 개월에서 길어야 1년 안에 승부를 내야 합니다. 펀드도 수익률을 내서 실적을 채워야 하기 때문에 주식이 오르지 않으면 길게 버티기 어렵습니다.

그러므로 개인투자자들은 자신의 돈으로 투자해서 오를 때까지 길게 버티는 전략을 사용할 수 있기 때문에 좋은 기업만 찾아낸다면 충분히 수익을 낼 수가 있습니다.

인디언들이 기우제를 지내면 비가 올 확률이 100%라고 합니다. 그것은 비가 올 때쯤 기우제를 지내기 시작해서 비가 올 때까지 지내기 때문입니다. 여러분도 인디언처럼 좋은 기업을 찾아 보유한 뒤 단비가 내릴 때까지 끈질기게 버틴다면 큰 결실을 맺을 수 있습니다.

Chapter 06 테마주를 멀리하세요

　주식을 한 사람이면 누구나 한 번쯤 테마주에 손을 대본 적이 있을 것입니다. 특히 주식초보들 중에는 테마주 때문에 주식을 시작한 이도 적지 않습니다. 그만큼 테마주가 주식투자자들에게 달콤한 유혹인 것만은 분명합니다. 테마주 투자로 부자가 되었다는 사람은 그렇게 많지 않은데 왜 사람들은 테마주에 열광할까요?

　테마주가 주는 폭발적인 수익률은 사람들의 눈을 뒤집히게 만듭니다. 은행예금이 연 3%인 시대에 테마주 투자가 한 번만 제대로 터지면 몇 배부터 몇 십 배까지 수익을 얻을 수 있기 때문입니다. 이 유혹에 돈을 잃을 위험이 크다는 것을 알면서도 불나방처럼 달려듭니다. 그리고 날개에 불이 붙어 자신이 떨어지는 줄도 모르고 그 불에 또 뛰어듭니다.

　테마주는 대중가요처럼 새로 나왔다 몇 개월 뒤에 사라지기를 반복합니다. 하지만 테마주는 종목이 한정되어 있다 보니 돌고 돈다는 특징이 있습니다.

선거가 임박하면 후보자들과 관련한 테마주들이 등장합니다. 후보자 친척, 친구의 회사와 후보자의 공약과 관련된 회사, 후보자 고향에 위치한 회사가 테마주로 묶입니다. 유행병이 돌면 제약회사가 테마주 대상이 됩니다. 예전 신종플루 때는 몇몇 제약회사와 손소독제를 만드는 회사가 테마주에 묶였습니다. 나로호가 우주로 날아갈 때는 자신의 테마주가 오르기 위해서 나로호 발사가 꼭 성공하기를 기원한 사람들도 꽤 있었을 것입니다. 콜레라가 돌면 수산주, 양계주가 올랐고 어떤 공약이 유행하면 관련 업종의 기업 또는 그 지역에 위치한 기업이 테마주로 분류됩니다. 4대강 정책으로 테마주로 지정된 몇몇 기업은 수십 배 상승을 보였고 자전거도로 설치로 자전거 테마주 바람도 거세게 불었습니다. 남북관계가 좋으면 남북경협 테마주가 뜨고 남북관계가 악화되면 방위산업 테마주가 뜹니다. 그 외에도 농업 테마주, 엔터 테마주, 중국 테마주, 전자결제 테마주, 스마트폰 테마주, 모바일 테마주 등 테마주보다 테마주가 아닌 기업이 더 적을 정도입니다.

문제는 이런 테마주가 과연 주가가 오른 만큼 차후에 실적이 뒷받침되었는가 하는 것입니다. 주가는 미래를 먹는다는 말로 어이없이 치솟은 주가를 합리화 시키려고 하지만 나중에 보면 그 주가를 뒷받침할 실적을 낸 기업은 거의 없었습니다. 충분히 실적을 뒷받침해 줄 수 있는 기업이 아니라면 사막 한가운데 모래성처럼 무너질 수밖에 없습니다.

주식을 투자하는 목적이 말도 안 되는 수익률을 추구하려는 것이 아니라 안정적으로 예금이자보다 좀 더 높은 수준의 수익률을 장기적으로 누리기 위한 것임을 잊지 말아야 합니다.

Chapter 07 차트를 맹신하지 마세요

어제의 경제상황과 오늘의 경제상황이 다르듯이 어제의 증시와 오늘의 증시는 다릅니다. 하루에도 다양한 일들이 벌어지고 어디로 튈지 모르기에 증시는 살아 있는 생물과도 같이 느껴집니다. 이렇게 살아 있는 증시에 어떤 일정한 패턴이나 규칙이 있다는 전제하에 만들어진 차트분석은 의미가 없습니다. 외부의 수많은 충격으로 인해 만들어지는 것이 차트인데 어떠한 규칙성을 찾아내어 이것에 주가의 미래를 맞춘다는 것이 얼마나 연관이 있는지 모르겠습니다. 예를 들어 3일 동안 주가가 오르면 상승신호라고 하는데 3일 오르고 다음 날 내린 주식이 얼마나 많습니까? 아무리 차트가 좋고 추세가 살아 있는 차트라고 하더라도 당장 오늘 911테러나 금융위기 등이 닥치면 바로 하한가로 직행할 수도 있습니다.

구름의 수분량과 이동모습, 기압과의 배치 등을 따져 매우 과학적인 방법으로 모은 수십 년간의 데이터를 가지고도 날씨를 틀릴 때가 많은데 주가와 거래량으로 만들어진 그래프만 가지고 미래를 예측하고 투자한다는 것이 얼마나 위험한 행동일까요?

더구나 작전세력들은 상승패턴 차트를 예쁘게 만들 수 있는 능력이 있습니다. 그런데 어떤 이들은 부도나기 직전의 기업도 차트만 예쁘면 매수합니다. 독이 있는 뱀 또는 버섯일수록 화려한 빛깔을 가지고 있다는 것을 기억해야 합니다.

가끔 TV에서 시청자가 주식종목을 상담할 때 전문가가 자신이 잘 모르는 종목을 물어보면 차트만 대충 보고 지지선 하나 쭉 그은 뒤 지지선이 깨지면 팔라는 식으로 설명을 하고 넘어가 버립니다. 즉, 차트고수라는 본인도 오를지 내릴지 모른다는 뜻입니다. 마치 우선 버섯을 먹어 보고 그게 독버섯이면 얼른 병원으로 가서 해독제를 맞으라는 뜻과 같습니다. 그런 무식한 행동을 하느니 차라리 내가 잘 아는 버섯 외에는 안 먹는 것이 낫지 않을까요?

상승추세에서 급락하는 차트

또한 TV를 보면 여러 차트에 대한 강의가 나옵니다. 어떤 규칙을 설명하고 예시로 몇 종목을 들어서 자신의 주장을 뒷받침하고 있으나 예시 종목만 그 규칙에 맞을 뿐 그에 반대되는 차트들도 수없이 많습니다. 그래서 몇 가지 반례를 들면 '이건 어떠한 것 때문에 그렇다, 저것은 어떤 것 때문에 그렇다' 며 여러 부속 규칙을 만들어 버립니다. 그때 가장 핵심적인 질문으로 이렇게 좋은 규칙을 혼자만 알고 투자하면 떼돈을 벌 수 있을 텐데 왜 우리에게 알려 주느냐고 물으면 답변을 하지 못합니다. 왜 얼굴도 모르는 다수의 시청자들에게 이런 좋은 기법을 알려 주는 것일까요? 자선사업가나 인류를 사랑하는 봉사자도 아닌데 말입니다.

크게 먹을 생각하면 크게 잃습니다

'HIGH RISK, HIGH RETURN'이라는 말이 있습니다. 높은 수익을 노리는 만큼 위험도 높다는 뜻입니다. 하지만 사람들은 고수익에만 관심이 있을 뿐 위험성에 대해서는 크게 생각하지 않습니다. 어쩌면 위험성에 대해서는 애써 생각을 하지 않으려는 것 같습니다. 손실이 얼마나 무서운 것인지를 알면 그렇게 위험한 투자는 하지 못할 것입니다.

연속 세 번 상한가를 맞은 뒤 연속 세 번 하한가를 맞으면 본전이라고 생각하지만 실제로는 약 7% 정도 손해입니다. 반대로 하한가 세 번을 맞은 뒤 상한가 세 번을 맞아도 7% 손해입니다. 즉, 상한가 한 번 맞는 것보다 하한가 한 번을 안 맞는 것이 더 이득입니다. 위험한 투자일수록 방어에 더

연속 하한가 횟수	1회	2회	3회	4회	5회	6회	7회
손실률	-15%	-28%	-39%	-48%	-56%	-62%	-68%
1억 투자 시	8,500만 원	7,200만 원	6,100만 원	5,200만 원	4,400만 원	3,800만 원	3,200만 원

TIP
*손절 손절매라고도 부르며 손실이 났을 경우 손실을 확정짓고 매도하는 것을 뜻한다. 반대로는 물타기 라는 용어가 있는데 손실이 날 경우 매도하지 않고 오히려 더 많은 주식을 사들여 매입단가를 낮추는 것을 뜻한다

신경을 써야 합니다.

어떤 이들은 -10%를 손절선으로 정하고 이 선이 무너지면 바로 손절*을 하면 된다고 하지만 이론상으로 가능할 뿐 불가능한 경우도 종종 있습니다. 갑작스런 사유로 며칠간 연속 하한가로 가는 종목들이 많습니다. 이런 경우 손절을 하고 빠져나오고 싶어도 빠져나오지 못하고 그대로 쪽박을 차게 됩니다. 하한가 네 번이면 주가가 반 토막이 나기에 재산 절반을 날리는데 4일이면 충분합니다. 악명 높은 종목들 중에 서한이라는 종목은 21일 연속 하한가를 기록했고, 중원이라는 종목은 33일 연속 하한가, 휴먼이노텍과 삼한콘트롤스는 15일 연속 하한가, 루보는 12일 연속 하한가를 기록했습니다.

종목명	하한가 연속일	손실률
중원	33일	99.5%
서한	21일	96%
휴먼이노텍, 삼한콘트롤스	15일	90%
루보	12일	83%

이 주식들의 특징은 위험하다는 것을 알고도 투자하는 종목이라는 것입니다. 하지만 아무리 위험을 알고 투자하더라도 평생에 딱 한 번만 저렇게 연속 하한가를 맞으면 다시는 회생하기 어렵습니다. 그러므로 욕심을 비우고 가능한 안정적인 방법으로 원금을 잃지 않는 투자를 하도록 노력해야 합니다.

선물 옵션!
절대 하지 마세요

Chapter 09

    2007년 어느 날 재야고수 한 명이 유서를 쓰고 떠났습니다. 뛰어난 예측력과 시황분석력으로 유명사이트에 오랜 기간 글을 썼고 강연도 했던 그가 사채로 추정되는 거액의 돈을 옵션에서 날리고 유서를 쓰고 자살을 택했습니다. 아래는 한 시절을 호령했던 그가 세상을 떠나기 전에 쓴 진솔한 내용입니다.

    죽음의 문턱에 서서!
    질곡의 삶! 굴레의 동여맨 사슬을 끊듯 인생의 사슬을 끊으려 합니다.
    멍에를 만든 과거의 어둡고 그늘진 무거운 짐을 내려놓고 싶습니다.
    승부사란 승부에 실패하면 목숨을 반납한다는 본인과의 약속을 지키고자 누구의 강요 없이 극단의 선택을 할 수밖에 없었기에 그리고 본인의 실패한 인생을 회고함으로서 누군가 이 글을 읽어 본다면 본인의 잘못된 삶의 모습을 보고 답습하지 않았으면 하는 바람 또한 가지고 있습니다. 눈물이 흐릅니다. 그동안 셀 수도 없이 흘린 눈물이지만 죽음의 문턱에 서서 흘리는 눈물이라 더욱 의미를 갖추고 흘리는지 모르겠습니다.

가슴이 아픕니다. 너무나 아파 고통조차 느낄 수 없는 상태가 며칠째 지속되고 있습니다.

인생의 길 끝자락에 서면 모든 것을 초월할 수 있다는 마음가짐을 가지려 해도 두렵습니다. 세상의 울타리 속에서 홀로 떠밀려 여백의 공간 없는 공포가 온몸을 진저리 치도록 꽉 채워져 한 점 비집고 들어갈 자리마저 남겨 두지 않은 것 같습니다.

그러나 용기 내어 보렵니다. 어차피 세상과 단절시킬 목숨이라면 본인 스스로 끊어 내고 싶습니다. 삶이 아름다운 것이라면 죽음 또한 아름다운 것이라 생각하면서 먼 여정을 떠날 길손의 마음처럼 홀가분히 준비하렵니다. 죽음을!

본인은 주식과 선물 옵션을 21년 째 하고 있습니다.

그러나 지금처럼 활황장세에 실패한 파생인의 기록을 남김으로 해서 파생의 위험성을 고지함과 동시에 잘못된 시장의 생리를 파헤쳐 누군가 또 다른 피해자가 나오지 아니하길 간절히 바랄 따름입니다.

파생시장은 투자의 개념이 아닌 도박성을 띠운 상품입니다. 인간의 본성 속에 깊게 자리한 물욕이란 더러운 욕심이 만들어낸 허울 속에서 인간이 만들어 놓은 더러운 도박판인 것이지요. 이제 여러분과 함께해 온 정들었던 시간들을 추억으로 남기면서 떠나려고 합니다.

본인은 7살 때부터 도박을 배워 죽음이 임박하기까지 도박의 인생을 살다 갑니다.

파생은 사기판입니다. 만기 동시호가 1분을 남겨두고 시장 세력은 자기들 유리한 구간에 맞추어서 결제를 시킨다는 것입니다. 그렇다고 하여 여러분은 본인과 같은 실수를 되풀이하지 마시고 성공하시길 또한 바랍니다.

본인은 화투, 카드, 마작, 카지노, 경마, 경륜, 주식, 선물, 옵션 등 다양한 도박을 했습니다. 전국의 화투와 카드 하우스를 누비면서 많은 돈을 만졌지만 결국 옵션에 실패하였습니다.

본인은 주식의 작전세력과 연관되어 한때는 주식의 시세조정을 한 적이 있습니다. 이제 과거의 잘못을 뉘우치면서 그리고 주식이나 파생을 하시는 분들이 꼭 한 번은 읽어 보면 좋을 것 같아서 과거의 모든 치부를 들추어 내놓고서 이승에서의 작별을 고할까 합니다. 주식이 무엇인지 알고 하셔야 될 것 같아서 그렇습니다. 과거의 잘못들이 창피하기는 하지만 죽음 앞에서 글을 남겨 두는 의미는 본인의 전철을 밟지 말아 주십사 하고 남깁니다. 죽음의 문턱 앞에서 써 놓은 글이라 두서는 없겠지만 세상을 살아가는 데 있어서 조금이나마 도움이 될 것 같아서 글을 남기기로 결정을 하였습니다.

그동안 좋은 추억 만들고 먼저 떠납니다. 파생시장은 절대 고수도 용납하지 않으며 또한 영원한 하수도 만들지 않습니다. 이곳에서 희망을 찾고자 하신다면 열심히 공부하시고 세상을 좀 더 넓게 바라보는 시각을 가지시면 좋은 결과에 도달할 것 같습니다. 선물 옵션 시장에서 패배를 시인합니다. 승부에 지면 승부사는 목숨을 내놓아야 하는 것입니다. 파생시장에서 아쉬움과 자신의 삶의 한을 묻고 삶의 모든 것을 접고자 합니다. 본인은 죽음을 선택하지만 여러분은 이러한 행동을 해서는 안 될 것입니다. 그동안 저를 기억해 주신 모든 분께 감사의 말씀을 남깁니다.

성공하셔서 행복한 삶 누리시길…….

주식에는 현물을 거래하는 현물거래와 주가지수를 거래하는 선물 옵션이 있습니다. 쉽게 말해 일반 주식은 현물거래이며 선물 옵션은 주식의 파생상품입니다.

선물 옵션이란 기초자산의 미래 가격에 의해 그 가치가 결정되는 상품입니다. 주식과 같은 현물거래는 시세를 들여다보면 바로 알 수 있어 당장 그 가격에 거래가 가능합니다. 하지만 미래의 가격은 누구도 알 수 없습니다. 그렇기 때문에 선물 옵션은 미래에 나의 재산을 거는 것입니다.

개인투자자들이 선물 옵션에서 기관투자자나 외인투자자를 이길 수가 없는 이유는 다름 아닌 선물과 옵션 가격이 특정지수 및 대표기업의 주가에 따라 달라지기 때문입니다. 엄청난 자본을 가지고 특정지수와 대표기업의 주가를 자유자재로 조절할 수 있는 세력과 선물 옵션에서 맞붙는다는 것 자체가 이길 수 없는 게임이라는 것입니다.

주식투자는 자신이 투자한 돈을 모두 잃는 것 외에는 추가로 입을 손실이 없습니다. 하지만 선물 옵션 매도의 경우 무한책임이 따르기 때문에 투자한 돈 이외에도 더 큰 손실을 볼 수 있습니다.

선물 옵션에 투자하려면 자신이 보유한 주식이 갑작스러운 사태로 손실을 입는 경우를 방지하기 위해서 약간의 보험처럼 매매하는 것이 가장 정석입니다. 변동성이 큰 선물 옵션에서 한 방을 노리는 것은 집문서를 들고 카지노에 가는 것만큼 위험한 행동일 수 있습니다.

제**6**장

주식에 대한
궁금했던
이야기들

왜 항상 외국인이 이길까요?

Chapter 01

주식시장에서는 외국인투자자가 국내투자자보다 한수 위의 실력을 보여 주고 있습니다. 기본적으로 외국인투자 방식은 중장기 투자입니다. 주식시장이 안 좋을 때 싸게 매수해 보유하고 있다가 주식시장이 상승세를 탈 때 비싼 값에 팔아 수익을 챙깁니다. 아주 간결하면서도 수익을 내는 스마트한 방법입니다. 여기에 언론플레이도 수준급입니다. 국내뉴스 수준의 악재를 내는 것이 아니라 국제적인 수준의 악재를 유발하여 주식투자자들에게 공포심을 던져 줍니다. 도저히 이런 분위기에서는 누구도 주식을 사기 두렵고 헐값에 팔고 싶게 만듭니다. 그리고 싼 값을 더 싸게 사들입니다. 물론 이때 환율은 원화약세이기 때문에 이들이 주식을 매수하는 가격은 더욱 더 헐값입니다. 이렇게 매수를 한 다음 호황장이 오기 전까지 선물 옵션과 현물 간의 격차를 이용해 프로그램매매*를 유발시켜 주식을 급락 또는 급등 시켜 선물과 옵션에서 엄청난 수익을 냅니다. 이때 글

> **TIP**
>
> **＊프로그램매매**
> 주식의 현물가격과 선물가격은 동일하게 움직여야 하는데, 만기 전에는 일치하지 않는 경우가 있다. 이때 주식시장에서 고평가된 것을 팔고 저평가된 것을 사는 차익거래를 말한다

로벌 악재 및 호재를 적절한 타이밍에 던져 한국증시를 농락합니다. 전 세계에 고급 정보망이 있고 필요하면 세계증시 지수까지 컨트롤해 자신들이 그린 그림대로 만들어 갑니다.

이제 불같은 상승장이 오면 주가는 고평가되고 이때 외국인투자자들은 충분히 비싼 가격에 팔면서 엄청난 수익을 챙깁니다. 이때쯤이면 원화 강세로 환율도 외국인투자자의 편입니다. 국내로 들어온 달러보다 빠져나가는 달러는 몇 배가 됩니다. 경기하강기에 임박한 증시는 힘을 잃어가고 이때 선물매도와 공매도 등을 한 뒤 악재들을 터뜨리면 국내투자자들은 겁을 먹고 헐값에 투매를 해 큰 피해를 입는 동안 외국인투자자들은 또 수익을 냅니다.

화가 나는 일이지만 외환위기 이후 외국인들에게 증시가 개방되면서 지금까지 벌어지고 있는 일입니다. 정교하게 짜 놓은 그들의 판에서 우리가 아무 준비도 없이 그들을 이겨 수익을 내기는 불가능합니다. 그들은 주식이 오르지 않더라도 환율에서 수익을 낼 수도 있기 때문입니다. 환율이 달러당 1,500원일 때 주식을 사고 달러당 900원일 때 주식을 팔고 나간다면

주요기업의 외국인 지분율

기업명	외국인 지분율	기업명	외국인 지분율
삼성전자	49.5%	KT&G	59%
현대차	45%	KT	47%
S-Oil	48%	KB금융	65.7%
POSCO	51.5%	하나금융지주	66.4%
SK텔레콤	44.5%	신한지주	63.2%

주식이 오르지 않아도 66.6%의 수익이 납니다.

　우리 증시가 외국인에게 개방된 이후 우리나라 주요 기업들의 지분은 상당수가 외국인들에게 넘어갔습니다. 어떤 기업은 절반이 넘는 지분이 외국인들 것이니 우리나라 기업이라고 하기에도 애매할 정도입니다. 결국 우리 기업들이 열심히 노력하고 수출해서 벌어온 돈 상당수가 외국으로 빠져나간다는 뜻입니다. 대표적인 예로 2003년 론스타에 매각된 외환은행이 있습니다. 헐값에 외환은행을 인수한 론스타는 외환은행을 매각하여 그동안의 배당수익을 포함해 약 6조라는 수익을 거두고 2012년에 떠나 버립니다. 외환은행의 최근 시가총액이 약 4조였으니 론스타는 한국에 투자해 엄청난 폭리를 취하고 떠나 버린 것입니다.

　투자자 입장이든 애국자 입장이든 간에 헐값에 우량주들을 외국인들에 팔고 장이 좋을 때 다시 고가에 사들이는 것은 어리석은 일입니다. 우리가 현명하게 투자를 해서 수익을 내고 우리 기업 지분을 늘리는 것이 국가와 우리에게도 이득이 될 것입니다.

Chapter 02 고가주는 크게 못 오르지 않나요?

　초보투자자들의 경우 주가가 비싼 고가주보다 저가주를 매수하는 경향이 강합니다. 고가주는 올라 봤자 얼마 못 오른다고 생각하기 때문입니다. 주가가 100만 원인 기업이 주가가 만 원인 기업보다 100배나 큰 기업이라고 생각하는 사람들도 있습니다. 기본적인 개념부터 보면 시가총액을 주식 수로 나눈 것이 주가입니다. 피자를 몇 조각으로 쪼개느냐에 따라 피자조각 수가 달라지듯이 주가도 시가총액을 몇 주로 나누느냐에 따라 달라집니다.

　주가가 150만 원인 롯데칠성의 시가총액은 1조 8천억이지만 주가가 5만 원인 기아차의 시가총액은 20조입니다. 단순히 주가로만 기업의 크기를 비교하지 말고 시가총액을 보아야 합니다.

　저가주의 경우 앞으로 크게 오를 것처럼 보이는 동전주라고 불리는 1,000원 미만의 주식들이 개인투자자들에게 인기가 좋습니다. 어쩌다 대박이 나서 크게 오르는 것처럼 보이는 착시현상 때문입니다. 하지만 이런 동전주 중에는 상장폐지되어 사라지는 주식들도 굉장히 많습니다.

몇 십만 원이나 되는 고가주는 개인투자자들의 관심을 잘 끌지 못합니다. 우선 비싸기 때문에 1주를 사기에도 부담이 되고 비싸기 때문에 오르는 폭이 체감으로 와 닿지 않으며 비싼 주식은 더 오른다는 믿음이 없기 때문입니다.

아모레퍼시픽의 경우 상장 후 60만 원 선을 유지하다 2년 만에 그 두 배인 130만 원까지 올랐습니다. 실적만 받쳐 준다면 고가주라고 해서 못 오르는 것이 아닙니다. 오히려 개인의 비중이 적기 때문에 더 안정적으로 주가가 오를 수 있습니다. 이렇게 고가주임에도 급등하는 주식이 여러 개 있습니다.

태광산업의 경우에는 1년 반 만에 3배가 올랐습니다. 고가주의 레전드인 롯데칠성의 경우 7년 동안 20배가 넘게 올랐습니다. 즉, 중요한 것은 고가냐 저가냐가 아니라 이 기업의 실적과 가치 그리고 미래입니다. 눈에 보이는 것보다 보이지 않는 것을 찾는 눈을 길러야 합니다.

국민들 뒤통수 친 펀드 이야기

Chapter 03

 주식을 잘 모르는 초보자의 경우 주식형 펀드에 병행 투자하는 것도 좋은 방법입니다. 전문가인 펀드투자자에게 내 돈을 맡기면 이들이 잘 투자해서 나에게 수익을 안겨다 주는 시스템이기 때문입니다. 단, 여태껏 제대로 된 수익을 안겨다 준 펀드는 그리 많지 않습니다. 펀드로 손실 본 국민들이 많아 펀드에 대한 신뢰가 회복되지 않은 지금 훌륭한 펀드가 많이 나와 국민들의 재산을 불려 주기를 진심으로 바랍니다.

 주식시장이 좋을 때 펀드수익률도 같이 좋아지는 것이 일반적입니다. 예전에 연 수익률이 70%나 되는 펀드도 있었습니다. 몇 년 전에는 펀드로 수많은 시중자금이 쏠려 들어오고 이 돈이 다시 주식시장으로 들어가서 증시를 올리고 또 펀드 수익률이 좋아지는 펀드천하 시절이 있었습니다. 이때가 펀드 투자로 재산을 불려 집도 사고, 차도 사고, 자녀들 유학도 보내던 호시기였죠.

 하지만 많은 사람들이 펀드로 수익을 내는 동안 수익이 잘 나지 않는 펀드에 가입한 투자자들은 속을 끙끙 앓았을 것입니다. 남들은 돈을 버는데 혼자 돈을 못 벌면 그때 느끼는 상실감은 돈을 잃을 때보다 더 큽니다. 그렇기에 펀드 투자할 때는 믿을 수 있는 우량 펀드에 골고루 분산 투자하는 것이 좋습니다.

역설적이지만 펀드가 아주 좋을 때는 펀드를 환매하고 빠져나오는 것이 더 낫습니다. 특히, 특정 펀드가 엄청난 힘을 가지게 되었을 때는 더더욱 조심해야 합니다.

A 펀드와 B 펀드가 대표적인 예입니다.

99년에는 A라는 펀드열풍이 불었습니다. 모 회장은 코스피지수 6000을 외치며 전국 강연장을 누볐고 사람들은 그에 환호했습니다. 그가 곧 증시이고, 증시가 곧 그였습니다. A 펀드의 힘은 점점 세져 갔고 손대는 종목마다 족족 상승대열에 합류했습니다. 이 펀드가 원하는 대로 시세를 만들 수 있을 정도였습니다. 하지만 이 펀드에 힘이 쏠려 버렸을 때 저주가 시작되었습니다. 즉, 3만 원짜리 주식을 1000주를 사면 3천만 원이 들지만 이 주식이 올라 60만 원이 되었을 때 1000주를 사려면 6억이 듭니다. 이 펀드가 가진 물량만큼을 사 주는 세력이 생겨서 이 주식을 팔고 수익을 확정지으면 좋겠지만 너무 커져 버린 펀드 물량을 사 줄 만한 세력이 없어져 버린 것입니다. 결국 수익률을 유지하려면 계속 주식을 사서 가격이 떨어지지 않고 오르도록 해 주어야 했기 때문에 이전보다 20배가 넘는 유동성을 넣어 주어야 하고 그 주식이 오르면 더 많은 돈을 투입해야 하는 상황이 벌어졌습니다. 결국 다른 종목을 팔아 소수종목을 계속 사들여 수익률을 떠받들 수밖에 없게 되었습니다. 기하급수적으로 필요한 유동성이 한계에 다다르자 펀드 환매가 속출했고 수익률은 추락하였으며 뒤늦게 이 펀드에 투자한 사람들은 엄청난 손실을 볼 수밖에 없었습니다.

8년 뒤에 B 펀드도 이와 유사한 상황을 맞게 됩니다. 처음에는 높은 수익률을 자랑하며 인기 펀드로 금세 떠오르면서 많은 자금이 쏠렸습니다. 펀드의 힘은 날로 커져 가고 B 펀드 회장은 전설의 투자자라는 칭호와 함께 수많은 투자자들의 영웅이 됩니다. 수익률이 오르는 만큼 펀드로 돈은 더 쏠리고 이 펀드가 매수한 물량을 추격매수해 줄 마땅한 세력이 없어지게 됩니다. 설상가상으로 특정종목에서 외국인투자자들의 매도공세가 시작되고 이 종목에서 수익률을 지키기 위해서 다른 종목들을 팔아 이 종목에 집중 방어를 해야 했습니다. 하지만 소수 종목으로 돈이 쏠리다 보니 이를 매수해 주는 세력은 더 사라지고 경이로운 수익률을 올린만큼 기하급수적인 돈이 더 필요하게 됩니다. 이에 기세를 몰아 새로운 펀드가 나왔고, 엄청나게 몰린 돈으로 중국에 몰빵 투자를 했습니다. 결국 한계에 다다른 이 펀드는 금융위기를 맞아 큰 어려움을 겪었습니다.

시소는 어떤 한쪽으로 무게가 쏠리면 기울게 됩니다. 펀드도 특정펀드에 무게가 쏠리면 시장이 왜곡되고 언젠가는 모두가 공멸해 버릴지 모릅니다. 펀드투자도 생각보다 쉽지 않습니다.

어느 정도 주식에 대해 수준이 오르면 굳이 펀드투자를 할 필요가 없습니다. 직접투자가 펀드투자보다 유리한 점이 많기 때문입니다. 우선 펀드투자는 판매수수료와 총보수라는 수수료가 붙습니다. 펀드를 판매한 판매사는 고객이 맡기는 돈의 1% 정도를 계속 받습니다. 총보수는 펀드를 운용하며 생기는 비용인데 이 경우도 약 1% 정도 됩니다. 내가 낸 돈의 2%를 떼고 투자를 하는 것이기 때문에 이 부분만큼 이득이 나도 본전밖에 되지 않습니다. 그리고 펀드 수익률이 오르지 않고 계속 유지되더라도 수수료를 떼입니다. 반대로 주식에 직접투자하면 처음 살 때와 팔 때 거래수수료와 약간의 세금만 붙습니다. 펀드에 비해서 매우 저렴하고 주식이 오르든 내리든 아무리 오래 보유한다고 해도 수수료를 떼지 않습니다. 좋은 종목을 오래 보유할 목적이라면 직접투자를 하는 것이 낫습니다. 좋은 펀드를 고를 정도의 안목이 생긴다면 충분히 직접투자를 해도 가능한 수준입니다.

앞으로 평생 주식투자를 통해 수익을 내고 노후를 마련할 계획이라면 자신의 돈과 인생을 남에게 맡기기보다는 열심히 공부하고 노력해서 자신의 인생을 직접 책임지는 것이 더 옳다고 봅니다.

대중심리를 이길 수 있을까요?

Chapter 04

주식시장은 대중심리에 따라 상승장이 되기도 하고 하락장이 되기도 합니다. 기업의 가치는 변하지 않는데도 말이죠. TV나 신문, 인터넷 등에 의해 여론이 만들어지고 가만히 있던 기업이 갑자기 주가가 급등하기도 하고 엄청난 미래를 가진 기업으로 둔갑하기도 합니다. 더 큰 주식시장도 마찬가지입니다. 소수가 주식으로 돈을 벌기 시작하면 점차 많은 사람들이 주식시장으로 돈을 싸들고 옵니다. 많은 사람들이 돈을 벌기 시작하고 돈이 점점 쏠리게 됩니다. 이때는 어떤 주식을 사도 오를 정도로 묻지 마 투자장세가 벌이지기 시작하고 이전에 2000도 넘지 않던 코스피지수가 앞으로는 3000도 넘을 것이라는 장밋빛 희망으로 가득 찹니다. 악재도 호재로 인식되고 금리가 오르는 것도 경제가 좋아지는 증거로 보고 증시는 더 활활 타오릅니다. 이렇게 모두가 오르는 주가에 눈이 뒤집혀 있는 상태에서 정상적인 판단을 하기란 쉽지 않습니다. 전문가들도 마찬가지입니다. 과열된 장세라고 위험하다고 지적하는 전문가들은 비난을 받기 일쑤고 이들도 나중에는 장밋빛 희망으로 가득 찬 말을 합니다.

99년 시절에도 PER, PBR이 높을수록 미래가 있는 주식이고 낮으면 미래가 없다는 말도 안 되는 논리로 IT거품을 만들었습니다. 덕분에 PER이 6000이 넘는 주식을 겁도 없이 사고파는 이상한 장세가 생겼습니다. 대중심리는 끝나지 않을 것 같았지만 결국 거품이 빠지기 시작하면서 아비규환 상태가 되었습니다.

이제 주식시장은 폭락에 폭락을 거듭하고 주식으로 돈을 잃은 사람이 수도 없이 나옵니다. 뉴스와 신문에서는 암울한 전망만 가득하고 주식가격이 헐값이 되어도 내던지기 바쁠 뿐입니다. 비관적인 전망을 쓰는 전문가는 대중의 스타가 되어 좀 더 자극적이고 어두운 전망을 하기 바쁩니다. 낙관적인 전망을 하면 바로 매장되기 십상이기 때문입니다. 이런 분위기에서 홀로 유유히 주식을 쓸어 담을 수 있을 만한 사람이 몇이나 될까요?

예전에 어느 한 투자자가 자신의 주식 비법을 다음과 같이 이야기했습니다. '사람들이 모여서 나누는 이야깃거리가 주식에 관한 것이고 주식을 잘 모르는 사람도 주식을 산다면 그때는 주식을 팔아야 할 때이고, 주식이면 손사래를 칠 때가 주식을 사야 할 때' 라고 말입니다.

남들이 YES라고 외칠 때, 홀로 NO라고 외칠 수 있는 용기를 가지려면 자신의 선택에 대한 믿음, 대중에 흔들리지 않는 뚝심, 흐름을 정확하게 판단할 수 있는 지식이 필요합니다. 그리고 정확한 판단 후에 남들보다 빠른 선택을 해야 높은 수익을 낼 수 있습니다.

왜 실적보다 주식이 먼저 오를까요?

기업의 실적이 좋아지면 주식이 오르는 것은 당연한 이치이지만 실적이 발표되는 날 주가가 하락하는 경우도 있습니다. 또는 실적이 발표되기 전에 주가가 이미 올라 있는 모습도 종종 보게 됩니다. 그렇기 때문에 실적을 확인한 뒤에 주식을 매수하면 한발 늦습니다.

어떻게 실적을 먼저 알 수 있을까요?

첫째, 업계동향

정유업, 제지업, 시멘트업, 철강업 등의 경우 원자재 가격에 따라서 기업의 이익이 좌우됩니다. 원료가 되는 원자재의 가격이 오르면 마진이 적어지니 수익이 악화될 것이고, 원자재 가격이 내리면 마진이 그만큼 증가하기에 수익성이 좋아집니다. 또한 기업의 매출이 늘 만한 계약을 체결하거나 수요가 증가하는 모습을 보이면 앞으로 기업의 실적이 좋아집니다. 투자자들은 이것들을 종합하여 기업의 실적을 미리 예측하는 것입니다.

둘째, 실적이 발표가 날 때쯤 도는 소문

두 사람만 알아도 비밀은 없다는 말이 있습니다. 아무리 단속을 한다 해도 대략적으로라도 소문이 나기 때문에 정보력이 느린 개인이 실적 발표를 보고 투자하는 순간에는 이미 주가가 상승해 있는 경우가 많습니다.

셋째, 특정기업에 대해서 분석한 리포트

'이 기업이 이런 환경이고 이런 계약과 경쟁사 대비 이 정도 점유율을 가지고 있고 원가가 얼마이기 때문에 올해는 얼마 정도 이익이 날 것이다. 또 내년에는 얼마, 내후년에는 얼마의 이익이 날 것이니 목표주가는 얼마여야 한다' 는 식의 내용을 지닌 리포트가 있습니다. 이런 기업분석 리포트를 보면 업종과 기업의 미래에 대해서 어느 정도 그림이 그려집니다. 여기에 자신이 따로 분석한 자료를 더해 수익을 예측해 보고 수익 대비 주가가 저평가라고 판단되면 매수하고, 주가가 고평가라고 생각되면 주가가 내릴 때까지 기다리다 매수하면 됩니다.

이렇게 실적 예상치라는 것이 존재하지만 막상 실적발표를 하고 나면 예상치보다 못한 실적을 발표할 때가 있습니다. 이를 '어닝쇼크' 라고 부르는데 다른 사람들은 알지 못했던 악재가 포함되거나 특정부분을 손실처리해서 회계상 손실이 나거나 고의로 이익을 줄여서 발표하면 이런 경우가 생깁니다. 실적 예상치만큼 올랐던 주가는 바로 추락하기 때문에 실적예상치만 믿고 몰빵 투자를 하면 손해를 볼 수 있습니다.

반대로 예상한 것보다 더 높은 실적을 발표할 때도 있습니다. 이를 '어닝서프라이즈'라고 부르는데 이런 경우 실적 예상치를 포함해 올랐던 주가에서 더 상승을 합니다. 물론 좋은 일이기는 하지만 전문가들의 예상도 이렇게 틀리는데 일반인의 정보력으로 실적을 정확히 예측한다는 것은 거의 불가능한 일입니다. 그렇기 때문에 실적 예상치를 너무 맹신하는 투자는 하지 말아야 합니다.

1등~3등주의 상승 및 하락폭

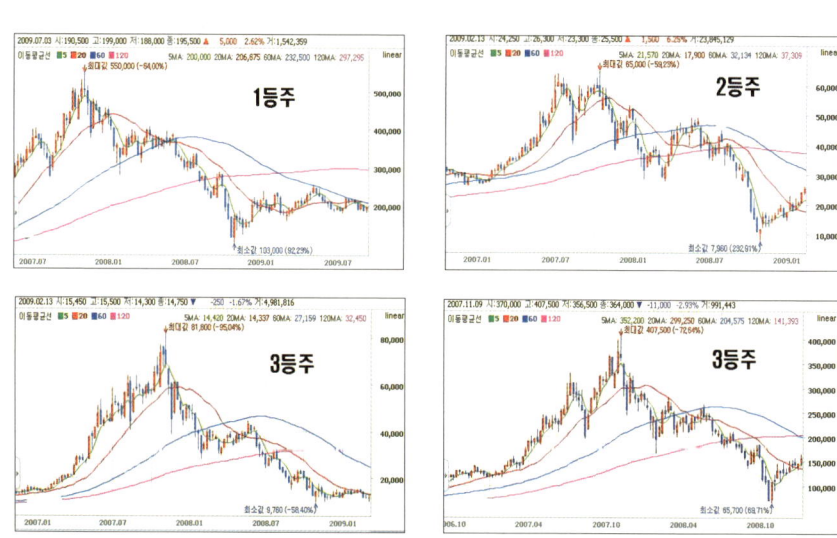

 그 업종에서 가장 점유율이 높고 시가총액이 높은 기업을 1등 기업이라고 부릅니다. 그 뒤를 따르는 후발주자들을 2등 기업이라고 부릅니다. 규모나 점유율면에서 한참 밀리는 기업을 3등 기업이라고 부릅니다. 중요한 것은 업황이 좋고 나쁠 때 모두 동일하게 좋고 나쁜 것이 아니라 1등이냐 2등이냐에 따라서 그 정도가 다르다는 것입니다.

1등주에 투자하는 것이 유리한지 2등주가 유리한지 말이 많지만 결론부터 말하자면 1등주에 투자하는 것이 전통적으로 유리합니다. 1등주는 압도적인 시장점유율을 바탕으로 시장가격을 움직일 수 있는 능력이 있고 브랜드 덕분에 타사보다 좀 더 높은 가격을 받아 더 높은 수익성을 기대할 수 있습니다. 호황이 오면 시장점유율만큼 더 많은 수익을 창출하니 주가가 오를 수밖에 없고 불황이 와도 가장 인지도가 높고 수익성이 좋으니 다른 기업보다 더 오래 버틸 수 있습니다. 그렇기 때문에 1등주에 투자하면 안정적으로 수익과 방어를 추구할 수 있습니다.

그래서 업종이 전체적으로 상승하면 업종대표주가 먼저 오르는 경향이 있습니다. 그러나 나중에는 2, 3등주도 올라 상승률로만 보면 3등주가 가장 많이 오르고는 합니다. 반대로 하락장에서는 업종대표주가 그나마 적게 하락하는 경우가 많습니다.

또 다른 이유로 우리가 잘 모르는 외국 기업에 투자하려 할 때 그 국가의 업종대표주에 먼저 관심을 두듯이 외국인투자자들도 우리나라에 투자할 때 1등주를 좋아합니다. 각 업종을 대표하는 주식들은 시가총액이 높아 큰돈을 투자하고 자금을 회수하기 좋습니다. 또 위에서 말한 대로 수익성이 좋고 망할 가능성이 낮기 때문에 잘 모르는 한국시장에서 믿고 투자할 만한 종목들입니다.

경쟁이 치열한 레드오션 업종의 경우 치킨게임이 벌어지는 경우가 있습니다. 치킨게임이란 업종 내에서 공급이 수요를 초과해 서로 제품가격을 낮춰 누군가는 망해야 끝나는 기업 간의 전쟁을 의미합니다. 시장점유율이 가장 높은 1등주가 왜 유리한지 예를 들어 살펴보겠습니다.

어느 신도시 안에 여러 치킨집이 있습니다. 도시 안에 사는 사람들에 비해 치킨집이 너무 많아 수익이 적게 나는 곳이 늘어나고 심지어 적자가 나는 치킨집도 생겼습니다. 이대로는 미래가 없기 때문에 가장 치킨을 많이 팔고 있는 가게가 가격을 낮추기로 합니다. 한 마리에 15,000원하는 치킨을 이제는 10,000원에 팝니다. 싼 가격에 치킨을 파니 사람들은 이 가게에서만 치킨을 시켜 먹습니다. 다른 가게도 어쩔 수 없이 치킨 가격을 낮춥니다. 인건비, 재료비, 임대료 등을 포함하면 적자지만 어쩔 수 없이 이 가격에 팔아야 합니다. 하지만 가장 점유율이 높은 가게는 적자가 나지 않습니다. 다른 가게보다 더 많은 치킨을 팔기 때문에 닭 도매상으로부터 대량주문을 해 다른 가게보다 싸게 사올 수 있기 때문입니다. 많이 살수록 단가를 더 낮게 가져올 수 있으니 제조원가가 더 하락합니다. 규모의 경제를 실현하고 있는 것이지요. 이제 다른 가게들이 적자를 견디다 못해 하나둘씩 폐업을 합니다. 이번에는 치킨 가격을 9,000원으로 내립니다. 점유율이 늘어나는 만큼 제조원가는 더 하락합니다. 왜냐하면 닭도 더 싸게 사올 수 있고 인건비와 임대료도 그대로이기 때문입니다. 이제 점점 더 망하는 치킨집들이 늘어납니다. 이제 도시인구 대비 치킨집이 부족해졌습니다. 이제 굳이 가격경쟁을 하지 않아도 치킨을 충분히 원하는 만큼 팔 수 있습니다. 그래서 가격을 조금씩 올려 다시 예전의 15,000원으로 만듭니다. 그동안의 경쟁으로 원가를 낮추는 노하우가 형성되어서 예전보다 마진이 훨씬 더 좋아졌습니다. 결국 살아남은 소수의 치킨집은 엄청난 돈을 벌게 됩니다.

위의 예처럼 시장점유율을 가지고 있는 1등주는 규모의 경제를 실현할 수가 있어 치킨게임이 벌어져도 살아남을 수 있습니다. 실제로 치킨게임을 거쳐 살아난 기업들은 수익성이 더 좋아져 주가가 한 단계 상승하는 사례를 종종 볼 수 있습니다. 대표적인 업종이 반도체이고 여기에서 최후의 승자가 된 기업이 삼성전자입니다. 지금도 많은 기업들이 치킨게임을 벌이고 있는 중입니다. 이 중에서 살아남는 기업들을 고르면 큰 수익을 얻을 수 있습니다.

Chapter 07 우선주 투자는 어떨까요?

　현재 주식시장에 상장된 주식은 보통주와 우선주 이 두 가지로 나뉩니다. 보통주는 일반적인 주식을 뜻하며 의결권을 가지고 있습니다. 그에 반해 우선주는 의결권이 없습니다. 대신 재산에 있어 우선적 지위가 부여되는 주식으로 배당금이 보통주보다 약간 더 많고 청산 시 재산분배에서 보통주보다 우선권을 가집니다.

　가격을 보면 보통주와 우선주의 차이가 많이 납니다. 우선주는 의결권이 없기 때문에 기업 경영에 어떠한 영향도 끼칠 수가 없습니다. 우선주 지분이 많다 해서 그 회사의 경영권을 뺏아 올 수 없기에 우선주의 가격이 보통주에 비해 싸게 거래되는 것이 일반적입니다. 이러한 보통주와 우선주의 가격 차이를 '괴리율' 이라고 부릅니다. 현재 시가총액 상위 50개 종목 보통주 대비 우선주 평균 괴리율은 64.6%입니다. 보통주가 10,000원이면 우선주는 3,540원이라는 이야기입니다.

　그렇다면 우선주의 장점은 무엇일까요? 바로 배당수익률입니다. 우선주

배당률은 보통주보다 1% 정도 더 높거나 같습니다. 그렇기 때문에 배당투자를 한다면 우선주가 수익률이 더 높습니다. 예를 들어 보통주 주가가 10,000원인 종목의 배당금이 500원이라면 보통주를 보유한 투자자의 시가배당수익률은 5%입니다. 하지만 주가가 3,540원인 우선주를 보유한 투자자도 똑같은 500원을 배당금으로 받습니다. 그렇게 되면 시가배당수익률은 14%입니다. 보통주보다 3배 정도의 배당수익을 챙길 수 있습니다.

2012년 결산 주요기업 배당금 및 시가배당률

종목	보통주		우선주	
	배당금	시가배당률	배당금	시가배당률
LG	1,000원	1.5%	1,050원	4.4%
SK이노베이션	3,200원	1.8%	3,250원	6.4%
LG화학	4,000원	1.2%	4,050원	3.8%
GS	1,300원	1.9%	1,400원	5.9%
S-Oil	2,200원	2%	2,225원	3.6%
대신증권	650원	5.2%	700원	8.8%

배당수익률 말고도 괴리율을 이용한 차익투자를 할 수도 있습니다. 예를 들어 어떤 종목의 보통주와 우선주의 괴리율이 평균적으로 30%였는데 최근 보통주 주가의 변동이 심해져서 괴리율이 50%까지 늘어났을 때 우선주를 매수해두었다가 나중에 다시 괴리율이 30%까지 줄어들었을 때 다시 매도를 하는 것입니다. 실제로 이런 투자를 통해 현대차에 투자했던 투자자들이 많은 수익을 거둔 적이 있습니다.

신형 우선주도 잘 골라서 투자하면 수익을 거둘 수 있습니다. 신형 우선주는 특정기간 전까지는 우선주로서 보통주보다 좀 더 높은 배당을 받다가 그 이후에는 보통주로 전환이 됩니다. 보통주로 전환되면 시세차익까지 노릴 수 있습니다.

　이렇게 우선주는 여러 가지로 매력적인 투자처임은 분명합니다. 하지만 시세차익과 단기매매가 주를 이루는 국내 주식시장에서는 우선주가 소외되고 있습니다. 기업지배구조가 견실해지고 장기투자, 배당투자 등에 대한 관심도가 높아진다면 우선주의 저평가 현상도 해소될 것으로 보입니다.

주가가 싸면 작은 기업?

제 **7** 장

기술적 분석 따라하기

기술적 분석이 뭐죠?

스포츠 중 유달리 데이터를 중시하는 종목이 야구입니다. 타율, 방어율, 장타율, 피안타율, 도루 저지율 등 수많은 데이터를 가지고 선수를 배치하고 적절한 타이밍에 교체합니다. 특히 모 프로팀의 경우 데이터를 중시하는 야구를 하여 몇 년간 최정상에 군림하기도 했습니다.

우리나라 주식도 30년이 넘는 방대한 데이터를 가지고 있습니다. 예전의 가격들은 어떠하였는지, 어떤 흐름으로 가격이 변동되었는지, 거래량에 따라 주가가 어떻게 변하였는지 등 이런 자료들을 활용하면 보다 정확한 투자를 할 수 있습니다. 실제로 기업의 가치를 읽는 기본적 분석과 주가의 흐름을 읽는 기술적 분석이 합쳐진다면 투자에서 실패할 확률이 줄어들게 됩니다.

기술적 분석의 단점

현재 기술적 분석에 대해 유용하다는 입장과 쓸모없다는 입장이 팽팽한 상황입니다. 기업의 가치를 중시하는 입장에서 볼 때 기술적 분석의 목적과 가정이 잘못되었다고 생각하기 때문입니다. 주가와 거래량의 흐름을 통해 어떠한 규칙성을 찾고 그것을 적용하여 미래의 주가를 찾아내는 것이 기술적 분석의 목적입니다. 하지만 시기에 따라 주가에 영향을 주는 사건이 다르고 앞으로도 계속 다를 텐데 그것을 어떻게 일괄적인 규칙으로 적용시킬 수 있는지 의문입니다.

또한 기술적 분석에서의 주가는 수요와 공급에 의해서 결정된다는 가정을 기초로 합니다. 하지만 이 부분도 과연 주가가 수요와 공급에 의해서만 결정이 될 수 있는 것인지에 대한 의문이 있습니다. 그리고 주가는 상당기간 큰 흐름 즉, 추세를 이어 간다는 가정을 하고 있으나 갑작스런 외부 충격에 의해 잘나가던 추세도 폭락할 수 있습니다. 기술적 분석을 통해 추세가 정점을 지나 하락세로 접어든 것을 알 수 있으나 이미 그때 대처를 하기에는 한발 늦은 후입니다.

또 다른 문제점으로는 기업의 자산이나 수익성이 터무니없이 낮은 기업의 주가가 고평가되어 있음에도 불구하고 기술적 분석에만 의존한다면 잘못된 선택을 할 수 있습니다. 예를 들어 수익성 및 자산을 고려한 기업의 가치가 7,000원임에도 불구하고 어떠한 작전세력이 개입하여 차트를 예쁘게 만들면서 주가를 5만 원 이상으로 끌어올렸을 경우 가치대비 매우 고평가인 상황입니다. 이 주식은 절대 매수하면 안 되지만 주가의 흐름만 보고 투자할 경우에는 매우 좋은 종목처럼 보일 수 있습니다.

기술적 분석의 장점

하지만 기술적 분석에는 많은 장점들도 있습니다. 가장 큰 장점으로는 주식을 사고파는 시점을 알려 준다는 것입니다. 아무리 좋은 기업을 찾았더라도 그 기업의 주가가 싼 저점에서 사고 주가가 높은 고점에서 팔아야 이익을 낼 수 있습니다. 차트 등의 데이터를 이용하면 이러한 매매시점을 알 수 있다는 점에서 기술적 분석은 훌륭한 방법입니다. 또한 매수하려는 세력이 강한지 매도하려는 세력이 강한지 수급상태를 보면서 현재 장세의 심리를 추측할 수도 있습니다. 또한 거래량 등을 분석하면 어떤 세력이 들어오고 나갔는지도 추측해 볼 수가 있기에 단순히 기업가치만 분석하고 투자하는 것보다 기술적 분석과 병행하는 것이 성공투자로 가는 지름길이 될 것입니다.

봉차트의 생성원리

Chapter 02

　주식시장은 오전 9시에 시작해서 오후 3시에 마감합니다. 오전 9시 정각에 시작된 가격을 시가라 하고 오후 3시에 마감한 가격을 종가라 합니다. 우리가 주식을 하면서 자주 보게 되는 봉차트(캔들)는 시가와 종가를 나타낸 것입니다. 그리고 그날 장중에 가장 높은 가격으로 거래된 것을 고가라고 부르고 가장 낮은 가격으로 거래된 것을 저가라고 합니다. 고가와 저가는 가는 선으로 표시하고 시가와 종가는 굵은 선으로 표시합니다.

장이 시작한 가격보다 마감한 가격이 더 높다면 장중에 매수세력이 강해서 가격이 올랐다는 뜻입니다. 그러므로 힘이 넘치는 붉은색으로 표현하고 이를 양봉이라고 부릅니다. 반대로 시작한 가격보다 낮은 가격으로 마감을 하였다면 장중에 매도세력이 강해서 가격이 내렸다는 뜻입니다. 이를 차갑고 싸늘한 느낌인 파란색으로 표현하고 음봉이라고 부릅니다. 이렇듯 양봉과 음봉은 그날 시가와 종가를 비교하는 것일 뿐 전날의 가격 대비 올랐다 내렸다를 뜻하는 것이 아니므로 오해하는 일이 없어야 합니다.

강한 양봉

강한 양봉이란 장 시작 이후 시가 이하로 매매가격이 떨어지지 않고 쭉 올라 시가보다 높은 종가로 마무리된 경우 매수세력이 강하므로 강한 양봉이라고 합니다. 또한 전날 가격보다 더 높은 가격에서 시가가 형성되어 그 가격이 종가로 마감되는 경우도 종종 있는데 이는 일명 '쩜상'이라고도 부르며 매수세력이 가장 강한 경우에 해당됩니다.

아래꼬리 양봉

아래에 꼬리가 달린 양봉을 보면 그날 주가가 어떻게 변했는지 추측할 수 있습니다. 시가보다 저가가 아래에 있다는 것은 장중에 한 번 가격이 내려갔다는 뜻이고 종가가 시가보다 높고 고가와 같다는 것은 저가에서 가격이 쭉쭉 올라 고가로 마감하였다는 뜻입니다. 한 번 내려갔던 가격을 그 위로 올렸으니 강한 매수세력이 있었음을 알 수 있습니다.

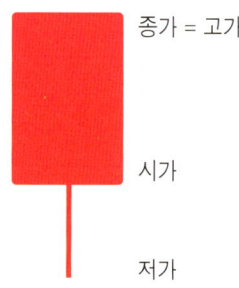

위꼬리 양봉

장 시작 이후 주가가 올라 고가를 찍은 뒤 어떤 매도세력의 힘에 밀려 종

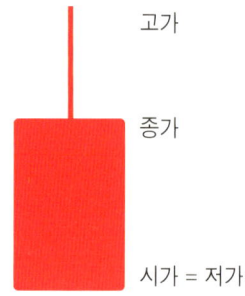

가가 고가보다 낮게 형성된 경우 위꼬리 양봉 모습을 띠게 됩니다. 초반의 상승세가 후반의 매도세력에 꺾인 모습입니다.

강한 음봉

장이 시작한 이후 시가보다 낮은 가격으로 계속 거래되다 종가에 가서 가장 낮은 가격으로 거래된 경우 강한 음봉의 성격을 띱니다. 또한 전날 가격보다 더 낮은 가격에 시가가 형성되어 종가가 시가와 같은 가격으로 형성된 경우가 있습니다. 이는 일명 '쩜하'라고 불리며 매우 강한 매도세력이 존재함을 알 수 있습니다.

아래꼬리 음봉

꼬리가 아래에 달린 음봉을 의미합니다. 장 시작 이후 가격이 계속 내려가다 저가를 찍고 상승하여 저가 위로 종가를 형성하는 모습입니다. 초반에는 매도세력이 강해서 저가를 형성했으나 이후 매수세력이 붙으며 그 위로 종가를 형성한 모습입니다. 만약 장 후반에 보여 준 매수세력이 다음 날도 이어진다면 주가가 상승하는 모습을 볼 수도 있습니다.

위꼬리 음봉

장 시작 이후 주가가 올라 고가를 찍었으나 이후 강한 매도세력으로 인해 주가가 밀려 저가로 종가를 마감한 모습입니다. 상승시도가 꺾인 후 하락한 모습이기에 강한 하락의 모습이고 이 흐름이 이어진다면 다음 날도 하락할 확률이 높습니다.

분봉, 일봉, 주봉, 월봉 구분하기

차트는 봉 하나가 얼마의 기간을 나타내느냐에 따라 분봉, 일봉, 주봉, 월봉 등으로 나눌 수 있습니다.

분봉

분봉의 종류는 3분봉, 15분봉, 30분봉 등 다양하게 존재하는데 3분봉의 경우 봉 하나가 3분을 나타내고, 30분봉의 경우 30분을 나타냅니다. 이렇듯 분봉의 숫자가 낮을수록 좀 더 세밀한 차트 모습을 볼 수 있습니다.

일봉

가장 많이 쓰이는 일봉은 봉 하나가 하루를 나타냅니다. 좀 더 자세히 말하면 오전 9시에 시작한 가격이 시가, 오후 3시에 마감한 가격이 종가, 장중의 고가와 저가를 기록하여 봉 하나가 하루의 가격변화를 알려 주는 것이 일봉입니다.

주봉

일봉보다 조금 더 장기적인 주가의 추세를 보고 싶을 때는 주봉을 사용합니다. 주봉은 한 주의 주가를 봉 하나로 표현합니다. 보통 한 주를 시작하는 월요일 시가가 주봉의 시가가 되고 금요일 종가가 주봉의 종가가 되며 일주일 중 가장 높은 가격이 고가, 가장 낮은 가격이 저가가 됩니다.

월봉

월봉의 경우 가장 긴 안목으로 큰 흐름을 알고 싶을 때 사용하며 한 달의 주가를 봉 하나로 표현합니다. 그 달의 첫 거래일 시가가 월봉의 시가가 되고 그 달의 마지막 거래일의 종가가 월봉의 종가가 됩니다. 그리고 한 달 중 거래된 가장 높은 가격이 고가이고 가장 낮은 가격이 저가가 됩니다.

이렇듯 같은 차트라 해도 분봉에 놓느냐 월봉에 놓느냐에 따라 주가의 추세가 다르게 보입니다. 분봉을 놓고 장기적인 흐름을 논할 수 없고 월봉을 놓고 단기적인 흐름을 논할 수 없으므로 자신의 투자 성향에 따라 어떤 차트를 사용할지 선택해야 합니다.

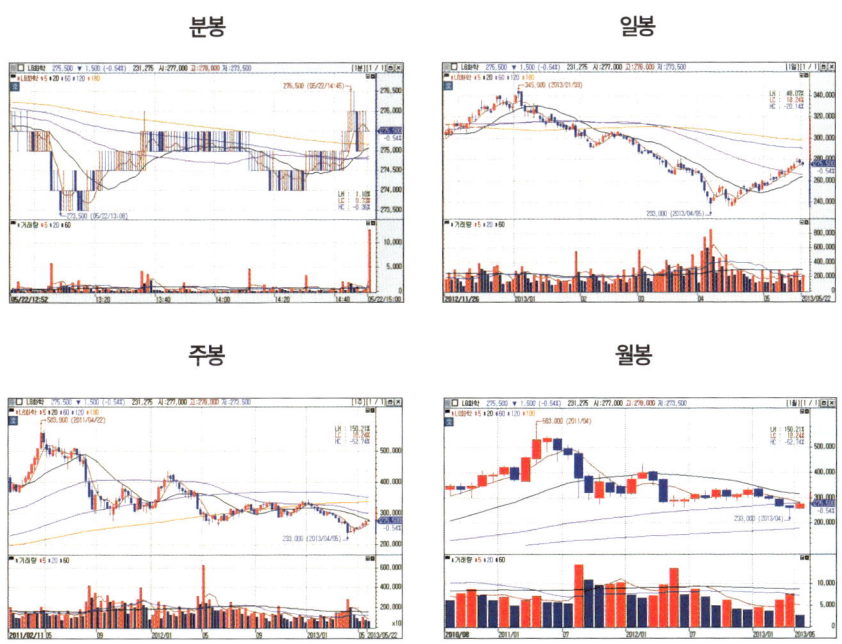

Chapter 04 주가의 추세를 알려 주는 이동평균선

주사위를 던져 1이라는 숫자가 나올 확률은 1/6입니다. 몇 번 던졌을 경우에는 1이 더 나오거나 덜 나오면서 확률이 1/6이 아닐 수도 있지만 점점 많이 던지다 보면 확률이 결국 1/6로 수렴됩니다. 이동평균선 또한 주가의 이동을 산술평균하여 표시한 선입니다. 이동평균선에는 단기인 5일, 10일 선이 있고, 중기인 20일, 60일 선, 장기인 120일, 200일 선이 있습니다. 단순하게 보면 5일 선은 5일간의 주가를 더한 후 5로 나눈 것이고, 120일 선은 120일간의 주가를 더한 후 120으로 나눈 것입니다. 즉, 평균을 내는 기간이 다르기 때문에 5일 선으로 보면 단기간의 주가 추세를 반영하는 선이 되고 120일 선으로 보면 장기간의 추세를 반영하는 선이 됩니다.

단기 이동평균선은 짧은 기간의 주가 추세를 반영하기 때문에 최근의 호재나 주가 상승요인을 반영하여 가파르게 나타납니다. 즉, 주가가 상승하는 징후를 빠르게 포착할 수 있습니다. 장기 이동평균선의 장점은 주가의 큰 방향을 알려 줍니다. 장기 이동평균선이 상승추세에 있으면 그 상승흐름이 쉽게 꺾이지 않고 하락추세에 있으면 하락흐름이 쉽게 멈추지 않습니다. 그렇기 때문에 장기 이동평균선의 흐름이 하락에서 상승으로 전환되거나 상승에서 하락으로 전환된다는 것은 주가의 큰 흐름이 바뀐다는 뜻입니다.

주가는 이동평균선으로 회귀하는 특징이 있습니다. 봉차트가 이동평균선과 많이 떨어져 있는 경우 주가가 평균을 이탈한 상태이기에 다시 이동평균선 부근으로 되돌아올 확률이 높습니다.

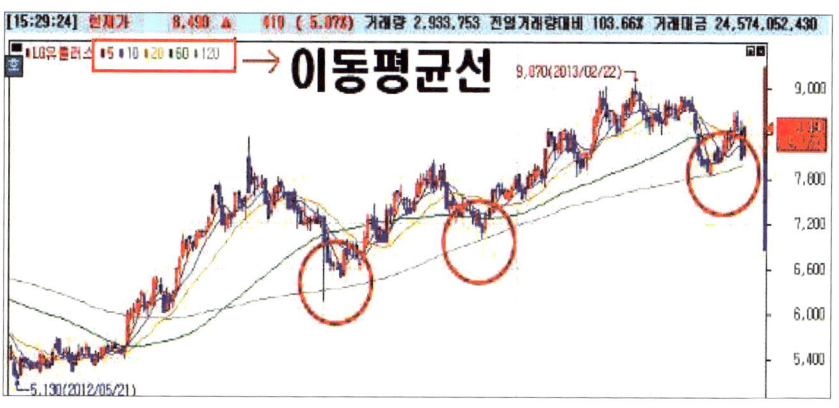

또한 이동평균선은 저항선과 지지선의 역할을 합니다. 저항은 주가의 상승을 멈추게 하는 힘이고 지지는 주가의 하락을 멈추게 하는 힘입니다. 위의 차트를 보면 주가의 아래에 있는 120일 이동평균선에서 더 이상 주가가 하락하지 않고 올라가는 모습을 볼 수 있습니다. 이렇듯 이동평균선의 저항과 지지 역할을 활용해 주가의 천장권이나 바닥권을 확인해 볼 수 있습니다.

절대 신호인 골든크로스와 데드크로스

이동평균선을 통해 주식을 사고파는 타이밍을 찾아낼 수도 있습니다.

주식을 사기 가장 좋은 매수신호는 단기, 장기 이동평균선이 상승추세에서 만나 교차하는 지점인 골든크로스입니다. 모든 이동평균선이 한군데에서 만난다는 것은 평균주가가 단기, 장기 모두 일치하다는 뜻이고 그동안 주가를 누르던 매물이 소진되었다는 뜻이기도 합니다. 즉, 주가가 쉽게 오를 수 있는 여건이 마련된 상태를 알려 주는 신호입니다.

반대로 단기, 장기 이동평균선이 하락추세에서 만나 교차하는 지점을 데드크로스라고 합니다. 주가가 떨어지면서 매물이 쏟아져 나와 주가가 더 하락할 가능성이 높기 때문에 주식을 팔아야 하는 타이밍을 알려 주고 있습니다.

Chapter 05 수급상황을 알려 주는 거래량

거래량은 단순하게 주식이 거래된 양을 뜻하는 것을 넘어 중요한 의미를 지닙니다. 매수세력과 매도세력의 힘겨루기 결과에 따라 나타난 수치이기도 하기 때문입니다. 일반적인 차트를 보면 거래량은 봉차트 밑에 따로 표시되어 있습니다. 그만큼 거래량이 기술적 분석에 있어서 중요하기

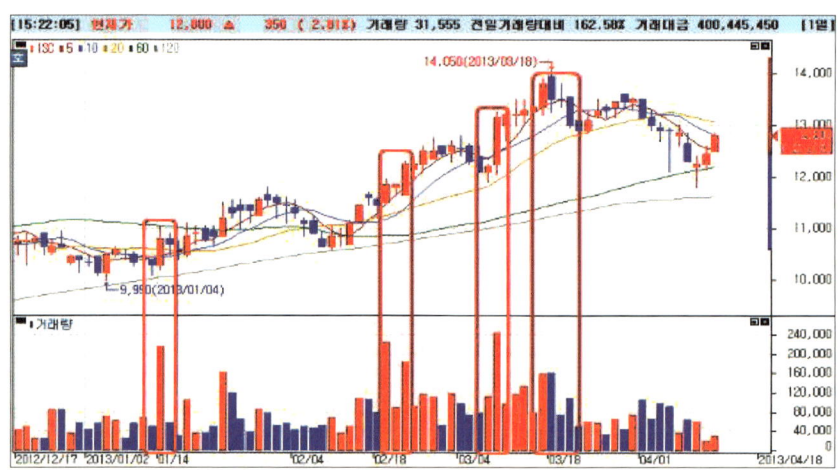

때문입니다.

일반적으로 거래량이 증가하면 주가가 상승하고 거래량이 감소하면 주가는 하락합니다. 거래량이 주가의 움직임보다 조금 더 빨리 움직이거나 비슷하게 움직이는 경향을 가지고 있어 거래량을 통해 주가를 어느 정도 예측할 수 있습니다.

대량거래가 터지면?

대량거래가 터지는 경우 일반적으로 거래되던 양보다 사려는 양이 급격히 늘어난 것을 알 수 있습니다. 매수세력이 강하다 보니 당연히 가격은 오르게 됩니다. 가격이 오르면 기존에 팔지 않으려 했던 사람들 역시 주식을 팝니다. 결과적으로 세력의 힘이 강할수록 거래량이 많아지고 주가의 변동이 매우 커져 캔들(봉차트)의 길이가 길어집니다. 반대로 작전세력들이 가

지고 있던 물량을 개인투자자들에게 털고 빠져나갈 때도 대량거래가 터집니다. 그 후 주가는 크게 폭락할 가능성이 높으므로 이때는 빠져나가는 것이 좋습니다.

주가 상승 후 거래량이 감소한다면?

주가가 상승 랠리를 거친 후 거래량이 감소한다면 더 이상 이 종목을 매수할 힘이 약해지고 있다는 뜻입니다. 그렇다면 얼마 못 가 매수세력이 한계에 다다라 주가는 하락할 가능성이 높습니다.

거래량 없이 주가만 오르거나 내리면?

거래량 없이 주가만 크게 오르는 것이라면 매수를 완료한 작전세력이 주가를 띄우고 있는 가능성이 있습니다. 반대로 거래량 없이 주가가 폭락한다면 받아주는 매수세력이 현재로서는 없다는 것을 뜻합니다.

주가가 하락한 뒤 거래량이 증가하면?

주가가 크게 하락한 후에 거래량이 다시 증가한다면 매수세력이 존재한다는 뜻이기에 앞으로 주가가 오를 가능성이 있습니다.

거래량이 느는 것이 무조건 좋을까?

고점에서 대량거래가 터지는 것은 큰손들이 주식을 털고 나가는 것을 뜻하기에 좋은 뜻이 아니지만 그 외에 거래량이 느는 것은 매수세력이 늘고 있다는 뜻이기에 주가가 오를 가능성이 있습니다.

추세선은 어떻게 활용하나요?

Chapter 06

잘 달리고 있는 자동차는 브레이크가 아무리 좋아도 당장 멈추게 할 수 없습니다. 제동을 걸어도 한동안은 앞으로 나아가게 됩니다. 우리는 이를 '관성의 법칙'이라고 합니다. 주가도 관성의 법칙이 작용하여 상승이나 하락에 탄력이 붙으면 한쪽 방향으로 쭉 가는 성향이 있습니다. 이를 추세라고 하는데 추세에도 상승을 저지하는 저항선과 하락을 버텨 주는 지지선이 있습니다.

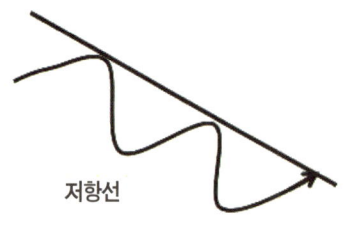
저항선

지지선

저항선과 지지선

저항선은 주가가 어느 정도 올라가면 더 이상 올라가지 못하는 지점인 고점들을 잡아서 선으로 이은 것입니다. 반대로 지지선은 주가가 어느 정도 내려가면 더 이상 하락하지 않는 지점인 저점들을 선으로 이은 것입니다.

이러한 추세선들은 길이가 길수록 신뢰도가 높습니다. 또 추세선의 기울기가 가파를수록 그만큼 세력이 강한 상태임을 나타냅니다.

Chapter 07 매물대는 어떻게 활용하나요?

　매물대란 시장 참여자들의 거래가 일어났던 구간을 막대그래프로 표시해 둔 것입니다. 막대의 길이가 길면 그 지점에서 많은 거래가 일어났다는 이야기이고 그 지점이 매수가격인 사람들이 많다는 뜻입니다. 이 지점이

손실과 본전을 결정짓는 가격대이기 때문에 주가가 이 지점을 넘어서거나 이 지점 밑으로 내려가기가 쉽지 않습니다. 하락했던 주가가 다시 상승하며 긴 매물대에 닿으면 투자자들은 흔히 본전심리를 가지게 되어 주식을 팔아 주가상승을 막게 됩니다. 반대로 상승했던 주가가 다시 하락해 긴 매물대에 봉착하게 되면 투자자들은 본전가격에 도달했기 때문에 이익실현을 멈추고 매도세력을 약화하면서 주가를 지지하게 됩니다. 그러므로 매물대 차트를 보면 지지선과 저항선을 어느 정도 예측할 수 있습니다.

Chapter 08 수급을 통해 장세분석하기

맛있는 식당을 고르는 방법 중 가장 무난한 방법은 손님이 많이 와 줄서서 기다려야 먹을 수 있는 식당에 가는 것입니다. 맛이 있는 식당에 사람들이 몰리듯이 주식시장에서 거래가 활발한 종목에는 분명 어떤 호재들이 있다는 뜻입니다. 또 다른 맛있는 식당을 고르는 방법으로는 택시기사나 근처 직장인들이 자주 가는 식당에 가는 것입니다. 이들은 그 지역 식당들에 대한 정보를 많이 알고 있어 맛있는 식당들을 다 꿰고 있기 때문입니다. 이들이 가는 식당을 따라가면 최소한 맛없는 식당에 들어가게 되는 경우는 없습니다.

이렇듯 주식에서도 정보력이 뛰어난 기관투자자와 외국인투자자를 따라 투자하는 것도 괜찮은 방법입니다. 투자자는 크게 국내기관투자자(연기금, 증권사, 투신사, 보험사, 종금사 등), 외국인투자자, 개인투자자로 나눌 수 있습니다. 특히, 기관투자자와 외국인투자자는 개인투자자가 따라갈 수 없을 정도의 정보력을 가지고 있습니다. 그리고 이들은 큰 자금을 운용하기에 자주 사고팔지 않고 꾸준히 매수해서 장기간 보유하는 전략을 취합니다. 그렇기에 이들이 꾸준히 매수하는 종목들을 찾아낼 수 있다면 어느 정도 승산이 있는 투자를 할 수 있습니다.

누가 얼마나 사들였나 알아봅시다

일자	종가	외국인	개인	기관	금융투자	보험	투신	사모	은행	기타금융	기금	국가	기타
현 재	182,000	+5,867	+5,140	-10,806	+5,008	-13,276	-3,535	-1,161	-1	-207	+803	+1,563	-201
2013/07/08	183,500	+1,807	+2,656	-3,963	+9,376	-5,062	+946	-207	0	-465	-8,788	+237	-500
2013/07/05	187,000	+3,466	+929	-3,883	+2,712	+587	-9,146	-1,919	0	0	-2,139	+22	-512
2013/07/04	187,000	+4,891	+2,279	-7,297	+4,820	+1,187	-11,747	-2,485	0	-24	-160	+1,112	+127
2013/07/03	187,500	+3,283	+8,791	-12,583	+8,637	+86	-17,049	-813	-193	-700	-2,511	-40	+509
2013/07/02	188,000	+22,593	-7,480	-15,048	-2,619	+3,009	-8,358	-3,936	-2	0	-4,907	+1,765	-65
2013/07/01	190,000	+7,385	+10,838	-17,533	-446	+2,951	-2,132	+236	-4,177	0	-10,442	-3,523	-690
2013/06/28	193,500	+9,471	-11,273	+1,402	-2,088	+3,056	-9,619	+3,662	+1,045	-150	-10,112	+15,608	+400
2013/06/27	191,000	+3,428	-4,333	+363	+2,140	-3,926	+1,003	+1,267	0	-600	+171	+308	+542
2013/06/26	186,500	-5,613	-1,243	+6,819	-329	-1,762	+1,061	-4,274	0	0	+12,504	-387	+43
2013/06/25	189,000	+9,393	-17,538	+7,959	+3,568	+936	+8,053	-8,175	-453	-34	+1,632	+2,432	+186
2013/06/24	189,000	-1,335	-22,144	+23,466	+2,536	+578	-5,630	-1,965	-7	0	+13,271	+3,423	+13
2013/06/21	189,500	-5,152	-34,003	+38,940	-589	+20,532	+7,572	+718	+229	-4,000	+7,072	+7,406	+215
2013/06/20	186,000	+2	-46,709	+45,760	-3,748	+13,519	+14,602	+12,598	-1,104	0	+6,220	+3,673	+947
2013/06/19	184,500	-17,130	-2,502	+19,598	+613	+5,748	+6,523	+124	-1,634	0	+7,219	+905	+34
2013/06/18	184,500	-16,961	-1,222	+18,290	-446	+4,473	+7,116	+127	-4,801	0	+11,088	+723	-97
2013/06/17	185,500	-8,578	-14,183	+22,670	-3,570	+2,994	+5,874	+3,476	-14	0	+14,110	-200	+91
2013/06/14	184,500	-19,196	-14,129	+33,479	+3,670	+95	+27,397	+2,062	0	0	+231	+24	-154
2013/06/13	182,500	-17,308	-17,685	+36,025	-8,898	+3,158	+19,446	+6,372	+700	0	+13,298	+1,949	-1,032
2013/06/12	176,000	-3,541	-6,991	+10,537	+2,159	-1,860	+9,133	-9	-14	0	+1,214	-86	-5
2013/06/11	177,500	-6,535	+6,266	+365	-244	-4,591	+8,647	+296	-645	+582	-4,912	+1,232	-96

HTS를 통해서 누가 얼마만큼이나 사들였는지 간단하게 확인할 수 있습니다. 가장 좋은 것은 외국인투자자와 기관투자자 모두 꾸준히 사들이고 있는 모습입니다. 정보력과 자금력을 가진 두 큰손이 동시에 사들이고 있다는 것은 강력한 매수세력이 있다는 것이기에 주가가 쉽게 오를 수 있습니다. 반대로 기관투자자와 외국인투자자가 동시에 팔고 있다는 것은 이미 주가가 충분히 올라서 이익을 실현하는 중이거나 기업에 안 좋은 일을 먼저 알아냈기에 얼른 팔고 있는 것일 수도 있습니다. 이렇게 두 큰손

이 동시에 판다는 것은 매도세력이 매우 강하기 때문에 주가가 폭락하기 쉽습니다.

HTS를 통해서 외국인투자자와 기관투자자가 순매수 또는 순매도한 종목들을 확인할 수 있습니다. 이들이 순매수하는 금액이 얼마나 큰지에 따라서 이들이 그 종목에 얼마나 집중하는지 알 수 있습니다. 이를 통해 두 큰손이 주로 사는 종목을 찾아 같이 샀다가 파는 '따라하기 투자'가 가능합니다.

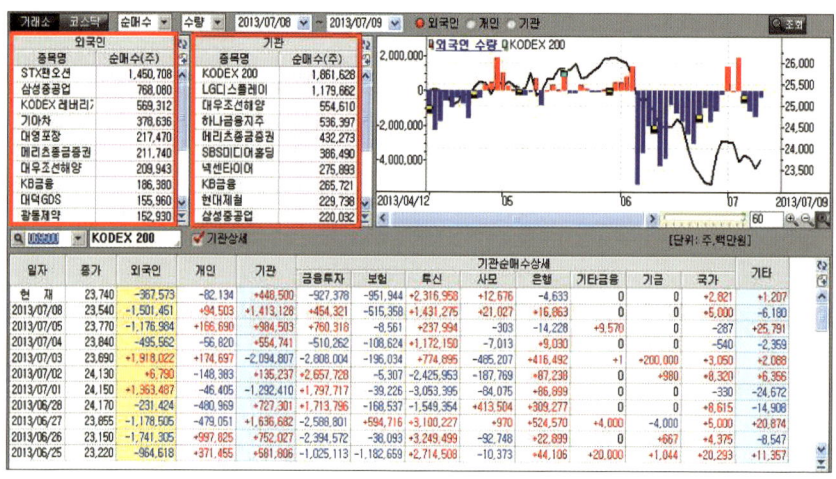

Chapter 09 패턴분석으로 추세 따라잡기

연도별 배추 가격 폭락과 폭등 현황

연도	1포기당 가격	원인
2010	15,000원	생산량 감소
2009	500원	재배 면적 증가, 풍년
2008	1,300원	풍년
2007	5,000원	폭우로 생산량 감소
2006	188원	중국 배추 유입
2005	3,000원	생산량 감소, 중국 납 김치 파동

위의 표는 연도별 배추 가격 변화를 나타낸 것입니다. 대략적으로 한 해 폭등하면 다음 해는 폭락하는 모습을 보입니다. 이런 규칙을 어느 정도 이해하고 있다면 배추 값이 폭등한 다음 해에는 배추가 아닌 다른 작물을 심고, 배추 값이 폭락한 다음 해에 배추를 심는 것이 좋은 선택이 될 것입니다.

주식투자에서도 이러한 패턴을 알게 되면 투자를 하면서 위험을 미리에 방지할 수 있고 수익을 내는 데도 도움을 얻을 수 있습니다. 주식투자에서 패턴은 크게 봉 패턴과 차트 패턴 두 가지로 나뉩니다. 봉 패턴은 몇 개의 봉만 가지고 판단을 하는 것이고, 차트 패턴은 차트의 전체적인 모양을 보고 판단을 합니다.

봉 패턴으로 예측하기

		상승을 알리는 봉 패턴
	〈샛별형〉	샛별이 뜨면 아침이 오듯 하락을 마감하고 상승을 예고하는 패턴입니다. 첫째 날은 긴 음봉, 둘째 날은 갭 하락, 셋째 날은 양봉이 음봉 몸통의 절반보다 높아야 합니다.
	〈해머형〉	하락추세에서 나타나면 주가가 바닥을 찍었다는 신호를 알려 줍니다. 아래꼬리가 몸통의 2배가 되어야 하고 위꼬리는 없거나 매우 짧아야 합니다.
	〈상승집계형〉	하락추세에서 상승으로 전환됨을 알려 줍니다. 두 개의 봉의 저가가 일치해야 합니다.
	〈관통형〉	하락추세에서 저가의 신규 매수세력이 나타나고 있음을 알려 줍니다. 첫째 날은 긴 음봉, 둘째 날 양봉은 음봉 몸통 절반이상 위에 있어야 합니다.
	〈상승장악형〉	하락추세에서 상승신호를 나타냅니다. 두 번째 양봉의 몸통이 첫 번째 음봉의 몸통을 덮어야 합니다.
	〈상승잉태형〉	어머니가 자식을 안고 있는 모습으로 상승신호를 나타냅니다.

하락을 알리는 봉 패턴		
	〈행잉맨형〉	주가상승 마지막에 나타나고 하락의 가능성을 나타냅니다. 아래꼬리의 길이가 몸통길이의 2배 이상이어야 하고 위꼬리는 없거나 매우 짧아야 합니다.
	〈석별형〉	상승추세에서 석별형이 나타나면 하락 가능성을 나타냅니다. 첫째 날, 긴 양봉이 나오고 둘째 날은 갭을 만들며 작은 몸통이 나타나고 셋째 날, 긴 음봉이 나옵니다.
	〈까마귀형〉	상승추세의 천장권에서 하락 가능성을 나타냅니다. 첫째 날 긴 양봉, 둘째 날 갭 음봉, 셋째 날 음봉이 갭을 메웁니다.
	〈유성형〉	주가 상승 마지막에 출현하는 하락 신호입니다. 몸통의 색깔은 중요하지 않으며, 몸통이 작고 위꼬리가 길며 아래꼬리는 없거나 매우 짧습니다.
	〈하락장악형〉	상승추세에서 저항선을 판단할 때 쓰입니다. 두 번째 몸통이 첫 번째 몸통을 덮어야 합니다.
	〈하락잉태형〉	어미가 자식을 감싼 모습의 하락신호로써 두 번째 몸통이 더 작을수록 하락신호가 더 강합니다.

상승으로 전환되는 차트 패턴

삼중바닥형

삼중바닥형은 장기간의 하락추세 후에 나타나며 이후 추세가 상승으로 바뀝니다. 세 개의 연속 저점이 있는데 가운데 저점이 가장 낮으며 그곳을 머리라고 부르고 깊이가 얕고 비슷한 두 저점은 어깨라고 부릅니다.

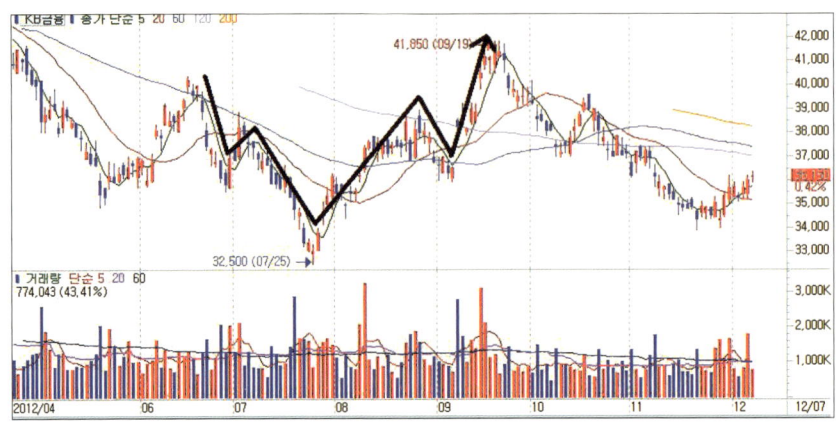

이중바닥형

이중바닥형은 장기하락 이후에 나타나며 적당한 크기의 봉우리 두 개가 나란히 나타나고 저점도 비슷합니다. 상승패턴이나 저항선을 돌파할 때까지 상승을 단정할 수는 없습니다.

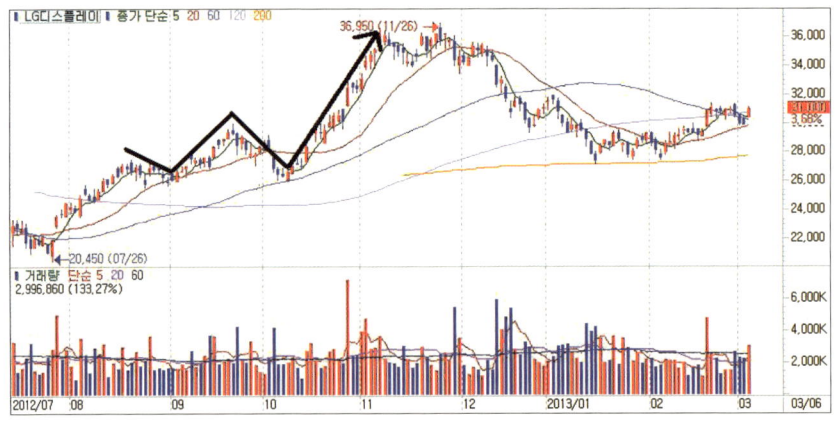

하락쐐기형

하락쐐기형은 상승추세에서 잠시 하락으로 전환한 모습을 보이다 대량 거래 후 쐐기를 돌파하면서 상승하는 패턴입니다. 하락쐐기형에서는 거래량이 크게 터지며 돌파하는가의 여부가 중요합니다.

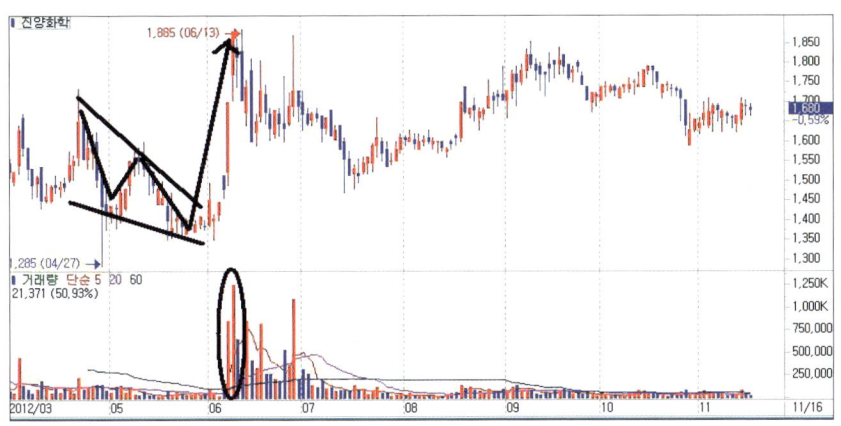

하락으로 전환하는 차트 패턴

삼중천장형

삼중천장형은 상승추세 이후에 형성되어 하락으로 전환됩니다. 세 개의 연속적인 고점이 있는데 가운데 고점이 가장 높아 머리가 되고 좌우의 고점은 어깨로써 머리보다 높이가 낮으면서 비슷합니다.

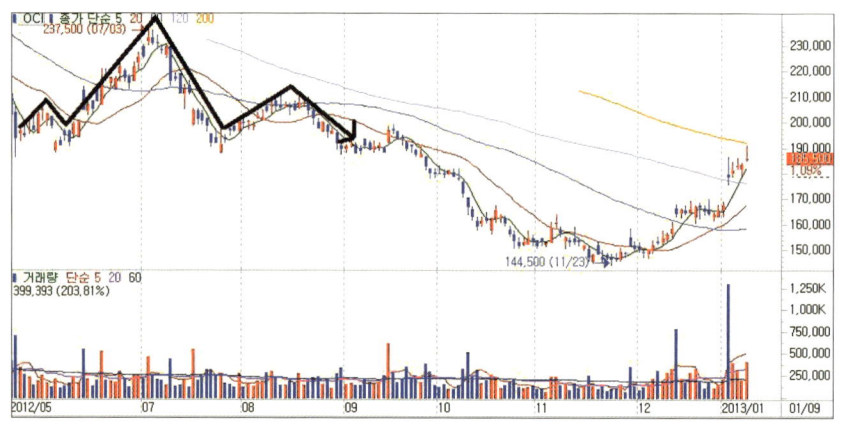

이중천장형

이중천장형은 장기적인 상승추세 이후에 형성되는 하락패턴입니다. 높이가 같은 두 개의 봉우리가 보이고 첫 번째 봉우리에서 거래량이 더 많이 형성됩니다.

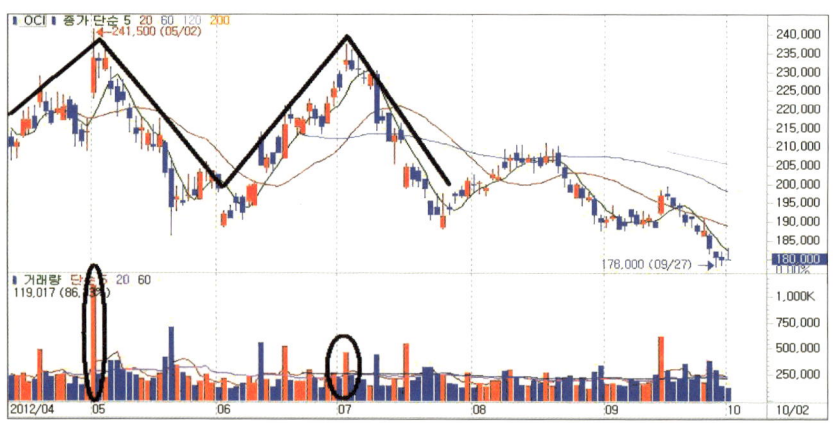

상승쐐기형

상승쐐기형은 지속적인 하락추세에서 잠시 상승으로 전환하는 모습을 보이다가 상승에 실패하고 다시 하락추세로 바뀌는 패턴입니다.

보조지표를 적용해서 매매해 보기

기술적 분석을 통해 주식을 투자하려면 단순하게 차트와 거래량, 이동평균선만으로는 정확한 매수와 매도 타이밍을 잡을 수 없습니다. 또한 작전세력들은 차트와 거래량을 예쁘게 만들어 개인투자자를 유혹하는 경우도 많으므로 좀 더 정확한 투자를 돕기 위한 보조지표들이 필요합니다. 보조지표는 크게 추세지표, 모멘텀지표, 변동성지표, 시장강도지표, 가격지표, 거래량지표, 채널지표 등으로 나눌 수 있습니다. 그 외에도 수많은 방법들이 존재하고 지금도 새로운 기법이 나오고 또 사라지고 있습니다. 하지만 모든 것을 적용할 수는 없기에 대표적인 보조지표 몇 가지만 살펴보겠습니다.

추세분석지표 - MACD

추세분석지표는 평균으로 회귀하는 현상을 알면 이해하기 쉽습니다. 야구에서 꾸준히 3할을 치는 타자가 단기간으로 볼 때는 2할을 칠 수도 있고 4할을 칠 수도 있지만 장기적으로 보면 3할을 치는 경우가 많습니다. 추세분석지표도 단기 이동평균선이 가까워지면 멀어지고, 멀어지면 가까워진다는 원리를 이용한 것입니다. 하지만 이동평균선이 주가보다 한 박자 늦게 따라오기 때문에 과거 주가보다 최근 주가에 좀 더 가중치를 부여하는 방법을 사용한 것이 MACD(Moving Average Convergence Divergence)입니다. MACD는 MACD 곡선과 시그널 곡선 두 가지로 구성되어 있습니다.

> MACD 곡선 = 단기 이동평균선(12일) − 장기 이동평균선(26일)
>
> 시그널 곡선 = N일 동안의 MACD지수 이동평균

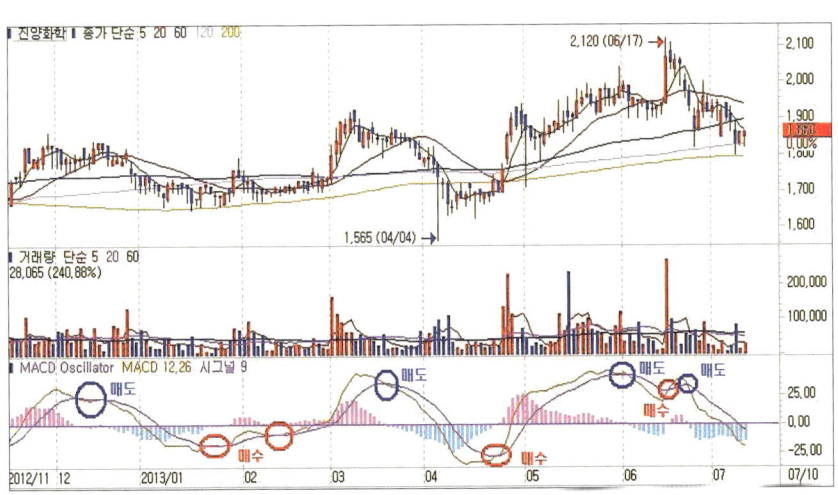

기준선 활용 시

- MACD 곡선이 기준선 위에서 상승 → 주가는 상승세
- MACD 곡선이 기준선 아래서 하락 → 주가는 하락세

시그널선 활용 시

- MACD 곡선이 시그널선 상향돌파 → 매수 신호
- MACD 곡선이 시그널선 하향돌파 → 매도 신호

모멘텀 분석지표1 - 삼선전환도

삼선전환도는 시간과 거래량은 무시해 버리고 오로지 주가만 가지고 예측하는 지표입니다. 특히, 주가가 하락에서 상승으로 전환되거나 상승에서 하락으로 전환되는 시점을 포착하는 데 널리 활용됩니다. 주가상승이 이전

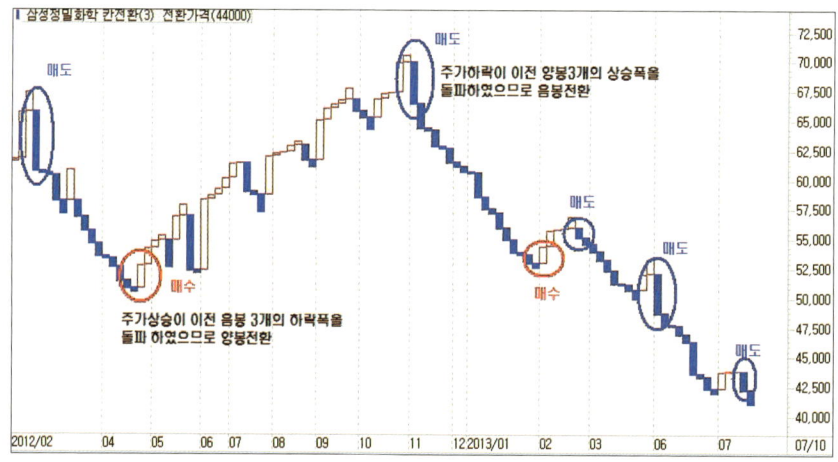

세 개의 하락폭을 돌파하는 경우 상승선, 주가하락이 이전 세 개의 상승폭을 돌파하는 경우에 하락선을 그려 상승과 하락의 신호로 봅니다. 하락 중에 상승전환신호(양봉)가 나오면 매수, 상승 중에 하락전환신호(음봉)가 나오면 매도를 합니다.

모멘텀 분석지표2 - 이격도

이격도는 주가가 이동평균선 대비 어느 정도인지를 알아보는 기법입니다. 주가가 이동평균선 대비 높으면 매도를 하고, 이동평균선 대비 낮으면 매수를 합니다. 이때, 이동평균선은 주로 20일 선과 60일 선을 많이 사용합니다.

20일선 이동평균선 사용 시

- 이격율이 98%(상승세), 92%(하락세) 이하 → 매수 신호
- 이격율이 106%(상승세), 104%(하락세) 이상 → 매도 신호

변동성지표 - 볼린저밴드

원래는 선물거래 시 기술적 분석을 하기 위해 만들어진 것이 볼린저밴드입니다. 이것을 활용하면 변동성 분석과 추세분석을 동시에 할 수 있습니다. 개념에 대해 간단하게 설명하자면 상한선과 하한선 사이에서 주가가 오르내린다는 이론을 토대로 주가가 상한선에 도달하면 과열되었으니 하락할 수 있다는 뜻이고 주가가 하한선에 도달하면 침체되어 있으니 상승할 수 있다는 신호입니다.

매수 매도 시점
- 주가가 볼린저밴드 하단에 접근 시 → 매수 신호
- 주가가 볼린저밴드 상단에 접근 시 → 매도 신호

단, 볼린저밴드를 사용할 때 유의해야 할 점은 수렴과 확산을 통한 밴드의 상한선과 하락선 사이의 폭입니다. 이 두 선 사이의 폭이 좁아지며 수렴할 경우 향후 상승이나 하락이 올 수 있음을 나타내는 신호입니다. 그리고 이 두 선 사이의 폭이 과도하게 벌어지며 확산할 경우 과열 또는 침체 양상을 띠고 있다는 신호입니다.

시장강도지표1 - OBV

전일 기준 주가가 상승한 날의 거래량을 더한 값에 전일 기준 주가가 하락한 날의 거래량을 뺀 값을 구하여 그래프로 그린 것이 OBV(On the Balance Volume)입니다. OBV는 주가가 상승세이거나 하락세가 아닌 오르고 내리는 횡보장세에서 그 활용도가 더 높습니다.

OBV선이 상승추세에 있으면 주가도 상승이 기대되고 OBV선이 하락추세

에 있으면 주가도 하락이 예상됩니다. 주가가 상승 중임에도 OBV선이 하락한다면 이는 주가 하락을 예고하는 신호가 되고 주가가 하락 중임에도 OBV선이 내려가지 않고 오른다면 주가 상승이 있을 것이라는 신호입니다.

> **매수 매도 시점**
> - OBV선 상승, 주가 하락 → 매수 신호
> - OBV선 하락, 주가 상승 → 매도 신호

시장강도지표2 - 투자심리선

최근에 주가가 상승한 날이 많다면 투자심리가 과열되어 있다는 뜻이고 반대로 주가가 하락한 날이 많다면 심리가 얼어붙어 있다는 뜻입니다. 이러한 투자심리를 반영하여 만든 투자심리선은 최근 10일 중의 주가상승일 수로 측

정하여 그은 선입니다. 10일 중 주가가 7일간 올랐으면 투자심리도는 70이 되고 3일간 올랐으면 30이 됩니다.

HTS에서 투자심리선을 보게 되면 기본적으로 75부터는 과열을 뜻하는 빨간색으로 표시되고 25 이하에서는 침체를 나타내는 파란색으로 표시됩니다.

매수 매도 시점
- 투자심리도 30 이하 → 매수 신호
- 투자심리도 75 이상 → 매도 신호

그래프로 대세를 파악하는 파동이론

패턴 분석이 그래프라는 숲과 나무들을 파악하는 것이라면 엘리어트 파동이론은 대세라는 산맥을 보는 것입니다. 엘리어트 파동이론은 그래프를 보는 시야가 가장 큰 편에 속합니다. 장기적인 주가흐름에는 상승하는 5개의 파동과 하락하는 3개의 파동이 순환한다는 것이 이 이론의 핵심입니다. 이 이론대로 주가가 움직인다면 그래프를 통해서 주가의 흐름을 어느 정도 예측할 수 있습니다.

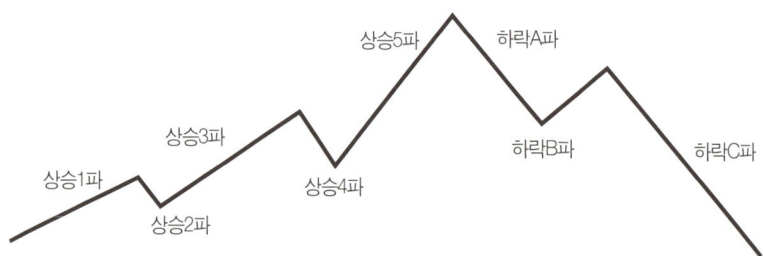

엘리어트 파동을 간단히 분석하면 대세 상승에서 상승1, 3, 5파는 주가가 오르는 충격파동이고 상승2, 4파는 주가 상승에 브레이크를 거는 조정파동입니다. 대세하락에서 하락A, C파는 주가가 내리는 충격파동이고 하락B파는 하락에 잠시 반등을 주는 조정파동입니다.

하지만 이 엘리어트 파동이론이 성립하려면 아래와 같이 다소 복잡한 조건이 필요합니다. 그렇기에 너무 해석이 복잡하고 다양하게 나올 수 있다는 단점이 있는 이론입니다.

엘리어트 파동이론 조건	
상승1파	가장 짧은 충격파동이고, 작은 5개의 파동으로 이루어져 있습니다.
상승2파	조정파동으로 1번 파동이 올린 것의 38.2% 또는 61.8% 비율만큼 되돌리고 하락의 저점이 상승1파가 시작된 지점 아래로 내려가서는 안 됩니다.
상승3파	가장 긴 파동입니다. 간혹 상승 5파가 3파보다 길 수도 있습니다. 보통 3번 파동은 1번 파동보다 1.618배만큼 상승합니다.
상승4파	조정파동으로 3번 파동의 상승분을 38.2% 정도 돌리게 됩니다. 4번 파동의 저점이 1번 파동의 고점보다 높아야 합니다.
상승5파	상승추세의 마지막 충격파동입니다. 거래량이 3번 파동보다 적습니다. 보통 1번 파동과 길이가 같거나 1번 파동길이의 61.8%입니다.
하락A파	하락추세의 충격파동으로 다시 작은 5개의 파동으로 나뉩니다.
하락B파	조정파동으로 작은 3개 파동으로 나뉘며 하락A파의 고점을 돌파하지 못합니다.
하락C파	충격파동으로 작은 5개 파동으로 나뉘며 하락의 힘이 커서 투매현상이 일어나는 구간입니다.

공포와 탐욕으로 장세를 예측하는 다우이론

Chapter 12

　찰스 다우가 이론을 정립하기 전까지 시장에서의 투기에 대한 생각은 지금과 달랐습니다. 그동안 주식 투기는 부자들만의 게임이거나 용감한 사람들의 도박이라고 여겨왔습니다. 이 이론은 1929년 세계공황으로 인한 미국 증시 폭락을 예측하면서 주목을 받게 됩니다. 그 후로 다우이론은 호황과 불황을 예측하는 데 큰 역할을 합니다.

　다우이론의 가장 큰 특징은 강세시장과 약세시장에서 전문가와 일반인은 반대로 생각한다는 점입니다. 개인투자자가 몰리는 곳에는 하락이 존재하고 그와 반대 입장을 취한 전문가는 수익을 얻는다는 개념을 기본으로 합니다. 이러한 투자방법은 주식뿐만 아니라 부동산, 채권 등 다른 투자에서도 적용할 수 있는 말이기에 다우이론은 다양한 투자에 응용될 수 있습니다.

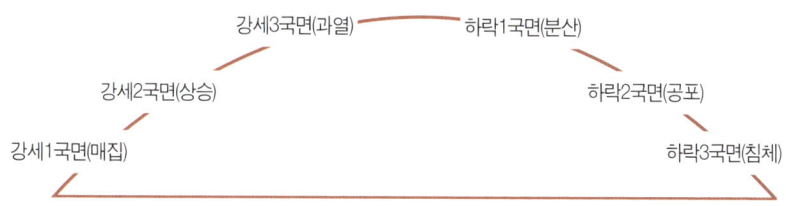

다우이론은 상승의 세 가지 국면과 하락의 세 가지 국면을 합하여 총 여섯 가지의 국면을 가지고 있습니다. 각 국면별 특징을 알아봅시다.

다우이론의 여섯 가지 국면

강세1국면 : 매집국면

강세시장 초기단계로 장래전망은 어두운 상태입니다. 하지만 전문가들은 매입을 하고 거래량은 점점 늘어납니다.

강세2국면 : 상승국면

본격적으로 경기가 좋아지고 주가도 상승하며 거래량도 늘어납니다. 기술적 분석가들이 이때 수익을 많이 내며 일반인들의 주식투자에 대한 관심이 늘어납니다.

강세3국면 : 과열국면

경제도 좋고 기업들의 수익도 늘어나는 상황이므로 일반인들이 뒤늦게 몰려 주식시장 분위기가 과열되는 양상입니다. 이에 따라 거래량이 대폭 늘어나게 되고 거품이 발생하는 시기입니다.

하락1국면 : 분산국면

주가가 더 이상 상승할 힘을 잃어 가는 상태입니다. 전문가들은 이때 주식을 팔아 수익을 실현하지만 일반인들은 아직도 더 오를 거라는 착각에 빠져 있기 때문에 주가가 조금만 하락해도 거래량이 늘어납니다.

하락2국면 : 공포국면

경기가 나빠지고 주가는 수직으로 하락하며 거래량이 급감하는 상태입니다. 일반인은 가진 주식을 처분하려 해도 선뜻 사려는 사람이 없어 모두가 공포에 질려 있는 시기입니다.

하락3국면 : 침체국면

약세장이 오랫동안 지속되는 암울한 상황이 오는 시기입니다. 투매를 하는 일반인들이 나오고 있지만 시간이 지남에 따라 낙폭은 점차 줄어듭니다. 전문가들은 서서히 매수를 할 때를 기다리는 시기입니다.

이렇듯 전문가와 일반인은 강세시장과 약세시장에서 서로 반대의 생각을 합니다. 한쪽이 탐욕을 느낄 때 한쪽은 공포를 느끼고, 상황이 바뀌어 다시 탐욕에서 공포로 바뀔 때 다른 한쪽은 확신을 느낍니다. 이렇듯 일반 대중의 심리와 반대로 행동하기란 매우 어렵지만 집단의 광기를 거슬러 전문가처럼 이성적인 판단을 가지고 투자하는 태도가 필요합니다.

제 **8** 장

고수되기 STEP1

부실기업부터 솎아 내자

경영자는 정직하지 않습니다

Chapter 01

아무리 기업 실적이 좋고 자산이 많아도 우리가 볼 수 있는 것은 기업에서 내미는 종이 한 장밖에 없습니다. 이 종이가 말하는 것이 진실인지 아닌지는 알 수 없습니다. 그렇기 때문에 기업에서 말하는 내용을 믿으려면 투자자와 경영자간의 신뢰가 바탕이 되어야 합니다.

하지만 지금도 수많은 횡령사건, 분식회계 사건들이 이어지고 있고 튼튼한 회사인 줄 알고 투자했던 사람들이 많은 손해를 보고 있습니다.

한때 1억 불 수출탑 수상에 대통령 표창까지 받은 잘나가던 C회사와 자산가치 800억의 튼실한 J회사가 경영자를 잘못 만나 상장폐지된 사례가 있습니다. N회사라는 페이퍼컴퍼니를 통해 기업사냥꾼이 사채업자 돈으로 C회사를 인수한 뒤 유상증자 발행 등으로 사채를 갚아 버리는 방법으로 돈 한 푼 들이지 않고 불법적으로 기업을 인수했습니다. 또 유상증자를 하여 이번에는 800억 자산을 가진 J회사를 인수했습니다. 이들은 J회사가 가진 자산을 다 팔아치운 후 빼돌려 결국 J회사는 25억 어음을 막지 못해 부도가 나 버렸고, C회사도 빈털터리 회사가 되어 상장폐지가 되었으며 C회사의 바지사장은 유서를 남기고 자살을 하였습니다. 이렇게 사라진 두 회사의 자산 1,000억 원의 행방은 묘연했고 2만여 명의 투자자는 손실을 입게 되었습니다.

분식회계란 기업에 돈이 들어오고 나가고 자산이 늘어나고 줄어드는 것을 있는 그대로 드러내지 않고 분칠하여 예쁘게 속인다는 뜻입니다. 한마디로 투자자와 금융당국을 속이기 위해 회계를 조작한다는 뜻이지요. 기업 경영자가 마음만 먹으면 회사 하나를 문 닫게 하는 것은 금방이기에 이런 횡령, 분식회계는 매우 질이 나쁜 행동입니다. 미국 등에서는 이런 일이 벌어지면 강력한 처벌을 합니다. 2001년 엔론 사태 때 CEO는 24년 4개월 중형을 선고받았고 회계감사를 맡았던 회사는 100년 전통을 뒤로 한 채 문을 닫았습니다. 하지만 국내에서는 기업이 분식회계를 하고 횡령을 해도 처벌이 상대적으로 약합니다. 그것은 언제든지 마음만 먹으면 투자자를 바보로 만들 수 있다는 뜻도 됩니다.

그렇기 때문에 기업을 투자할 때 한 회사에 재산을 모두 투자하는 일은 없어야 합니다. 한 종목 당 20% 비중을 넘지 않는 것이 좋습니다. 아무리 회사의 가치가 좋아도 그 가치가 진짜인지 아닌지 알 수 없기 때문입니다.

그리고 기업의 최대주주 또는 경영자가 자주 바뀌는 기업은 아무리 뛰어난 기업이라도 투자하지 않는 것이 좋습니다. 기업사냥꾼의 어떠한 노림수가 있을 수도 있고 어떤 다른 목적을 가지고 그 기업을 인수한 것일 수도 있기 때문입니다. 경영자가 자주 바뀐다는 것은 기업이 생각대로 잘 운영되지 않고 있거나 대주주와 경영자간의 마찰 혹은 어떠한 책임을 떠넘기려는 것일 수도 있으므로 투자자들에게는 좋은 신호가 아닙니다.

시가총액이 적은 기업들은 기업사냥꾼들의 좋은 먹잇감이 될 수 있습니다. 그런 기업들은 적은 돈으로도 장난을 치기 쉽기 때문입니다. 그러므로 가능한 시가총액이 1,000억 원이 넘는 기업에 투자하는 것이 좋습니다.

대주주가 직접 기업을 운영하며 대주주가 창업 때부터 오랫동안 경영을 유지해오고 무리한 사업확장을 하지 않으며 횡령이나 회계조작 등을 한 적이 없는 도덕적인 경영자가 운영하는 기업이라야 투자자들이 믿고 투자할 수 있습니다.

화폐라는 것도 금융당국을 신뢰하기 때문에 존재하는 것입니다. 이 화폐에 대한 신뢰가 깨져 사람들이 더 이상 화폐라는 것을 믿을 수 없게 된다면 경제시스템은 마비가 될 것입니다. 예전보다 경제시스템이 복잡해진 만큼 신뢰는 더욱 더 중요한 밑바탕이 되고 있습니다. 하지만 아직도 서로를 속고 속이는 세상에서 무조건 믿는 것보다 투자자가 먼저 선별하고 조심하는 것이 더 중요합니다.

실전 - 부실기업 찾아보기

재무제표 분석(안정성)

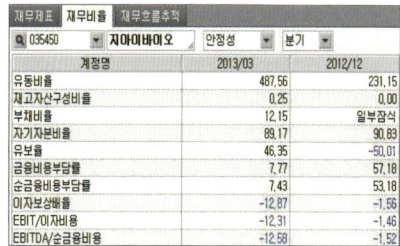

재무재표 분석(수익성)

관련 기업 뉴스 찾아보기

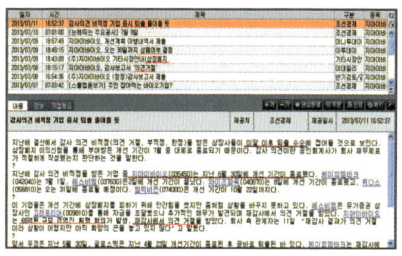

공시 및 리포트 확인

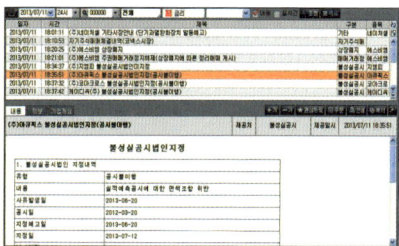

Chapter 02 재무제표는 거짓말을 하지 않습니다

　만약 분식회계를 하지 않았다는 가정 하에 재무제표를 보면 그 기업의 상태를 정확히 짚을 수 있습니다. 기업에 들어오는 돈과 기업이 쓴 돈 그리고 얼마가 남았는지, 남은 돈으로 무엇을 했는지, 가지고 있는 자산이 얼마인지, 부채는 얼마이고 어떤 종류의 부채인지, 이자는 얼마나 내는지, 재고는 얼마나 남았는지 등 기업의 현금흐름과 자산을 모두 파악할 수 있습니다. 이것들을 해석하면 현재 기업의 상태가 어떤지 이해할 수 있습니다. 이렇게 재무제표를 바탕으로 업종과 경제흐름을 분석하면 좀 더 안정적인 투자가 가능해집니다.

재무요약표

Financial Highlight			
구분	Annual 2010.12 IFRS(연결)	Annual 2011.12 IFRS(연결)	Annual 2012.12 IFRS(연결)
매출액(억원)	8,975	10,851	10,347
영업이익(억원)	119	285	860
조정영업이익(억원)	161	285	860

당기순이익(억원)	160	203	709
지배주주귀속(억원)	95	150	439
비지배주주귀속(억원)	65	53	270
자산총계(억원)	15,444	15,836	15,818
부채총계(억원)	4,631	5,306	4,936
자본총계(억원)	10,813	10,530	10,882
지배주주지분(억원)	8,510	8,239	8,365
비지배주주지분(억원)	2,303	2,291	2,518
자본금(억원)	237	237	237
부채비율(%)	42.83	50.39	45.35
유보율(%)	3,571.06	3,456.69	3,509.63
영업이익률(%)	1.32	2.62	8.31
지배주주 귀속순이익률(%)	1.06	1.38	4.24
ROA(%)	N/A(IFRS)	1.30	4.48
ROE(%)	N/A(IFRS)	1.79	5.29
EPS(원)	2,013	3,170	9,268
BPS(원)	183,553	177,835	180,481
DPS(원)	500	750	1,000
PER(배)	22.70	11.55	6.53
PBR(배)	0.25	0.21	0.34
발행주식수(천주)	4,739	4,739	4,739
배당수익률(%)	1.09	2.05	1.65

    위의 재무요약표를 보면 기업이 얼마를 버는지, 얼마나 이익을 내는지, 얼마나 자산을 보유하고 있는지 등을 알 수 있습니다. 간단하게 분석을 해보면 매출이 증가했고 특히 영업이익이 작년대비 3배 이상 증가했다는 걸 알 수 있습니다. 당기순이익도 3.5배 상승했고 총자산은 변동이 거의 없으나 부채를 줄여서 부채비율이 5%나 감소했습니다. 기업의 성장속도를 나타내는 ROE도 5%대로 올라왔습니다. 주당이익인 EPS도 9,000원대인데 주가가 낮다보니 PER이 6.53으로 저평가 상태입니다. 시가총액을 순자산가치로 나눈 PBR은 0.34입니다. 순자산가치가 시가총액보다 3배나 많다는 이야기가 됩니다. 저PER, 저PBR에 기업의 성장이 최근 폭발적으로 살아나기 시

작해서 영업이익과 순이익이 3배 이상 늘어난 기업입니다. 자산가치로만 보면 3배 이상 주가가 상승할 확률이 높습니다. 이익도 계속 증가한다면 수익성이 늘어나는 만큼 주가가 상승할 수 있습니다.

손익계산서

항목	2009.12 GAAP(연결)	2010.12 IFRS(연결)	2011.12 IFRS(연결)	2012.12 IFRS(연결)
매출액	8,168	8,975	10,851	10,347
매출원가	6,841	8,019	9,587	8,433
매출총이익	1,327	956	1,263	1,914
판매비와 관리비	834	838	979	1,053
인건비	261	273	297	325
감가상각비	21	11	15	17
무형자산상각비	7	0	0	1
대손상각비(대손상각비)	31	13	26	48
경상개발비	22	18	21	22
연구비				
광고선전비	3	2	1	2
기타판매비와관리비	497	520	617	638
영업이익	492	119	285	860
조정영업이익	492	161	285	860
EBITDA	1,210	695	946	1,444
비영업손익	29	71	-18	22
금융손익	-60	18	-50	-63
외화손익	12	21	-5	66
관계기업투자등 관련손익	-10			
세전계속사업손익	522	189	267	882
법인세비용	134	-9	64	174
당기순이익(순손실)	388	160	203	709
지배주주지분	268	95	150	439
비지배주주지분	120	65	53	270

위의 손익계산서를 보면 기업이 얼마를 벌고 얼마를 썼고 얼마를 남겼는지를 좀 더 세부적으로 알 수 있습니다. 매출액을 보면 3년간 계속 늘어나다 작년에 소폭 감소했지만 상승추세로 볼 수 있습니다. 한편 매출원가가 대폭 감소하면서 매출총이익이 작년보다 50% 증가했습니다. 매출이 감소했지만 원가가 감소하여 이익이 늘었다는 뜻은 원료가격이 크게 내리거나 어떤 생산기술의 발달로 제조비용이 감소하였다는 뜻인데 뉴스를 검색해 보면 실제로 이 기업의 주원료인 유연탄 가격이 많이 내렸습니다.

판매비와 관리비는 매출의 10% 정도로 매출액에 따라 변동되는 모습입니다. 매출총이익에서 판매비와 관리비를 빼면 영업이익이 나옵니다. 매출원가가 감소한 탓에 영업이익이 크게 늘은 모습입니다. 그 외 비영업손익부분에서는 크게 영향을 주지 못했고 영업이익에서 법인세를 떼고 난 순이익은 709억입니다. 즉, 이번에 늘어난 순이익은 원가를 절감해서 생긴 영업이익이라는 결론이 나옵니다. 하지만 원가를 더 이상 절감하기는 어렵습니다. 그렇기에 매출을 증가시켜야 지속적으로 순이익이 늘어날 수 있습니다.

Chapter 03 재무상태표를 보면 위험을 피할 수 있습니다

재무상태표

항목	2009.12 GAAP(연결)	2010.12 IFRS(연결)	2011.12 IFRS(연결)	2012.12 IFRS(연결)
비유동자산	7,592	11,442	11,174	11,185
유형자산	6,280	8,374	8,413	8,451
투자부동산	2	885	1,022	1,147
무형자산	-198	274	317	414
장기금융자산	1,237	1,866	1,364	1,105
관계기업투자	14			
공동지배기업투자				
장기매출채권및기타채권	7	8	6	9
이연법인세자산	39			
생물자산				
기타비유동자산	212	35	52	58
유동자산	4,132	4,001	4,662	4,633
현금 및 현금성자산	714	633	655	956
단기금융자산	490	310	198	143
매출채권 및 기타채권	2,065	1,975	2,698	2,342
재고자산	820	1,025	1,070	1,108
기타유동자산	42	58	40	84
매각예정비유동자산				
자산총계	11,724	15,444	15,836	15,818
비유동부채	994	2,238	2,504	2,080
유동부채	2,466	2,393	2,803	2,856
매입채무 및 기타채무	728	780	922	837
단기금융부채	1,513	1,420	1,569	1,649
단기충당부채				
기타유동부채	225	192	312	370
매각예정부채				
부채총계	3,460	4,631	5,306	4,936
자본총계	8,264	10,813	10,530	10,882
순운전자본	1,974	2,086	2,575	2,327
순차입금	740	1,042	1,713	987
투하자본	8,104	10,609	11,208	11,084

위의 재무상태표를 보면 기업의 자산과 부채 내역을 알 수 있습니다. 이 기업의 경우 투자부동산의 평가액이 885억에서 1,022억, 그리고 1,147억으로 점점 늘어나고 있습니다. 부동산 가치가 매년 130억씩 늘어나고 있는 기업입니다. 순이익이 700억이고 시가총액이 3,400억인데 이 정도 상승이면 무난한 편입니다. 무형가치도 재작년에는 50억, 작년에는 100억이 늘었습니다. 그러나 장기금융자산에서 2년간 700억의 손실을 입었습니다. 이 회사가 보유하고 있는 주식이 한때 60만 원을 넘었다가 최근 15만 원까지 떨어진 탓입니다.

유동자산을 보면 현금과 현금에 가까운 단기금융자산이 1,000억 정도로 잘 맞추어져 있고 가장 주의해야 하는 부분인 매출채권이 2,000억대로 몇 년간 잘 유지되고 있습니다. 부도가 나기 직전의 기업에는 이 매출채권이 급격하게 늘어나는 경향이 있습니다. 매출채권이란 기업어음 같이 당장은 거래처에 납품하고도 돈으로 받지 못하고 나중에 돈으로 받겠다는 증서입니다. 매출채권이 급격하게 늘면 물건을 팔고도 현금이 들어오지 않아 기업이 흑자를 내고도 부도를 낼 수 있습니다. 매출채권을 보면 이 기업의 현금이 얼마나 잘 들어오고 있는지 알 수 있습니다. 위의 기업 같은 경우 주로 기업 간의 거래를 하므로 2,000억대 매출채권은 지극히 정상적인 수준입니다. 그 다음으로 주의해야 하는 것이 재고자산입니다. 기업이 물건을 팔지 못하고 창고에 물건이 계속 쌓인다는 뜻은 좋지 못한 일입니다. 철강, 목재, 자재류 등의 경우 재고가 쌓여도 나중에 팔 수 있기 때문에 가격손실과 관련 없지만 전자제품, 휴대폰 등 시간이 지나면 가치가 뚝뚝 떨어지는 재고자산은 가치를 0으로 보는 것이 더 낫습니다. 출고가가 90만 원인 휴대폰이 1년이 지나면 거의 고철 값이 되기 때문입니다. 매출채권처럼 재고자산이 갑자기 늘어나는 것도 매우 안 좋은 신호입니다.

부채를 보면 가장 중요하게 보아야 할 부분이 단기금융부채입니다. 1년 안에 갚아야 할 부채를 나타낸 것인데 이것이 갑자기 늘어나거나 기업이 감당할 수 없는 수준으로 올라가면 부도가 날 수 있습니다. 위 기업의 경우 가지고 있는 현금성자산 1,100억과 매출채권이 기존처럼 잘 회수된다면 아무 문제없이 부도를 막을 수 있습니다. 즉, 부도가 날 일이 없는 회사입니다. 실제로 부채총계를 자본총계로 나눈 부채비율을 보아도 50% 미만이므로 상당히 부채에 대해서 건전한 회사라고 볼 수 있습니다.

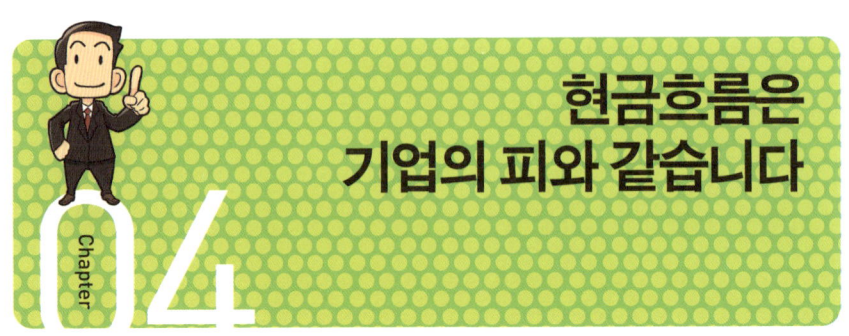

현금흐름표

항목	2009.12 GAAP(연결)	2010.12 IFRS(연결)	2011.12 IFRS(연결)	2012.12 IFRS(연결)
영업활동현금흐름	1,167	434	406	1,497
당기순이익(손실)	388	160	203	709
비현금수익비용가감	751	645	881	904
운전자본증감	28	-200	-603	24
매출채권증가	-158	-70	-659	351
재고자산증가	135	-165	-46	-70
매입채무증가	42	115	160	-113
기타	10	-150	-58	-145
투자활동현금흐름	-267	-440	-687	-721
유형자산취득	-354	-692	-575	-810
유형자산처분	15	18	38	50
무형자산증감	-4	-2	-18	-31
금융자산증감	108	255	116	80
기타	-32	-20	-248	-10
재무활동현금흐름	-579	-75	303	-475
단기금융부채증감	-472	-192	-420	-367
장기금융부채증감	-70	241	761	-77
자본증감	-18			
배당금지급	-19	-37	-19	-28
기타	-0	-86	-20	-3
기타현금흐름				
순현금흐름	321	-81	22	301
기초현금	394	714	633	655
기말현금	714	633	655	956

아무리 건강한 사람도 갑자기 혈관이 막혀 피가 흐르지 못하면 그대로 쓰러지게 됩니다. 항상 흐르는 피가 아주 잠시 흐르지 못했을 뿐인데도 심

각한 후유증을 겪거나 사망하게 됩니다. 기업도 현금이라는 피가 제대로 돌지 못하고 막히면 아무리 흑자를 내는 건실한 기업도 쓰러질 수밖에 없습니다.

현금흐름표를 보면 현재 기업의 현금이 제대로 흘러가고 있는지 확인할 수 있습니다. 우리도 월급이라는 현금이 제대로 들어와야 빚을 줄이고 투자를 해 소득을 늘릴 수 있듯이 기업도 영업을 통해 현금이 들어와야 투자를 해 미래의 소득을 늘리고 빚을 줄일 수 있습니다.

일반적으로 영업 현금흐름이 (+), 투자활동 현금흐름이 (-), 재무활동 현금흐름이 (-)를 유지하는 것이 좋습니다. 영업 현금흐름이 (+)라는 뜻은 장사를 잘해서 현금이 들어온다는 것이고, 투자활동 현금흐름이 (-)라는 것은 미래의 먹거리를 위해서 돈을 투자하고 있다는 것이고, 재무활동 현금흐름이 (-)라는 것은 벌어들인 현금으로 빚을 줄여 나가고 있기에 재무건전성이 올라가고 있다는 뜻입니다.

재무비율표

항목	2008.12 GAAP(연결)	2009.12 GAAP(연결)	2010.12 IFRS(연결)	2011.12 IFRS(연결)	2012.12 IFRS(연결)
안정성비율(%)					
유동비율	150.0	167.6	167.2	166.3	162.2
부채비율	49.6	41.9	42.8	50.4	45.4
유보율	2,644.9	2,740.6	3,571.1	3,456.7	3,509.6
순차입금비율	20.1	9.0	9.6	16.3	9.1
이자보상배율(배)	1.5	4.8	1.6	3.1	9.5
자기자본비율	66.9	70.5	70.0	66.5	68.8
성장성비율(%)					
매출액증가율	12.6	0.1	N/A(IFRS)	20.9	-4.6
판관비증가율	-1.0	-6.8	N/A(IFRS)	16.8	7.7
EBIT증가율	-33.3	152.2	N/A(IFRS)	140.0	202.3
EBITDA증가율	-9.1	71.2	N/A(IFRS)	36.1	52.7
EPS증가율	-75.4	149.4	N/A(IFRS)	57.5	192.4
수익성비율(%)					
매출총이익률	13.4	16.2	10.7	11.6	18.5
세전계속사업이익률	1.8	6.4	2.1	2.5	8.5
EBIT마진율	2.4	6.0	1.3	2.6	8.3
EBITDA마진율	8.7	14.8	7.8	8.7	14.0
ROA	1.1	3.3	N/A(IFRS)	1.3	4.5
ROE	1.7	4.2	N/A(IFRS)	1.8	5.3
ROIC	2.2	4.4	N/A(IFRS)	2.0	6.2
활동성비율(%)					
총자산회전율	0.7	0.7	N/A(IFRS)	0.7	0.7
타인자본회전율	2.2	2.2	N/A(IFRS)	2.2	2.0
자기자본회전율	1.0	1.0	N/A(IFRS)	1.0	1.0
순운전자본회전율	4.1	4.0	N/A(IFRS)	4.7	4.2

재무비율표를 보면 안정성, 성장성, 수익성, 활동성 비율이 나옵니다. 이것들을 종합하여 기업의 상태가 어떤지 다른 기업들과 수치를 통해 비교할 수 있습니다. 유동비율은 100%를 넘어야 좋고 부채비율은 100% 이하가 좋습니다. 영업이익을 이자비용으로 나눈 것이 이자보상배율인데 이자비용이 많을수록 영업이익을 까먹기 때문에 얼마나 부채부담이 심한 상태인지를 알 수 있는 지표입니다.

성장성 비율을 보면 매출액 증가, 주당순이익(EPS) 증가, EBITDA 증가 등으로 얼마나 빠르게 성장하고 있는지를 알려 줍니다. 당연히 이 모두가 증가해야 좋습니다.

수익성 비율 중 매출총이익률이 18.5%라는 것은 매출에서 매출원가를 빼면 나오는 마진율입니다. 10,000원짜리를 팔면 원가를 빼고 1,850원이 남는 장사라는 이야기입니다. 계속세전사업이익률은 세전사업이익을 매출액으로 나눈 것입니다. EBITDA는 기업이 영업활동으로 벌어들인 현금창출능력입니다. 이것을 보면 기업이 번 돈 10,000원 중 1,400원은 영업활동으로 번 돈이란 뜻입니다. 이 정도면 나름 괜찮은 수익성을 보여 주고 있습니다.

위의 〈재무요약표〉, 〈손익계산서〉, 〈재무상태표〉, 〈현금흐름표〉, 〈재무비율표〉 다섯 가지를 종합해 보면 매출액이 올해도 늘어나기만 하면 상당히 저평가이기에 앞으로 큰 수익을 기대할 수 있는 투자하기 좋은 기업임을 알 수 있습니다. 이렇게 기업분석을 한 뒤 경쟁업종과 점유율에서 어떤 상태인지, 거래처와의 관계는 어떤지, 원료가격동향은 어떤지, 또 다른 신사업을 계획하고 있지는 않는지, 업종동향은 어떻게 흘러갈지 등을 더 보충해서 조사를 해야 완벽한 기업분석이 됩니다.

실전 - 현금흐름과 기업의 주가 비교

STX조선해양 현금흐름

STX조선해양 주가

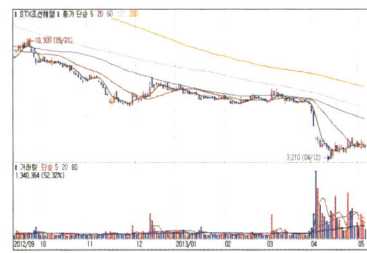

롯데칠성 현금흐름

롯데칠성 주가

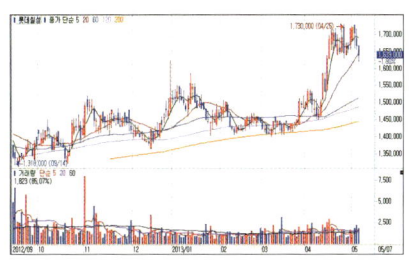

일반인 관심종목 30선

종목검색 랭킹

	종목명	주가등락율
1	GS건설	↓15.00
2	삼성전자	▼1.49
3	디아이	▲2.96
4	스페코	↓14.95
5	오로라	↑14.94
6	삼성엔지니	▼9.10
7	이화전기	↑14.85
8	제일바이오	▲3.29
9	파루	▼5.71
10	STX조선	▼13.40
11	셀트리온	▲0.74
12	현대중공업	▼6.00
13	젬백스	▲1.86
14	와이지엔터	-
15	디오텍	▲0.10
16	이스타코	▲5.67
17	SK하이닉스	▼0.69
18	SH에너지	▲11.88
19	에스비엠	-
20	제룡산업	▲8.72
21	코데즈컴바인	↓14.98
22	빅텍	▼11.47
23	안랩	▼2.54
24	녹십자셀	▼2.97
25	알앤엘바이오	-
26	삼성중공업	▼6.23
27	엔티피아	▼14.53
28	디아이디	▼0.89
29	차바이오앤	▲2.95
30	씨앤케이인터	▼1.17

토론수 랭킹

	종목명	주가등락율
1	디아이	▲2.96
2	스페코	↓14.95
3	GS건설	↓15.00
4	OCI	▼1.29
5	이화전기	↑14.85
6	씨앤케이인터	▼1.17
7	에스비엠	-
8	셀트리온	▲0.74
9	오로라	↑14.94
10	안랩	▼2.54
11	삼성엔지니	▼9.10
12	코데즈컴바인	↓14.98
13	빅텍	▼11.47
14	와이지엔터	-
15	이스타코	▲5.67
16	제룡산업	▲8.72
17	제일바이오	▲3.29
18	녹십자셀	▼2.97
19	EG	▼1.12
20	케이엠	▼5.15
21	광명전기	▲5.17
22	인디에프	↑14.98
23	스포츠서울	▲3.66
24	미디어플렉스	▲4.50
25	SH에너지	▲11.88
26	STX조선	▼13.40
27	태산엘시디	▼14.89
28	STX	▼12.87
29	매커스	-
30	퍼스텍	▼2.99

관심종목 랭킹

	종목명	주가등락율
1	삼성전자	▼1.49
2	SK하이닉스	▼0.69
3	현대차	▼1.75
4	LG전자	▼1.62
5	삼성중공업	▼6.23
6	삼성전기	▼1.38
7	POSCO	▼0.47
8	삼성SDI	▼2.34
9	기아차	▼2.07
10	LG디스플레이	▼0.63
11	삼성물산	▼1.57
12	현대중공업	▼6.00
13	현대건설	▼1.71
14	LG화학	▼4.32
15	KT	▼2.30
16	SK텔레콤	▼1.71
17	삼성증권	▼0.96
18	대우조선해양	▼7.72
19	현대제철	▼1.56
20	한국전력	▲1.01
21	STX팬오션	▼5.03
22	대우증권	▼2.27
23	두산인프라코어	▼2.14
24	삼성테크윈	▼1.22
25	SK브로드밴드	▲5.70
26	신한지주	▼1.25
27	STX조선해양	▼13.40
28	대한항공	▼0.54
29	LG유플러스	▼0.12
30	현대모비스	▼6.63

위의 표는 어느 증권게시판에서 일반인들의 관심종목 순위를 나타낸 표입니다. 우량주들도 종종 보입니다만 들어 본 적도 없는 작은 기업이 상당수입니다. 왜 일반인들은 이런 기업들에 관심을 가질까요?

랭킹종목들을 보면 상승률과 하락률이 화끈한 종목들이 많습니다. 상한가 하한가도 꽤 많이 있습니다. 나름 이유를 내보자면 오르면 화끈하게 오르고 내리면 화끈하게 내리는 투자가 한국인의 정서에 맞기 때문입니다. 오르지도 내리지도 않고 애매한 상태로 주가가 오래 멈추어 있으면 답답함을 느끼게 됩니다. 주식을 매수했으니 당장 어떤 성과가 나와야 직성이 풀리는데 한참을 기다리려니 재미도 없고 수익이 나는 느낌도 없습니다. 그래서 상한가 하한가를 왔다 갔다 하는 종목들에 손을 대는 것입니다.

문제는 이런 종목들은 주로 시가총액이 적은 코스닥 소형주일 가능성이 높습니다. 시가총액이 적으면 작전세력들이 달라붙기 딱 좋습니다. 적은 돈으로도 작전을 칠 수 있으니 쉽게 정복할 수 있기 때문입니다. 실제로 한 코스닥 소형주의 시가총액이 200억이라고 보면 공시된 혹은 숨어 있는 대주주 물량이 100억 가량 될 것이고 남은 100억 중에서 기관 또는 개인투자자들이 사서 보유하고 있어 잠긴 물량이 50억 가량이고 실제로 유통되는 물량은 50억이라고 가정해 봅시다. 이 중에 40억치 물량만 보유하면 완벽히 매수를 끝낼 수가 있습니다. 딱 40억만 있으면 이 종목에 작전을 걸어 개인투자자들을 꼬신 다음 몇 배로 주가를 올린 뒤 가진 주식을 다 떠넘기고 떠나면 이들은 100억 이상의 돈을 벌게 됩니다.

반대로 시가총액이 3,000억인 종목이라면 대주주의 물량이 절반이라 보고 기타 잠긴 물량이 또 그 절반이라고 보면 750억이 유통물량입니다. 이렇게 덩치가 큰 종목은 물량을 매집하기도 힘들고, 매집하더라도 실패하면 수백억을 날리기 때문에 작전을 걸기 어렵습니다. 그래서 대형주에서 상한가 하한가가 자주 나오지 않는 것이고 개인투자자들이 보기에 재미가 없는 주식이 된 것입니다.

그리고 소형주의 경우 거래량이 적은 경우가 대다수이기 때문에 많은 돈을 투자해 사려고 해도 조금만 사도 주가가 올라 버려 원하는 양만큼 매수하기가 어렵고 팔 때도 조금만 팔아도 주가가 떨어지기 때문에 시세대로 정리하고 나오기 어렵습니다.

게다가 작은 기업의 경우 한 가지 기술로 성장한 벤처기업들이 많고 기술 발전 속도가 빠른 현대사회에서 기술 하나만으로 계속 이익을 내기는 어렵기 때문에 기업 전망이 밝지 않습니다. 그리고 작은 기업의 경우 사장의 능력에 따라 많이 좌우되므로 사장이 다치거나 잘못된 판단을 내린다면 그 기업은 바로 쇠퇴의 길을 걷게 됩니다. 어느 정도의 규모와 시스템을 갖춰 웬만한 경영자만 갖다 놓아도 잘 굴러갈 수 있는 안정적인 기업에 투자를 해야 합니다.

적당한 시가총액은 정해진 것은 없지만 대략 1,000억 이상 정도의 기업은 되어야 쉽게 작전세력의 타깃이 되지 않습니다. 그리고 거래량이 어느 정도 유지되는 기업을 골라야 언제든지 현금이 필요할 때 정리하고 나올 수 있습니다.

공시 뒤에 숨겨진 진실

Chapter 06

공시란 상장기업이 시시각각으로 발생하는 중요한 경영활동 내용을 주주, 채권자, 투자자와 같은 이해관계에게 공개적으로 알리는 제도입니다. 이런 공시를 보면 투자 판단에 큰 영향을 줄 만한 것들이 많이 있습니다. 이런 공시 덕에 기업 입장에서는 알리고 싶지 않은 것들을 알려야 하므로 여간 불편한 일이 아니겠지만 투자자 입장에서는 투명하게 기업의 변동사항에 대해서 알게 되므로 판단착오를 줄일 수 있습니다. 공시는 HTS 프로

공시조회목록 화면

8장 고수되기 STEP1 부실기업부터 속아 내자

그램이나 각 기업의 사이트 또는 금융감독원 전자공시시스템(http://dart.fss.or.kr)에서 확인할 수 있습니다.

공시의 여러 가지 모습

투자자에게 득이 되는 공시

배당에 관한 공시, 무상증자, 액면분할, 예상을 초과한 실적발표, 계약수주 등이 있습니다.

투자자에게 해가 되는 공시

감사거절, 상장폐지, 감자, 유상증자, M&A, 예상을 하회하는 실적발표, 전환사채, BW발행, 채무보증 등이 있습니다. 이 중에 유상증자와 M&A는 시장의 분위기에 따라 호재로 인식하기도 합니다. 이렇듯 수많은 공시를 놓치면 매수와 매도를 해야 할 시기를 놓쳐서 손해를 볼 수 있습니다. 그렇기 때문에 하루에 한 번씩은 보유한 기업에 관한 공시가 나온 게 없는지 확인을 하는 것이 좋습니다.

공시에 따라 다르지만 매우 안 좋은 공시가 뜨면 그 순간부터 주가가 하한가로 직행하기도 하고 상한가로 가기도 합니다. 문제는 이런 공시들이 나오는 타이밍입니다. 정말 짜고 친 듯한 느낌을 줄 정도로 환상의 타이밍에 공시가 나오고는 합니다. 기업도 공시를 해야 하는 제한시간이 있지만 최대한 공시 타이밍을 조절합니다. 특히 작전세력이 매집하는 소형주의 경우, 투자자를 유인하는 애매모호한 성격의 공시가 나오기도 합니다. 이런 공시를 믿고 덜컥 투자했다가는 낭패를 보기 십상입니다. 그렇기 때문에 공시를 있는 그대로 보지 말고 왜 이 타이밍에 이런 공시가 나왔는지 추리해 보아야 합니다.

설비투자*에 관한 공시를 잘 활용하면 투자에 많은 도움이 됩니다. 설비투자를 한다는 공시를 보면 달력에 체크를 해둡니다. 보통 설비를 투자한 후 당분간은 투자비용을 감가상각* 하느라 기업의 이익이 줄어들게 됩니다. 그 후에 설비가 완성되면 본격적으로 이익이 상승합니다. 그렇기 때문에 설비투자를 언제 했는지, 언제 완공이 되는지, 감가상각은 몇 년 동안 할 것인지 등을 잘 체크해 놓았다가 그 기업이 감가상각 등으로 인해서 수익이 줄어들어 주가가 많이 내려갔을 때 주식을 매수했다가 설비로 인해 이익이 충분히 늘어났을 때 매도를 하여 수익을 챙길 수 있습니다.

> **TIP**
>
> **＊설비투자**
> 기업이 사업을 계속하기 위해서는 지속적으로 시설, 장비 등을 교체해 주어야 하는데 업종에 따라서 비용차이가 나고, 대량생산을 하기 위해서 설비투자를 하기도 한다
>
> **＊감가상각**
> 토지를 제외한 고정 자산에 생기는 가치의 소모를 셈하는 회계상의 절차. 고정 자산 가치의 소모를 각 회계 연도에 할당하여 그 자산의 가격을 줄여 간다

설비투자(감가상각비 증가) → 투자완료(감가상각비 감소) → 대량생산 시작 →

매출증가(투자시기) → 흑자전환(투자시기) → 이익증가(서서히 매도)

Chapter 07 유상증자, 감자하는 기업은 피합시다

치킨집을 운영하는 조 씨는 장사가 잘되자 고민이 생겼습니다. 이 기회에 옆 가게까지 사들여 가게를 확장하고 싶은데 돈이 부족하기 때문입니다. 마침 부동산에서 소개시켜준 정 사장이 투자를 제안합니다.

"가게를 확장한다고? 얼마 정도 필요한가? 내가 투자하겠네."

"2억은 더 들어갈 것 같네요."

"좋네. 그래 투자함세. 그럼 지금 가게 가치가 얼마인가?"

"여기 가게는 3억 정도 합니다만……."

"그럼 3억에 내가 2억을 투자하니 총 5억이 되지? 5억 중에서 내 지분이 2억이니 내 지분율은 40%네. 자네는 5억 중 3억이니 지분이 60%이고, 수익이 나면 지분만큼 나눠 갖는 걸세. 어떤가?"

"자본을 늘리기 위해 투자를 받는 만큼 내 지분이 줄어드는 거군요."

유상증자와 무상증자

유상증자란?

유상증자라는 것은 기업의 자본금을 늘리기 위해 기존 투자자 혹은 제3자에게 투자를 받아 자본을 늘리는 것입니다. 이렇게 늘어난 자본을 통해 기업은 새로운 사업에 진출을 하거나 부채를 갚아 기업을 건전하게 합니다. 하지만 늘어나는 자본만큼 주식 수가 늘어나기 때문에 증자에 참여하지 않은 기존 주주들의 지분이 줄어들게 됩니다.

유상증자는 좋은 것일까요? 나쁜 것일까요?

정확하게 말하면 상황에 따라 다릅니다. 얼마나 많이 증자를 하는가, 얼마나 싸게 증자를 하는가, 왜 증자를 하는가 등에 따라서 다릅니다. 증자를 많이 하면 아무래도 부담이 있다 보니 안 좋게 해석이 되고, 할인율이 높으면 기존 주주들이 많은 손해를 보니 주가가 하락하게 됩니다. 또 증자의 이유가 갑자기 엉뚱한 기업을 인수하기 위해서 또는 돈 빌릴 곳이 없어서와 같으면 주가는 하락하게 됩니다.

무상증자란?

유상증자와는 반대로 무상증자의 경우 호재로 인식됩니다. 무상증자란 주식 대금을 받지 않고 기존의 주식 보유자, 즉 주주에게 주식을 나누어 주는 것을 말합니다. 다시 말해 기업의 이익 잉여금을 자본으로 전환하는 것으로 투자자의 입장에서 지분이 늘어나는 것은 아니지만 주식을 덤으로 더 받게 되니 배당을 받는 것과 비슷합니다. 실제로 어떤 기업은 배당 대신 무상증자 방식으로 투자자에게 이익을 배분하기도 합니다.

감자

증자와 반대되는 개념으로 감자라는 것이 있습니다. 증자는 자본금을 늘리는 반면 감자는 자본금을 줄이는 것입니다. 예를 들어 10대 1 감자라고 하면 자본금이 1/10로 줄어들고 10주가 1주가 되는 것입니다. 물론 10주를 1주로 합치니 산술상 주가는 10배가 오릅니다.

자본금을 왜 줄일까요?

보통 자본금을 줄이는 이유는 유상증자를 하기 위해서입니다. 왜 유상증자를 하면 되는데 감자를 먼저 하느냐면 유상증자를 하려면 주가가 액면가보다 높아야 합니다. 보통 주식의 액면가는 5,000원이지만 주가가 그 이하로 내려갔을 경우 유상증자를 할 수가 없습니다. 하지만 감자를 하게 되면 주가가 감자를 한만큼 올라가니 액면가 위로 주가를 올릴 수가 있습니다. 그렇게 감자를 해서 주가를 올린 다음에 다시 유상증자를 실시해서 자본을 확충하게 됩니다. 그러므로 기업이 감자를 한다는 것은 그 기업의 자금사정이 매우 안 좋다는 뜻이기에 이런 기업에는 투자를 하지 않는 것이 좋습니다.

가끔 기업을 회생시키기 위해 차등감자*를 실시하는 경우가 있는데 이 경우 개인투자자들에게는 단기적으로

> **TIP**
> *차등감자
> 예를 들어 10주를 1주로 또는 50주를 1주로 주식 수와 자본금을 줄이는 것을 감자라고 하는데 차등감자의 경우 기업경영의 책임 등을 물어 대주주와 소액주주의 감자비율을 다르게 하여 줄이는 것을 말한다. 예를 들어 대주주는 50주를 1주로 소액주주는 10주를 1주로 감자를 하게 되면 대주주의 지분율이 줄고 소액주주의 지분율이 늘어나게 되어 호재로 인식된다

호재입니다. 예를 들어 대주주는 20대 1로 감자를 하고 개인투자자는 2대 1로 감자를 하는 것입니다. 즉, 대주주가 경영에 대한 책임을 지기 위해 개인투자자보다 더 불리한 조건으로 감자를 하겠다는 뜻입니다. 이럴 경우 대주주 지분이 줄어드는 만큼 개인투자자들의 지분이 늘어나기에 주가에 상승요소가 됩니다. 하지만 단기적으로만 좋은 뉴스일 뿐 장기적으로 보면 그만큼 기업이 무너지기 직전의 상황이라는 뜻으로 투자를 하기에 좋은 기업은 아닙니다.

유상증자나 감자 모두 기업을 살리고 주주들의 가치를 증대시키기 위해 도입된 제도이지만 간혹 악덕 경영자들의 경우 이것을 악용하여 자신의 주머니를 채우려는 사람들도 있습니다. 그러므로 이 기업이 왜 증자나 감자를 하는지, 어떤 결과가 벌어지는지, 그 결과를 믿을 수 있는지 등을 고려해서 투자해야 합니다.

실전 - 증자와 감자에 따른 주가 변화

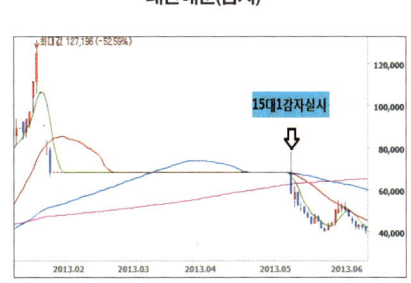

KEC(유상증자)

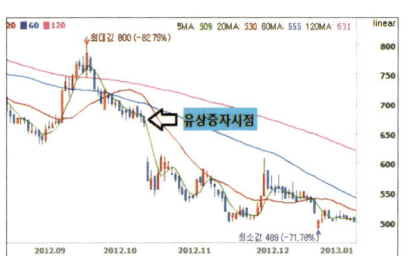

메리츠화재(유상증자)

제 **9** 장

고수되기 STEP2

나무보다 숲을 보자

세계경제는 다 연결되어 있습니다

Chapter 01

주식을 하는 사람은 공부해야 할 것이 너무 많습니다. 세계뉴스를 빼놓지 않고 확인해야 하고 부동산 경기가 어떤지도 알아야 하고 금융당국의 금리 정책 및 기업들의 심리도 조사해야 합니다. 국내증시가 마감하면 곧 이어 시작되는 유럽증시를 확인해야 합니다. 그와 동시에 미국증시도 어떻게 진행되는지 확인하고 나면 해가 뜹니다. 전문가들도 이 모든 것을 확인하느라 힘든데 직장을 가진 일반인들에게는 거의 불가능한 일입니다.

이는 세계경제가 실타래 엉키듯 서로 복잡하게 연결되어 있어서 한 나라

2013년 2월 국가별 수출입 의존 비중

수출 의존도		수입 의존도	
국가명	비중(%)	국가명	비중(%)
중국	24.5	중국	13.6
미국	11.7	일본	12.3
일본	6.8	미국	7.7

의 경제가 다른 나라의 경제에도 영향을 미치기 때문입니다. 미국 서브프라임 사건이나 유럽 위기 때 국내 증시도 큰 타격을 받았습니다. 특히, 우리나라처럼 수출 의존도가 높은 국가는 세계경제의 동향에 따라 많은 영향을 받게 됩니다.

위의 표를 보면 우리나라는 중국에 가장 많은 수출과 수입을 합니다. 즉, 중국에 대한 무역 의존도가 높기에 중국경제가 호황이 오면 우리나라 경제도 호황이 옵니다. 미국과 일본에 대한 무역 의존도도 높은 편이므로 미국, 중국, 일본은 우리나라 경제에 큰 영향을 끼치는 국가들입니다.
그렇다면 이들 국가 경제가 좋아지면 어떻게 해야 할까요?

미국경제가 좋아지면 우리나라 어느 업종에 투자를 하는 것이 좋을까요?

답은 반도체와 자동차입니다. 미국경제가 좋아지면 미국인들의 구매력이 올라갑니다. 우리나라는 미국에 주로 자동차와 반도체를 수출합니다. 그러므로 자동차와 반도체 판매량이 늘어날 것이고 실적도 좋아집니다. 그러니 미리 미국 관련 주요기업들인 현대차, 기아차, SK하이닉스, 삼성전자, LG디스플레이, 현대모비스 등을 매수해 두어야 합니다. 경제 상황에 따라서 돈이 될 만한 곳에 미리 투자를 하는 것이 더 중요합니다.

중국경제가 좋아진다면 어디에 투자를 해야 할까요?

중국경제가 좋아지면 내륙개발이 한참 더 진행될 테니 중장비를 파는 두산인프라코어, 두산중공업 등의 주식이 오릅니다. 또 중국인들의 소비력 증가로 인해 중국에 초코파이를 파는 오리온, 화장품을 파는 아모레퍼시픽과 에이블씨앤씨 그리고 옷을 파는 베이직하우스가 좋고, 중국에 진출한 롯데쇼핑과 CJ오쇼핑도 수혜주가 됩니다. 그리고 화학업종들도 좋습니다. 금호석유, 호남석유, SK이노베이션, 대한유화, 한화케미칼 등입니다. 아니면 국내에 상장한 중국기업들에 투자하는 것도 좋은 방법입니다. 중국원양자원, 중국식품포장, 에스앤씨엔진그룹, 차이나하오란, 완리 등이 있습니다.

하지만 보통 세계 경제는 시기가 조금씩 다를 뿐 다 같이 좋아지고 다 같이 안 좋아지는 추세입니다. 세계 경제가 호황이면 결국 다 같이 이 추세를 따라오게 됩니다. 그러므로 너무 특정국가에 올인해서 투자하는 일은 없어야 합니다. 유럽위기 당시 우리나라는 유럽에 수출 비중이 높지 않아 피해가 적을 것이라 여겼습니다. 하지만 유럽과 관련된 다른 나라들이 타격을 입는 바람에 우리나라 증시에도 큰 영향을 미쳤습니다. 그러므로 나무를 보지 말고 숲을 보며 투자를 해야 합니다.

정치를 알아야 경제도 압니다

주식투자에 성공하기 위해서는 한국경제도 부족해 세계경제까지 공부해야 합니다. 그리고 정치도 알아야 합니다. 왜냐하면 정치와 경제 관계는 떼어놓으려 해도 깊은 연관관계를 가지고 있기 때문입니다. 경제 상황에 맞추어 새로운 정책을 내놓기도 하고 반대로 정책에 따라서 경제가 큰 영향을 받기도 합니다.

 그렇기 때문에 정치와 경제가 별개라고 생각하기보다는 경제상황을 유연하게 보고 이에 맞추어 어떤 정책이 나올지를 예상하거나 정책에 따른 영향을 분석하는 것이 좋습니다.

주식에 영향을 주는 정치 분위기

정권교체 시기 또는 새 정부 출범 이후

정권교체 시기가 다가오거나 새 정부가 출범하게 되면 물가를 안정시키기 위해 기업들이 쉽게 가격을 올리지 못하는 분위기가 만들어집니다. 정권교체 초기에 타이밍을 잘못 맞춰 가격인상을 했다가 뭇매를 맞을 수도 있기 때문입니다. 즉, 물가를 올려야 이익이 나는 식료품, 자재업 등은 주가가 쉽게 오르지 않습니다. 게다가 원유나 곡물가격이 상승해 물가인상을 크게 압박 받는 경우일지라도 제품가격을 쉽게 못 올리므로 이익이 줄게 됩니다.

기업끼리 가격담합 후 징계
기업끼리 가격담합을 하였다가 징계를 받는 경우도 있습니다. 기업이익을 늘리기 위해 경쟁사끼리 몰래 합의하여 가격을 올리는 경우 가격담합으로 상당한 과징금을 냅니다. 이러한 과징금 액수가 큰 경우 기업에 손실을 주기 때문에 주가하락 요인이 됩니다.

다른 나라와의 무역 마찰
다른 나라와의 무역 마찰이 있을 경우 주가에도 많은 영향을 미칩니다. 스마트폰 사업의 패권을 두고 삼성과 애플이 연일 특허전쟁을 펼치며 아웅다웅하고 있습니다. 모 회사의 경우에는 미국에서 특허침해를 하였다며 1조를 배상하라는 판결을 받았었습니다. 특허로 인한 법정소송도 줄을 잇고 있지만 국가 간 덤핑문제도 항상 나오는 단골메뉴입니다. 덤핑문제로 벌금을 내는 일이 생기면 그 지역에서 기업 점유율이 줄 수도 있으므로 기업의 주가에 많은 영향을 미칩니다.

국가의 환율정책 영향

국가의 환율정책에 따라서 많은 기업들이 영향을 받습니다. 고환율정책을 벌이면 수출위주 기업들이 수혜를 받고 저환율정책을 벌이면 수입관련 기업들이 혜택을 받습니다. 일본의 경우 자국 수출산업을 살리기 위해 엔화를 마구 풀어 고환율정책을 펼쳤습니다. 고환율정책을 펼치게 되면 예를 들어 미국에서 2,000만 원하던 차를 1,600만 원에 팔아도 벌어들이는 이익이 같습니다. 당연히 일본수출기업들은 해외에서 더 싼 가격으로 점유율을 늘려갔고 가장 경쟁자인 한국수출기업들은 점유율에서 밀려 타격을 받았습니다.

국가의 주요정책의 영향

국가의 주요정책에 따라서도 수혜업종이 탄생하고 주가가 폭등합니다. 부동산 관련 정책이 나오면 건설관련 주식들이 오르고, 친환경정책이 나오면 또 그 관련된 주식들이 오릅니다. 결국 정치란, 정책을 통해서 국가의 어느 분야에 돈을 밀어주는 것입니다. 결국 정책이 가는 곳에 돈이 따라가기 때문에 신문을 보더라도 경제면만 보지 말고 정치면도 같이 보아야 합니다.

실전 - 정책 변화에 따른 주가 변화

삼천리자전거

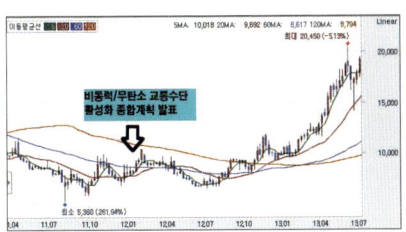

루멘스

한 회사가 오르면 그 업종 전체도 오릅니다

특정 회사의 주가가 오르면 그와 동일 업종의 주가 또한 오릅니다. 현대차가 오르면 기아차도 오르고, 삼성전자가 오르면 SK하이닉스도 오르는 것이 보통입니다. 그렇기 때문에 특정기업에 집중하기보다는 업종별 흐름을 보는 것이 투자에 더 도움이 됩니다.

건설업종이 좋아지는지 화학업종이 좋아지는지 업종별로 흐름을 보고 각 업종별 주요기업을 찾아 투자를 하는 것입니다. 예를 들어 앞으로 부동산 경기가 좋아질 것이라고 보면 가장 먼저 건설자재업종의 주가가 좋아질 것입니다. 건물을 짓는 건설회사는 건물이 다 지어진 뒤에야 수익이 나지만 건설자재 업종은 건물이 지어지는 동안 물건만 갖다 주면 바로 수익이 나기 때문입니다. 그래서 부동산 경기가 좋아지면 건설자재업종이 먼저 주가가 오릅니다. 건설자재로는 철강, 시멘트, 레미콘, 목재업종 등이 있습니다. 건설업종도 토목과 건축으로 나뉩니다. 부동산 경기 중에서도 주택경기가 좋을 때는 건축을 주로 하는 건설회사 주식을 사야 하고 고속도로, 철도, 항만 등 토목경기가 좋을 때는 토목을 주로 하는 건설회사 주식을 사야 합니다.

업종별 주요 기업

업종	주요 기업
건설	현대건설, 삼성물산, GS건설, 대우건설, 대림산업
은행	KB금융, 우리금융, 신한금융, 하나금융
조선	현대중공업, 삼성중공업, 대우조선해양, STX조선해양
화학	LG화학, 호남석유화학, 한화케미칼, 금호석유화학
증권	삼성증권, KDB대우증권, 우리투자증권, 대신증권
철강	POSCO, 현대제철, 동국제강, 현대하이스코
정유	SK이노베이션, GS, S-Oil
해운	현대상선, 한진해운, STX팬오션
반도체	삼성전자, SK하이닉스
가전	삼성전자, LG전자
보험	삼성생명, 삼성화재, 현대해상, 동부화재
식품	CJ제일제당, 농심, 롯데제과, 오뚜기, 롯데칠성
유통	롯데쇼핑, 이마트, 신세계, GS홈쇼핑, 현대백화점, CJ오쇼핑

부동산 경기가 살아나면 건설업종만 살아나는 것이 아닙니다. 집을 사고 땅을 사려면 은행에서 대출을 받아야 합니다. 자기 돈으로 사는 사람은 거의 없죠. 그럼 은행 대출은 늘어나고 이자수익도 늘어납니다. 결국 은행 업종도 이익이 늘어나니 주가가 오릅니다. 또한 건설회사들도 땅을 사서 건물을 짓고 분양을 하기 전까지는 높은 이자를 주고 금융회사들에게 돈을 빌립니다. 증권, 종금, 저축은행도 건설회사에게 다소 높은 이자로 돈을 빌려주므로 수익이 늘어나니 주가가 오릅니다. 또한 건물을 지으면 시멘

트 다음으로 많이 들어가는 것이 철강과 유리입니다. 관련 회사들도 판매가 늘어 주가가 오릅니다. 건물이 다 지어지면 헌 가구는 버리고 새 가구를 채워 넣다 보니 가구 업종도 오르고 집에 맞게 벽걸이TV도 사고 세탁기도 사고, 청소기도 사고, 밥솥도 사고, 냉장고도 삽니다. 당연히 가전업종도 호황을 누리게 됩니다. 또 취향에 맞게 여기저기 새집을 꾸미다 보니 인테리어 관련 업체들의 주가도 오릅니다. 종합해 보면 건설업종이 살아나면 철강, 시멘트, 레미콘, 목자재, 은행, 증권, 저축은행, 가구, 유리, 인테리어, 가전 등 11개 업종이 같이 살아납니다. 또 이들 11개 업종이 살아나면 다른 업종이 연이어 살아나겠죠. 이것이 파급효과입니다.

파급효과를 이해하면 한 업종이 좋아졌을 때 다음 업종은 어떤 것이 좋아질까 예측할 수 있습니다. 그래서 파급효과가 오기 전에 싸게 사서 비싸게 팔 수 있습니다. 해운업종이 좋아져서 주가가 오르면 뒤따라 해운업종 주식을 사는 것이 아니라 재빨리 조선업종 주식을 사야 합니다. 물동량이 많아져 화물선이 부족하게 되고 화물운임도 오르니 해운회사는 돈에 여유가 생기므로 조선소에 연락해서 화물선을 제작합니다. 그러나 배는 당장 만들어지는 것이 아니라 1~2년은 걸리므로 이 배가 다 만들어져 잔금을 받아야 조선소로 수익이 들어오게 됩니다. 이렇듯 한 발 늦게 수익이 늘어나는 업종이 있기 때문에 여러 업종에 대한 이해가 필요합니다.

실전 - 업종의 주가와 해당기업들의 주가 관계

건설업 차트

대림산업

경남기업

대우건설

은행·증권·건설 - 같이 살거나 같이 죽거나

은행과 건설과 증권은 하나라고 보아도 좋을 것입니다. 이 세 업종을 합쳐서 '트로이카'라고 부릅니다. 이 세 종목이 같이 오르고 내리는 경우가 많기 때문에 한데 묶어서 업종을 분석해 보겠습니다.

은행

은행은 금융지주로 상장되어 있습니다. 금융지주에는 은행뿐만 아니라 카드, 증권, 자산운용, 캐피탈 등이 모두 통합되어 있으나 매출의 대부분이 은행에서 나옵니다. 은행은 한국은행에서 싼 이자로 돈을 빌려 기업이나 개인에게 가산금리*를 붙여 수익을 내는 사업입니다. 즉, 대출을 많이 해 주면 해 줄수록 이익이 많이 나는 구조입니다. 하지만 대출을

> **TIP**
> *가산금리
> 기준금리에 덧붙이는 금리. 채권이나 대출금리를 정할 때 기준금리에 덧붙이는 위험가중 금리를 말한다

해 간 쪽이 돈을 못 갚는 경우가 생기면 손해가 큽니다. 그러나 은행의 경우 담보를 받거나 대출조건이 까다로워 손해가 나는 경우가 적습니다. 어쨌든 은행 수익이 늘어나려면 경기가 살아나면서 기업이 투자를 늘리거나 집을 사려는 개인이 늘어나야 합니다. 결국 은행 수익이 늘어날 때와 경제가 좋아질 때는 시기가 같습니다. 외국처럼 투자은행을 키워 투자수익을 창출하면 좋지만 아직도 대출마진으로 먹고 사는 비중이 크기 때문에 경제 상황과 같이 가는 것입니다.

증권

증권업종의 경우 브로커리지, 기업금융, 딜링 이 세 가지가 주 수입원이고 이 중에 가장 큰 수익원이 브로커리지입니다.

브로커리지

주식을 사고팔 때마다 붙는 수수료나 지점에서 일반인에게 펀드를 팔면서 내는 수익을 브로커리지라고 합니다. 증시 거래대금이 하루에 10조가 넘을 때는 증시 열기가 달아오를 때입니다. 거래대금이 많을수록 수수료도 많이 붙으므로 증권사들의 이익도 좋아집니다. 증시가 안 좋아져서 거래대금이 내려가면 증권사들의 이익도 안 좋아집니다. 그러므로 증시의 활황여부에 따라서 증권업종의 이익이 출렁거리는 구조입니다.

기업금융

그 외에도 증권업종은 기업금융을 통해서 돈을 법니다. 주로 기업을 증시에 상장시켜 주거나, 유상증자를 주최하고, 기업인수를 도와주는 일을 하여 기업으로부터 돈을 받아 수익을 냅니다.

딜링

증권사의 자본으로 투자하고 수익을 내는 것을 딜링이라고 합니다. 지금은 딜링을 통한 수익이 부족하지만 딜링 부분을 키우는 것만이 앞으로 증권사와 금융사의 미래를 책임질 수 있습니다. 정부에서도 투자은행을 키우기 위해 자본시장통합법을 내놓았습니다. 다만 종합금융투자업 자격을 얻으려면 자기자본이 3조가 넘어야 하기에 증권사들끼리 합병을 하거나 유상증자를 통해서 자본을 늘리고 있는 추세입니다.

건설

건설업종의 경우 크게 건축, 토목, 플랜트 세 가지로 수익을 냅니다.

건축은 아파트나 빌딩 등 건물을 지어 벌어들이는 수익이고, 토목은 도로나 항만, 철도, 댐 등을 짓는 것이고, 플랜트는 전력, 석유, 가스 등을 생산하는 설비나 공장 등을 지어 수익을 내는 것입니다. 우리나라 건설회사의 경우 해외에서도 그 기술능력을 인정받아 상당한 돈을 벌어옵니다. 다만 건설사가 중동지역에 집중된 경향이 있어 국제유가가 높아 중동에 돈이 많아지면 건설공사도 많아지지만 국제유가가 낮아 중동에 돈이 부족하면 건설공사를 받아내기가 어렵습니다. 건설사의 특징 중 하나는 적자가 나도 기업 유지를 위해 공사를 따와야 한다는 것입니다. 불황이 와도 인원과 장비를 쉽게 줄일 수가 없어 적자가 나는 공사라도 수주를 해야 그나마 덜 적자가 나므로 불황 시에는 저가입찰이 난무하기도 합니다.

실전 - 트로이카 업종 주가 비교

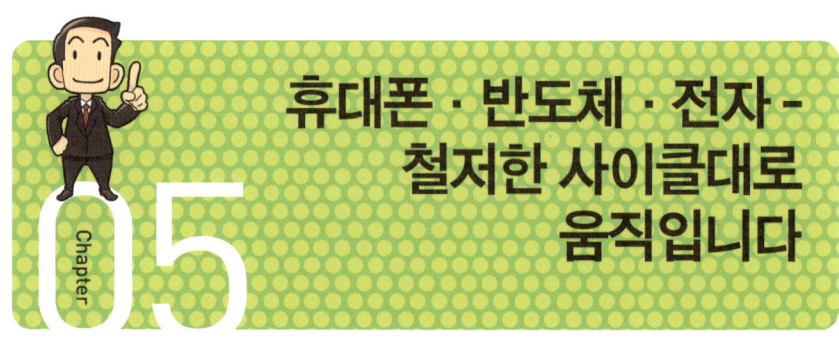

휴대폰

휴대폰 산업의 역사는 스마트폰 출시 전과 후로 나뉩니다. 그만큼 스마트폰이 나오면서 큰 변화가 있었습니다. 이전에는 노키아와 모토로라라는 거대 글로벌 기업이 세계시장을 좌지우지했지만 스마트폰이 나오면서 이들은 조용히 뒤편으로 물러갔습니다. 지금은 애플과 삼성이 세계 스마트폰 시장을 놓고 싸우고 있습니다.

스마트폰 시장이 커지면 삼성전자만 수혜를 볼 것이라고 생각하겠지만 스마트폰 자체가 엄청나게 많은 부품들이 결합된 첨단 과학이기에 관련 회사들도 수익을 얻습니다. 예를 들어 삼성전기에서는 부품을 생산하고 삼성SDI에서는 배터리를 만들고 삼성디스플레이에서 액정화면을 만듭니다. 이런 구조 덕분에 삼성 계열사들도 같이 수익이 올라갑니다. 그 외에 스마트폰 부품에 들어가는 납품업체들도 이익을 얻습니다. 이렇듯 스마트폰 하나에 수많은 기업의 운명이 달려 있습니다.

스마트폰 부품 공급 회사

	갤럭시S3	아이폰5
디스플레이	삼성디스플레이, 실리콘웍스, 이라이콤	LG디스플레이, 디지텍시스템, 이엘케이
모바일D램 낸드플래시	삼성전자, SK하이닉스	삼성전자, SK하이닉스
MLCC	삼성전기, 삼화콘덴서	삼성전기
칩배리스터	아모텍, 이오칩테크놀러지	아모텍
배터리	삼성SDI, 파워로직스	삼성SDI
카메라모듈	캠시스, 파트론, 삼성광통신, 파워로직스, 코렌, 디지털옵틱, 나노스, 엠씨넥스, 세코닉스	LG이노텍, 옵트론텍

반도체

반도체 시장은 기술과 대규모 설비투자가 따라 주어야 가능한 사업입니다. 한때 황금알을 낳는 사업으로 세계 여러 업체들이 이 분야에 뛰어들었고 한동안 공급과잉으로 힘든 시기를 보냈습니다. IT관련 사업은 기술력에 따라서 가격이 좌우됩니다. 신제품이 출시되면 고가의 수익을 누리다가 또 다른 신제품이 나오면 기존 제품의 가격은 폭락하는 구조입니다. 가장 앞서나가는 기술을 가진 쪽이 유리하고 그 외에는 쪽박을 차는 사업입니다. 이 분야에서 삼성전자가 기술력과 자본력을 총동원하여 세계의 다른 기업들을 따돌리고 신상품을 출시해 고수익을 냈습니다. 다른 기업들이 그 기술을 따라오면 제품 가격을 후려쳐서 헐값에 내놓아 수익이 나지 않게 만들었습니다. 결국 엄청난 투자만 할 뿐 이익을 내지 못한 다른 기업들은 하나씩 문을 닫게 되었고 지금 세계 메모리 반도체 시장 1, 2위가 한국 기업이 되었습니다.

예전에 반도체 시장은 컴퓨터를 구매하는 시기와 가장 연관이 깊었기에 올림픽 주기 등 어떤 호황과 불황의 사이클이 존재했습니다. 윈도우가 새로 출시되거나 컴퓨터 교체주기가 맞물릴 때 반도체도 가격이 올라 이익이 늘어나는 구조였으나 스마트폰의 비중이 커지면서 이런 주기가 사라졌습니다.

전자제품

전자제품시장은 세계 경기가 호황이냐 불황이냐에 따라 이익이 많이 달라집니다. 아무래도 불황이 오면 가장 먼저 지출을 줄이는 부분이 TV나 에어컨 등 고가 가전제품이기 때문입니다. 반대로 호황이 오면 가전제품들을 새 것으로 교체하려는 수요가 많아집니다. 그렇기 때문에 가전시장은 점유율보다 경기 사이클이 중요합니다. 경기를 이해하고 경기가 좋아지기 전에 미리 가전제품 회사 주식을 사서 보유하는 것이 좋은 선택입니다.

실전 - 휴대폰·전자·반도체 업종 주가 비교

삼성전자

전기전자 업종

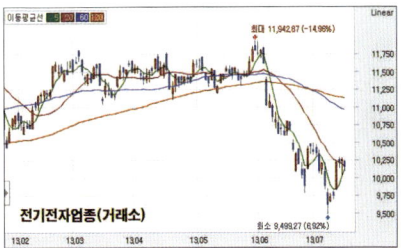

통신장비 업종

반도체 업종

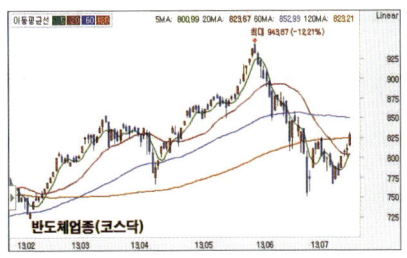

Chapter 06 조선·해운 - 해운이 올라야 조선도 오릅니다

조선

세계 조선업계의 빅3는 현대중공업, 삼성중공업, 대우조선해양입니다. 조선업의 경우 기술력이 낮은 벌크선*을 제조하면 중국과 가격경쟁에서 밀려 마진을 제대로 낼 수가 없습니다. 하지만 이 빅3는 고도의 기술력을 가지고 있기에 마진이 많이 나는 대형 컨테이너선, LNG선, 해양플랜트 등 고부가가치 선박을 만들기에 다른 조선소들보다 높은 수익을 내고 있습니다.

하지만 장기불황에 장사는 없습니다. 불황이 길어지다 보니 예전 호황기 때 받아 놓은 수주도 슬슬 떨어져 가고 저가경쟁도 치열해지면서 마진도 많이 남기지 못하고 있습니다. 이렇게 수주가 잘 들어오지 않는 것은 해운업계의 지독한 불황 때문입니다.

> **TIP**
> *벌크선
> 영어로 Bulk Carrier이라고 하며 곡물이나 광석과 같이 포장되지 않은 벌크화물의 운송에 사용되는 선박이다

세계 경제가 활발해져야 제품을 싣는 컨테이너선에 물건도 많아지고 원료를 싣는 화물선 운임도 오릅니다. 어차피 배에 물건을 1000톤을 싣고 가나 5000톤을 싣고 가나 연료비나 인건비 차이는 거의 없기 때문에 호황이 오면 이들 해운회사는 이익이 폭발적으로 늘어나게 됩니다. 배가 많으면 많을수록 이익이 늘어나기에 배를 렌트해서 쓰기도 하고 직접 조선소에 주문하기도 합니다. 즉, 해운회사가 좋아져야 조선회사가 좋아질 수밖에 없는 구조입니다. 자동차시장은 택배회사가 호황이라고 해서 좋아지는 것은 아니지만 배의 경우 워낙 고가이고 사용자가 해운회사밖에 없기에 이런 구조가 성립됩니다. 그래서 빅3들의 경우 기존 고부가가치 선박제조 외에도 풍력발전 등 신재생에너지 및 해양플랜트 사업에도 뛰어들어 사업을 다각화하기 시작했습니다. 이렇게 기업들은 뼈를 깎는 변신을 하면서 생존하기 위해 몸부림을 칩니다.

해운

해운회사들의 경우 오로지 운임에 따라 수익이 달라지므로 불황이 길어지면 그 고통은 상당합니다. 앞에서도 설명했듯 단 하나의 물건을 운반하더라도 인건비나 연료비가 거의 줄지 않기 때문에 물동량이 적으면 적자폭이 상당합니다. 게다가 가지고 있는 배가 전부 해운회사 소유의 배가 아니고 용선이라고 하여 돈을 주고 몇 년 동안 빌리기로 한 배들도 상당수이기 때문에 배가 놀아도 계속 렌트비를 지불하여야 합니다. 업황이 좋을 때야 렌트비만 주고도 여러 배를 이용해서 운송비를 받을 수 있어 많은 이익을 낼 수 있었지만 업황이 좋지 않으면 그 손해가 막심합니다. 특히 컨테이너선 운임의 변동폭보다 화물선 운임의 변동폭이 큽니다. 한때는 1만 포인트를 넘던 건화물 운임지수(BDI)가 불황이 심해지자 1000이하로 추락했습니다. 5천 원씩 택배비를 받던 회사가 몇 년 만에 택배비를 5백 원씩 받게 되면 그 회사가 버텨낼 수 있을까요? 이로 인해 회사들은 부도직전까지 코너에 몰렸고 주가는 예전과 비교해서 1/20 토막까지 났습니다.

이렇듯 조선·해운업이 되살아나려면 경기가 다시 살아나는 것이 전제조건이 되어야 합니다. 만약 살아난다면 주가는 엄청난 폭으로 상승할 것입니다. 경기가 살아나 조선업에 호황이 왔던 2007년 10월까지 현대중공업의 주가는 1년 만에 5배가 올랐고 STX조선해양은 8배가 올랐습니다. BDI 지수에 따라 운임의 폭이 심한 해운업의 경우 대한해운이 이 시기에 10배가 올랐고, 이때 상장한 STX팬오션의 경우 3달 만에 3배가 올랐습니다. 경기민감주다 보니 경기에 따라 등락폭이 큰 것이 특징입니다.

실전 - 조선·해운 업종 주가 비교

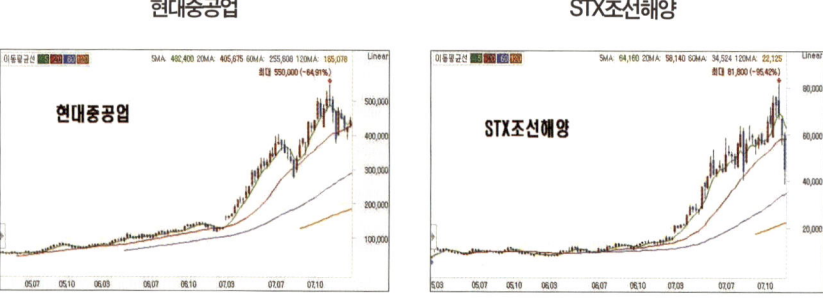

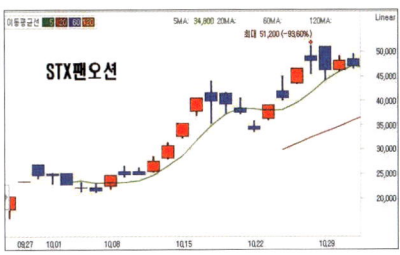

Chapter 07 자동차 · 여행 - 환율에 따라 하나는 죽습니다

옛날 이야기 중에 어느 할머니는 비가 와도 걱정, 날이 맑아도 걱정을 했다는 이야기가 있습니다. 큰아들은 우산 장사를 해서 날이 맑으면 장사가 안 되니 걱정이고 작은 아들은 짚신 장사를 하기에 비가 오면 잘 팔리지 않아 걱정을 했다는 이야기입니다. 이 이야기처럼 환율에 따라서 울고 웃는 업종들이 있습니다.

자동차

자동차 산업은 이제 기술력이 세계적인 수준에 올라 국내에서 파는 숫자보다 해외에서 파는 숫자가 더 많아졌고 세계에서도 손가락 안에 들어갈 정도의 규모를 이루게 되었습니다. 실제로 수입차와 비교해 봐도 어느 면에서도 밀리지 않습니다. 이런 자동차는 우리나라 수출 효자 종목이기도 합니다. 자동차업종에서 가장 이익에 영향을 크게 주는 것은 아무래도 환율입니다. 아무리 잘 팔아도 환율이 불리하면 이익이 나지 않습니다. 환율이 달러당 1,500원과 900원일 때의 이익은 크게 달라집니다. 미국에서 차 한대가 10,000달러에 팔렸다고 봤을 때 환율이 달러당 1,500원일 때는 1,500만 원이 되지만 달러당 900원일 때는 900만 원이므로 환율에 따른 영향이 가장 큽니다. 휴대폰, 반도체, 조선 등 수출을 주로 하는 산업일수록 고환율이 유지되어야 이익이 많이 납니다.

여행

반대로 여행업종은 수입업체와 마찬가지로 환율이 낮아져야 유리합니다. 왜냐하면 해외로 여행을 갈 경우 돈을 환전해야 하기 때문인데 135만 원을 가져간다고 할 경우 달러당 1,500원일 때는 900달러가 되지만 환율이 달러당 900원일 때는 1,500달러가 됩니다. 엄청난 차이가 생기기 때문에 여행국에 따라 국내물가보다 훨씬 더 저렴하게 여행을 즐기고 올 수 있습니다. 이때 가장 수혜를 보는 곳이 여행업종과 항공업종입니다. 항공사도 여행객이 느니 매출도 늘고 환율이 낮아져 유가도 싸게 들어오기 때문에 마진이 좋아집니다.

이렇듯 환율에 따라서 웃고 우는 업종이 생기게 됩니다. 그러므로 투자할 때 방심하지 말고 환율도 주기적으로 체크를 해야지만 변화하는 상황에 대처할 수 있습니다.

실전 - 여행업종과 자동차업종 주가 비교

여행업종(하나투어)

자동차업종(현대차)

식품·카지노·게임 - 불황 따위는 없습니다

Chapter 08

환율에 따라서 울고 웃는 업종이 있고 금리 또는 경기에 따라 울고 웃는 업종도 있지만 이런 것에 전혀 개의치 않고 마이웨이를 걷는 업종이 있습니다. 불황이 오든 호황이 오든 가리지 않고 매출이 꾸준히 늘어나는 업종입니다. 투자자 입장에서는 언제 떨어지나 마음 졸이지 않고 편하게 투자할 수 있는 업종입니다. 대표적인 업종들이 식품, 카지노, 게임업종입니다.

식품

기본적으로 먹거리 업종은 불황이 없습니다. 경제가 좋든 안 좋든 우선 먹는 것을 줄일 수는 없기 때문입니다. 외부충격에도 매출액에는 크게 영향을 주지 못하므로 주가도 안정적으로 유지됩니다. 게다가 물가가 오르면 물가상승분 만큼 제품가격을 올리면 되기 때문에 매출도 가격이 오르는 만큼 꾸준히 오릅니다. 또한 건강을 생각하는 사람들이 많아져 프리미엄 식품들이 잇따라 출시되면서 마진도 좋아지고 매출이 느는 성장성도 갖추게 되어 앞으로의 전망도 밝습니다.

카지노

카지노 사업의 경우 불황 없이 매출이 계속 늘어나고 있는 추세입니다. 특히 중국인의 소비가 늘고 한국 관광이 늘어남에 따라 앞으로도 성장이 지속적으로 이어질 것으로 보입니다. 현재 상장되어 있는 강원랜드, 파라다이스, GKL의 경우 매출이 계속 늘어나고 있어 주가도 꾸준히 오르는 중입니다. 최근 파라다이스와 GKL의 경우 합병, 리모델링, 확장 등에 힘쓰며 외적성장과 함께 매출도 늘어났습니다. 반면 강원랜드의 경우 연간 300만 명이 입장하는 국내 최대의 카지노를 보유하고 있으며 전국 16개 외국인 카지노를 합친 것보다 더 많은 매출을 올리고 있습니다.

GKL

파라다이스
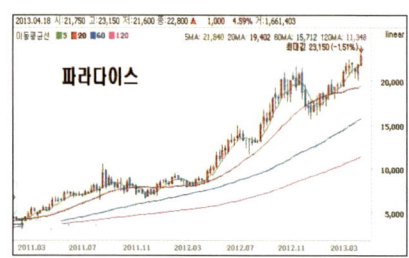

강원랜드

게임

브레이크 없이 성장세를 이어 가는 업종이 또 있습니다.

게임 산업은 불황이 오면 더 잘 나가는 성향을 가지고 있습니다. 게임 산업은 한동안 침체를 면치 못하다 모바일시장을 개척하며 성장을 이어 가고 있습니다. 국내 모바일시장은 컴투스와 게임빌이 선점하고 있습니다. 더구나 해외시장으로 진출까지 하면서 그 성장세가 더 커졌습니다. 기존 온라인 게임시장에서도 우리 기업들이 이름을 날리고 있습니다. 게임시장 규모가 가장 큰 중국에서 1, 2, 5, 7, 8위 게임이 모두 한국 게임이고, 터키·인도네시아·베트남 등에서도 한국 게임이 1위를 기록하고 있는 등 한국 기업들의 전망이 매우 밝습니다. 이렇게 모바일과 온라인게임 양대 축을 발판으로 불황 없이 지속적인 성장세를 보이는 게임 산업에 대해서도 관심을 가지는 것이 좋습니다. 다만 게임주의 경우 실적에 비해 PER이 높은 상태를 유지하고 있고 게임 특성상 인기가 언제든지 뒤바뀔 수 있으므로 이 부분이 불안정한 요소가 될 수 있습니다.

엔씨소프트

네오위즈게임즈
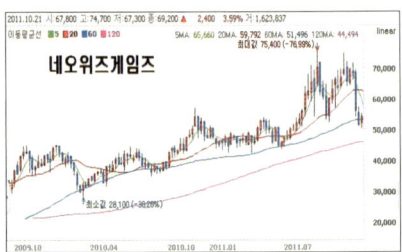

컴투스
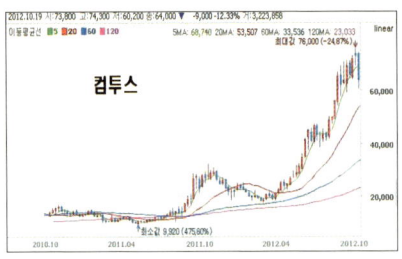

게임빌

제 **10** 장

고수되기 STEP3

안타보다 홈런을 치자

산이 높으면 골이 깊다는 말이 있습니다. 주가는 깊은 바닥을 다진 뒤에 하늘 무서운 줄 모르고 솟아오르는 경우가 종종 있습니다.

유아이엘 주봉차트

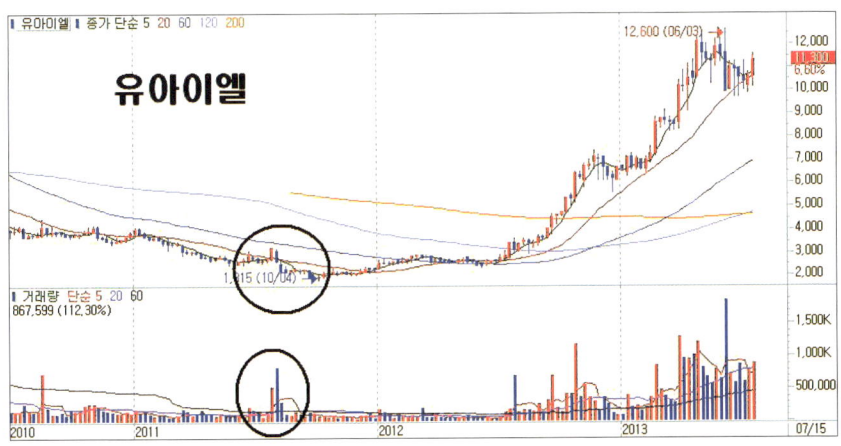

유아이엘 주봉차트 모습입니다. 동그라미 친 부분의 거래량을 보면 특

정시기에 매수가 쏠린 것을 알 수 있습니다. 그 뒤에는 어떤 모습입니까? 주가가 일시적으로 하락했습니다. 최저가인 1,815원을 기록한 뒤 그 뒤로 쉬지 않고 6배까지 올라갑니다.

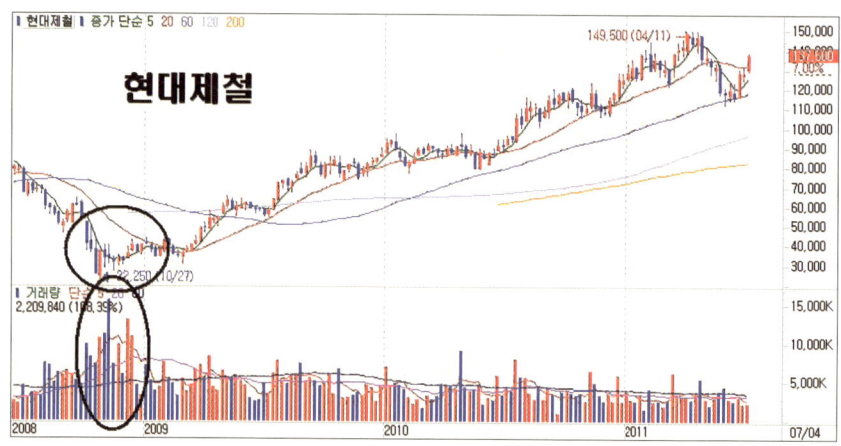

현대제철 주봉차트

다음은 현대제철 주봉차트입니다. 시가총액이 10조가 넘는 덩치 큰 주식도 바닥을 칠 때가 있습니다. 이때 주가가 6만 원에서 2만 원 초반까지 하락합니다. 하지만 거래량을 보면 엄청나게 매수하는 모습입니다. 그 뒤로 주가는 13만 원까지 직행합니다. 6배나 오른 모습입니다.

왜 주가는 크게 오르기 직전에 잠시 하락하는 걸까요?

작은 종목이든 큰 종목이든 주포*라고 불리는 세력은

> **TIP**
> *주포
> 각 학교마다 그 학교의 짱이 있듯이 주포란 특정 종목에 존재하는 가장 큰 세력이다. 존재자체가 드러날 수도 있고 아닐 수도 있지만 그 종목의 수급에 가장 큰 영향을 끼치는 세력을 주포라고 한다

존재합니다. 우리가 아는 작전세력이 아니더라도 주가를 흔들 수 있을 정도로 지분을 꽤 보유했다면 모두 세력으로 보는 것이 맞습니다. 주포 세력은 특정 기업에 호재가 생기거나 성장할 것으로 예측하면 지분을 좀 더 모으기 위해 주가를 흔듭니다. 주가가 흔들려 바닥을 찍으면 개인투자자들은 물량을 던지고 빠져나가기 바쁩니다. 그렇게 개인투자자들이 던진 물량은 모두 주포 세력이 싼 가격에 주워 담습니다. 이제 주포 세력은 많은 주식을 손에 쥐고 주가를 올리기 시작합니다.

내가 산 주식이 폭락할 때의 고통보다 내가 판 주식이 계속 오를 때의 고통이 더 크다고 합니다. 그렇기 때문에 좋은 주식을 보유했다면 주가가 흔들리더라도 헐값에 팔지 말고 주가가 충분히 제 가치를 찾아갈 때까지 버티고 기다려야 합니다.

아무리 현재 보유한 자산이 많고 튼실한 기업이라 할지라도 앞으로의 전망이 밝지 않다면 주가는 오르지 않습니다. 반대로 현재 가진 자산이 별로 없고 자금도 부족하지만 앞으로 전망이 매우 밝은 회사라면 주가는 치솟습니다. 주식은 미래를 먹고 살기 때문입니다.

미래가 있는 기업은 어떤 특징이 있을까요?

적자의 늪을 빠져나와 흑자로 돌아선 턴어라운드 기업들도 앞으로의 미래가 밝습니다. ROE가(자기자본이익률) 높은 성장주도 미래가 밝은 종목들입니다. 또한 업종 전망이 밝은 종목도 눈여겨봐야 합니다. 업종 전망이 어두우면 앞으로 그 기업의 미래도 보장할 수 없기 때문입니다.

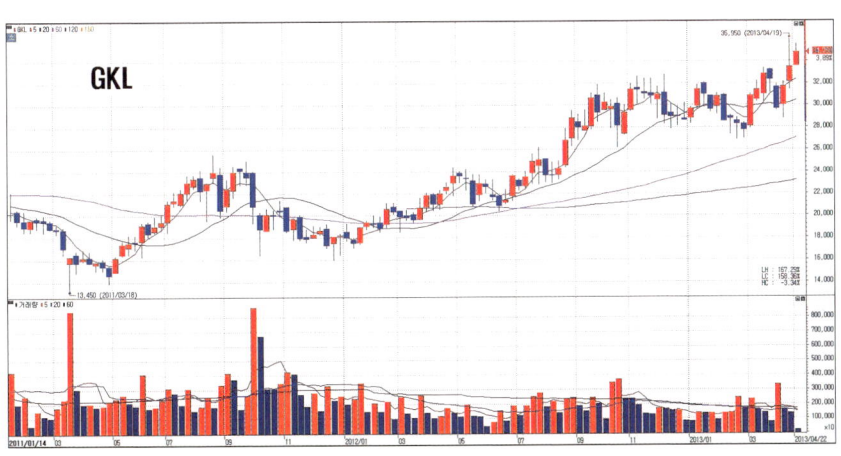

연도	2011	2012	2013(E)
ROE	30.66	52.12	37.51
EPS	1,023	2,393	2,229
BPS	3,578	5,358	6,528
PBR	5.09	5.35	4.91

미래가 있는 기업 중 한 예를 들어보겠습니다.

중국의 경제성장에 따라 경제력을 갖춘 중국 관광객이 한국에 더 많이 방문할 것으로 예상되고 관광과 연결된 사업인 카지노 사업은 앞으로 전망이 매우 밝은 업종입니다. 위의 표는 그중 ROE가 높은 GKL을 분석한 것입니다. 3년 연속 ROE가 30%가 넘습니다. 고도의 성장을 하고 있는 모습이고 주당순이익(EPS)과 주당순자산(BPS)이 급격히 올라가는 모습입니다. 현재 PER은 14배로 약간 고평가 상태이지만 ROE가 계속 30% 이상을 유지할 수 있다면 PER은 금세 저평가로 바뀝니다.

이 기업의 미래 전망도 상당히 밝습니다. 한류열풍으로 인해 한국방문

관광객이 늘어나고 있고 카지노의 사업특성상 불황 없이 수익이 꾸준히 느는 편입니다. 더구나 카지노 설비 및 인수 등을 통한다면 매출이 더욱 늘어날 수 있습니다. 중국은 세계에서도 성장속도가 가장 빠른 편이며 앞으로도 한동안 고속 성장을 할 예정입니다. 이에 중국경기가 좋아지면 더 많은 중국 관광객이 한국으로 유입될 것이고 카지노 수입도 더 올라갈 수 있습니다.

결국 주가는 2년 만에 150%나 올라 큰 수익을 안겨 주었습니다. 미래가 밝고 성장이 빠른 기업에 투자하면 주가는 예상보다 빠르게 오릅니다. 다만 아무리 밝은 미래여도 주가가 너무 고평가되어 있다면 투자를 하지 않는 것이 좋습니다. 미래는 언제든지 변할 수 있는 것이기 때문에 너무 먼 미래를 바라보고 투자하게 되면 상황변동에 따라 투자자는 손실을 입을 수 있습니다.

Chapter 03
매출 10억인 가게가 5천만 원에 팔린다면?

조 씨는 근처 치킨집을 5천만 원에 내놓는다는 소식을 듣고 한걸음에 달려갔습니다.

"한 사장님, 가게를 5천만 원에 내놓았다면서요?"

"장사가 안 되니 별 수 있겠나. 가게 내놓고 다른 일을 해 보려고……."

"사장님네 가게 매출이 장난 아니라고 들었는데 아깝지 않나요?"

"매출이 10억이 넘으면 뭐하나. 이거 저거 빼면 결국 적자인데. 5천만 원에 내놓아도 누가 사려고나 할지 모르겠네."

"제가 살게요. 사장님! 당장 계약하죠!"

왜 조 씨는 당장 계약을 하려는 것일까요? 적자인 기업이 그만큼의 가치가 있는 것일까요? 실제로 주식시장에서는 매출에 비해 터무니없이 적은 시가총액을 가진 기업들이 많습니다. 적자 중이거나 이익구조에 문제가 있는 경우가 많지만 이 중에 잘 선별하면 큰 수익을 얻을 수 있습니다.

위의 치킨집을 5천만 원에 인수한다면 어떤 결과가 생길까요? 이윤을 거의 남기지 않고 치킨을 만 원에 팔아서 순이익 100원이 남는다면 매출대비 순이익률은 1%입니다. 매출이 10억인 가게라면 순이익은 1,000만 원이 됩니다. 가게를 인수한 돈이 5,000만 원이니 투자이익률은 연 20%이고, PER이 5밖에 안 되는 저평가 가게가 됩니다.

만약 치킨 업황이 좋아져 치킨 가격을 올릴 수 있다면 어떻게 될까요? 만 원인 치킨을 12,000원에 판다면 이제 한 마리당 순이익은 2,100원이 됩니다. 매출은 12억이 되고 순이익은 2억 1,000만 원이 됩니다. 매출대비 순이익률이 17.5%가 되고 투자금은 5,000만 원인데 연간 순이익이 2억 1,000만 원이 됩니다. 투자이익률은 연 420%가 되고, PER은 0.24로 초저평가 가게가 됩니다. 업황이 좋은 지금 이 가게를 다시 판다고 봅시다. 적정가격을 PER 10으로 잡으면 이 가게의 적정가치는 '순이익 × 10 = 2억 1,000만 원 × 10 = 21억' 이 됩니다. 5천만 원에 산 가게가 21억이 되니 24배나 가치가 상승한 것입니다. 만약 조 씨가 이 치킨집을 적자일 때 사들여 순이익이 좋아질 때 되팔면 2300%의 수익률을 올리게 됩니다.

이렇듯 매출이 적은 기업은 순이익이 아무리 좋아져도 그 한계가 있지만 매출이 큰 기업은 순이익이 조금만 좋아져도 주가는 크게 오를 수 있습니다. 이것을 주가매출비율(PSR)이라고 말합니다.

> **PSR = 주가 / 주당매출액 = 시가총액 / 총매출액**

PSR은 주로 PER로 측정이 어려울 때 사용합니다. 적자인 기업의 가치를 측정하고자 할 때 이 PSR을 사용합니다. PSR이 낮은 기업은 찾아보면 상당히 많습니다. 위의 치킨집의 경우 PSR이 0.05입니다. 업황이 안 좋은 곳은 PSR이 위 치킨집과 비슷하게 형성되어 있습니다.

기업명	시가총액(억)	매출액(억)	PSR
국일제지	88	1,406	0.06
LG상사	14,225	127,938	0.11
국동	103	1,382	0.07
한진해운	10,464	105,894	0.10
삼호	256	5,062	0.05
E1	5,413	74,133	0.07
경남기업	943	13,034	0.07

하지만 PSR이 낮다고 무턱대고 매수해서는 안 됩니다. 업종자체가 매출 대비 순이익률이 낮은 경우도 있고 그렇지 않은 경우라 하더라도 기업의 적자가 지속되면 결국 견디지 못하고 부도가 나거나 상장폐지가 될 수도 있기 때문입니다. 그렇기 때문에 저PSR 기업에 투자할 때는 이 기업이 적자를 이겨내고 다시 살아날 수 있는지에 대해서 심도 있는 분석을 한 뒤에 투자해야 합니다.

국일제지

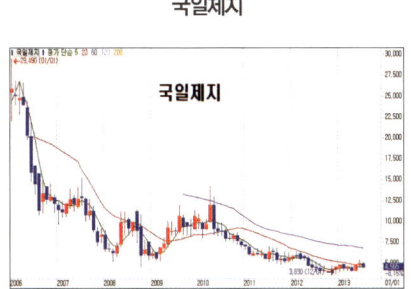

LG상사

Chapter 04
설비투자 후 매출이 크게 느는 기업

 치킨집의 경우 한 번 시설을 구비하면 특별하게 설비에 투자할 필요가 없이 몇 년 후 인테리어나 오토바이 정도만 바꿔 주면 됩니다. 하지만 숙박업의 경우 인테리어의 여부에 따라 수익이 달라지므로 주기적으로 리모델링을 해 주어야 합니다. 리모델링을 최근에 한 경우 매출이 크게 늘어나지만 시간이 지나면서 인테리어 시설이 낙후되면 손님이 줄어듭니다. 결국 인테리어 주기에 따라 매출의 차이가 발생합니다. 그래서 숙박업의 경우 돈을 잘 벌어도 리모델링 때문에 5년마다 큰돈이 들어가므로 실질수익은 생각보다 적습니다.
 기업도 좀 더 많은 수익을 내기 위해 경쟁에서 뒤처지지 않기 위해 또는 원가를 절감하기 위해 설비투자를 합니다. 기업들이 연간 50조 원을 투자하는 이유는 설비투자를 진행하는 동안은 대규모 투자로 인해 감가상각비가 계속 나가 순이익이 줄지만 설비가 끝나고 대량생산이 시작되면 매출은 급증하기 때문입니다. 설비투자가 시작되면 당장은 이익이 나지 않거나 적자로 유지되지만 몇 년 뒤 투자가 끝나는 순간부터는 흑자전환 또는 이익 증가가 되어 주가가 몇 배로 오르기도 합니다.

LG디스플레이 주가차트 및 분석

연도	2010	2011	2012
매출액	25조 5,155억	24조 2,912억	29조 4,296억
매출총이익	3조 7,306억	1조 2,099억	3조 49억
CAPEX(자본적지출)	-4조 9,423억	-4조 630억	-3조 9,724억
EBITDA(차감 전 영업이익)	4조 1,994억	2조 6,570억	5조 866억
당기순이익	1조 1,592억	-7,879억	2,363억

여러 산업 중 IT산업은 대규모 설비투자가 동반되어야 경쟁에서 우위를 차지할 수 있는 업종입니다. 설비투자가 끝나면 기업의 이익은 급증하게 되는데 이때 주가도 급등합니다. LG디스플레이의 경우 2011년에 적자를 기록한 뒤 주가가 바닥을 찍다가 2012년에 흑자로 전환한 후 주가가 2배로 오릅니다. 이제 설비투자가 끝나고 본격적으로 실적이 좋아진다는 신

호로 받아들인 것입니다. 하지만 재무상황을 보면 실제로 이 기업의 적자 원인은 영업을 못해서가 아니라 과도한 설비투자로 인한 것입니다. 실제로 EBITDA를 보면 매년 이익을 내고 있다가 매년 4조 이상의 감가상각비 때문에 2011년에 일시적인 적자를 낸 것입니다. 실제로 매출대비 감가상각비가 20%를 차지하고 있으나 설비투자가 끝나면 이 부분이 다 순이익으로 잡히고 매출은 더 늘어날 것입니다. 결국, 흑자로 전환하면서 설비투자가 끝나간다는 신호를 보내자 주가는 2배로 오른 것입니다.

설비투자가 끝나가는 신호는 무엇일까요?

첫째, 감가상각비가 줄어듭니다

설비투자가 끝나가면 감가상각비가 줄면서 흑자로 전환됩니다. 다시 말해, 감가상각비가 더 이상 늘어나지 않는다는 것은 투자가 끝났거나 마무리되어 간다는 뜻입니다.

둘째, 매출이 증가합니다

투자가 끝나가기 시작하면 바로 매출의 증대로 이어집니다. 하지만 매출이 증가하여 실적으로 잡힌 것을 확인한 뒤에는 주가가 이미 올라 있어 투자를 하기엔 늦습니다. 그렇기에 감가상각비가 줄거나 설비가 끝나가는 경우에 미리 매수를 해두고 차후에 설비투자가 매출의 증가와 순이익 증가로 이어져 실적이 좋아졌을 때 팔면 이익을 얻을 수 있습니다.

설비투자 이후 주가차트

Chapter 05 적자에서 흑자로 바뀐 기업

　기업이 적자에서 흑자로 턴어라운드 하는 이유는 다양합니다. 불황을 벗어나 흑자로 돌아선 경우가 있고, 치킨게임에서 살아남은 경우, 설비투자가 끝나 이익이 증가한 경우, 원가절감 노력으로 흑자로 전환한 경우 등 이유는 다양하지만 결과는 주가의 상승입니다. 그만큼 주식시장에서는 흑자 전환을 중요하게 생각합니다.

　적자의 늪에 빠진 기업은 주식시장에서 찬밥 대우를 받습니다. 그렇게 기업의 가치만도 못한 주가를 유지하다가 흑자로 전환했을 때 주가의 상승 폭은 매우 큽니다. 앞으로의 실적이 더욱 기대되기 때문에 미래의 가치까지 프리미엄을 받아 주가가 오르기 때문입니다.

　경쟁업체의 몰락으로 살아남은 기업은 큰 수익을 안겨 줄 수 있습니다. 유아이엘이라는 기업의 경우 2분기에 흑자전환을 발표했습니다. 흑자발표 후 반 년 만에 주가는 4배가 올랐습니다. 예전에는 휴대폰의 키패드를 만

유아이엘 주가차트 및 분석

연도/월	2012/03	2012/06	2012/09
매출액	149억	224억	250억
영업이익	-14억	13억	22억
EBITDA	-11억	81억	21억
당기순이익	-10억	81억	17.5억

드는 업체였으나 스마트폰의 보급으로 키패드의 수요가 줄자 9개가량 되던 키패드 업체는 몰락의 길을 걸었고 유아이엘의 경우 3년간 적자를 기록하다 스마트폰용 키패드를 개발하여 흑자전환에 성공하였습니다. 현재 스마트폰용 키패드 시장을 유아이엘과 서원인텍 두 곳이 장악하고 있습니다. 이렇게 변화하는 시장에서 흐름에 대처하여 변신에 성공한 기업에 투자하면 큰 수익을 낼 수 있습니다.

넥센타이어 주가차트 및 분석

연도	2010	2011	2012
매출액	1조 83억	1조 4,300억	1조 7,006억
영업이익	1,018억	1,120억	1,769억
당기순이익	767억	878억	1,334억
ROE(%)	17.82	17.09	21.47

타이어 업종의 경우 반도체 업종처럼 치열한 경쟁을 펼치다 최후의 3개 업체가 남아 승자독식의 시대를 열고 있습니다. 한국타이어와 금호타이어도 잘 나가고 있지만 특히 넥센타이어의 성장속도는 놀라울 정도입니다. 2009년에 2,000원정도 하던 주가는 불과 2년 만에 2만 원을 돌파합니다. 한때는 교체용 타이어와 OEM수출을 하던 업체에서 이제는 국내 점유율이 26.5%인 명실상부 타이어 업종 빅3체제를 구축하였습니다.

배터리 업종에서도 세방전지와 아트라스BX 두 기업이 살아남아 빅2체제를 갖춘 후 주가가 급등했습니다.

    주식시장에서 흑자전환이 좋은 호재임은 분명합니다. 하지만 흑자전환이라는 요소에 너무 많은 기대심리가 작용해 주가가 오르기 때문에 분위기에 편승해서 매수하면 위험할 수 있습니다. 일시적인 회계처리로 인해 잠시 실적이 좋아졌을 수도 있고 업황이 다시 적자로 전환될 수도 있기 때문입니다. 그러므로 흑자전환이라고 서둘러 매수하기보다는 왜 흑자로 전환된 것인지 앞으로 더 이익이 늘어날 수 있는지 등을 따져 보고 매수해야 손해를 입지 않습니다.

Chapter 06 가치주 VS 성장주

가치주 투자가 더 좋은 방법이냐, 성장주 투자가 더 좋은 방법이냐의 논쟁은 선동열이냐 최동원이냐의 논쟁처럼 답이 나오지 않는 난제입니다. 가치주와 성장주를 구분하는 명확한 기준이 없고 이 둘의 특성을 모두 띄고 있는 종목들도 있습니다. 똑같은 가치주를 투자해도 사람에 따라 수익률이 달라지고 성장주 또한 투자하는 사람에 따라 수익률이 달라집니다. 같은 종목을 보고도 어떤 이는 가치주라고 말하고 어떤 이는 성장주라고 말하기도 합니다. 확실한 것은 가치주냐 성장주냐를 따지는 것은 무의미하다는 것입니다.

가치주

가치주 투자는 현재의 가치를 더 중요하게 생각합니다. 현재 이 회사가 가지고 있는 건물, 땅, 공장, 제품, 원료, 브랜드 등 보유하고 있는 것들에 대한 가치를 보고 기업의 주가가 현재의 가치에 미치지 못하는 종목들을 발견합니다. 즉, 가치주 투자는 현재의 가치에 미치지 못하는 종목을 보유하면 언젠가는 현재 가치만큼 오른다는 믿음을 갖고 투자하는 방법입니다. 기업의 재무제표를 분석하는 것을 기초로 하며 기업의 순자산 대비 주가 즉, 저PBR과 기업의 이익능력 대비 주가의 저평가 즉, 저PER을 중요시 여깁니다.

가치주는 주로 굴뚝산업들이 주류를 이룹니다. 대표적인 업종으로 제지, 시멘트, 철강, 건설, 제조업종에서 많이 볼 수 있습니다. 가치주는 가치보다 저평가되어 있기에 하락장에서도 손실율이 낮습니다. 하지만 언제 제 가치만큼 주가가 오를지 알 수 없고 어쩌면 영영 저평가로 남아 있을지도 모른다는 단점이 있습니다. 기다리는 기간만큼 투자한 돈의 이자비용과 기회비용도 상당하기 때문에 언제까지나 기다리기에는 무리가 있습니다.

실전 - 가치주 투자 성공 사례

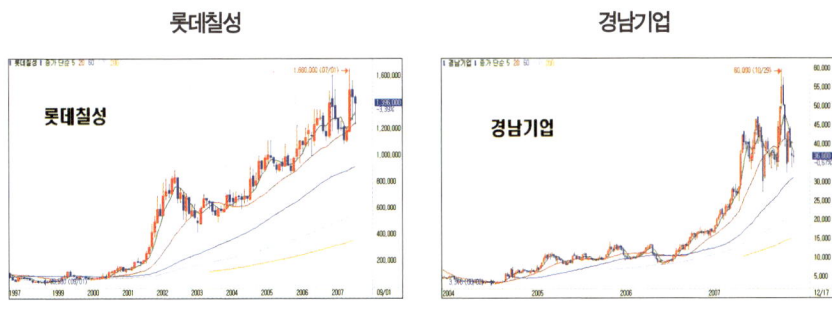

성장주

성장주 투자는 미래의 가치를 더 중요하게 생각합니다. 당장의 이익은 적지만 앞으로 벌어질 전망과 수익 증가 등을 고려하여 베팅을 하는 것입니다. 지표에서는 자기자본이익률(ROE)을 중요시 여깁니다. 성장주는 고성장을 전망하는 만큼 현재가치보다 고평가됩니다. 예상대로 계속 고성장을 유지해 주면 가치가 성장하면서 주가도 계속 상승하지만 성장이 더디지거나 멈추면 장밋빛 미래로 쌓아올린 주가는 폭락하게 됩니다. 이처럼 성장주의 경우 현재 담보된 가치가 없기에 폭락 시에 손실이 크다는 단점이 있으나 성장으로 이어질 경우 얻을 수 있는 투자수익률은 높은 편에 속합니다.

실전 - 성장주 투자 성공 사례

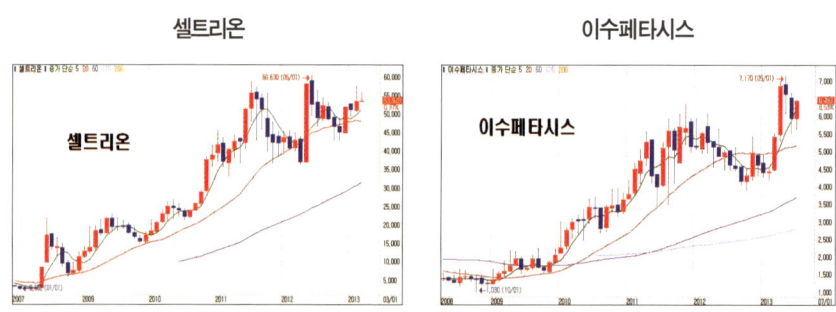

실제로 투자 시에는 성장주냐 가치주냐를 놓고 따지기보다는 이 둘의 특성을 다 가지고 있는 주식에 투자하는 것이 좋습니다. 어느 정도 현재가치보다 저평가를 유지하면서 앞으로의 전망이 밝은 주식을 찾아낼 수만

있다면 하락 시에 손실을 줄일 수 있고 상승 시에는 큰 수익을 얻을 수 있습니다.

어차피 영원한 주식은 없습니다. 가치주도 시대에 따라 성장주로 바뀔 수 있고 성장주도 시간이 지나면 가치주가 될 수 있습니다. 실제로 2012년 12월 에프앤가이드는 CJ대한통운, 롯데삼강, 아모레G 등을 가치주에서 성장주로 변경했고 GS건설, 한샘, STX팬오션, 메가스터디, LG패션 등을 성장주에서 가치주로 변경했습니다. '흑묘백묘'라는 말이 있습니다. 성장주든 가치주든 투자자에게 안전성과 수익성을 줄 수 있는 종목이 최고입니다. 시황과 기업을 분석하다 보면 높은 수익을 안겨다 줄 종목을 찾을 수 있을 것입니다.

Chapter 07 치킨게임에서 승리한 기업

치킨게임은 동일 업종이 너무 많아 공급이 수요를 초과한 상태에서 제품 가격을 낮춰 누군가는 망해야 끝나는 기업 간의 전쟁을 의미합니다. 다시 말해 치킨게임이 시작되면 누군가는 죽어야 이 게임이 끝납니다. 한 업종에서 치킨게임이 벌어지면 소수의 기업을 뺀 나머지 기업들이 문을 닫아야 공급과잉에서 공급부족으로 바뀌고 살아남은 기업들은 승리를 독식하게 됩니다.

한때 이 치킨게임의 중심에 D램 반도체시장이 있었습니다. 이 진흙탕 같은 전쟁에서 최후의 승자가 된 기업은 세계 1, 2위인 삼성전자와 SK하이닉스입니다. 어떻게 우리 기업들이 세계 1, 2위를 차지할 수 있었을까요?

독일, 대만, 한국, 일본, 미국의 D램 업체들은 공급과잉이 벌어진 2000년 초부터 말까지 기나긴 치킨게임을 펼쳤습니다. D램은 공급량과 기술력, 자본 이 세 가지에 의해서 좌우됩니다. 공급량을 늘리기 위해서는 막대한 자본이 필요하고 기술력을 올리기 위해서도 막대한 자본이 필요합니다. 결국 막대한 공급량을 자랑하는 D램 업체들은 공급과잉을 불러와 D램 가격을 폭락시키게 됩니다. 이제 수익을 내던 D램 업체들은 생산하면 할수록 적자를 내게 됩니다. 이런 공급과잉에서 이길 수 있는 것은 기술력뿐입니다. 다른 업체보다 더 높은 기술의 제품을 선보이면 다른 기업들이 그 기술을 따라오는 동안 이익을 독식할 수 있기 때문입니다. 이에 삼성전자와 하이닉스는 수조 원을 들여 기술력과 생산설비를 확충합니다. 다른 업체들도 사용 가능한 모든 빚을 끌어들여 설비와 기술을 올렸습니다. 하지만 가장 앞선 기술을 가진 선두그룹의 가격 후려치기 전략에 다른 D램 업체들은 파산으로 치달았습니다. 제일 앞선 제품을 선보여 이익을 독식하다 다른 기업들이 기술을 따라오면 그 제품의 가격을 헐값으로 팔아 다른 기업들이 이익을 얻지 못하도록 한 것입니다. 그리고 독식한 동안 번 돈으로 더 앞선 기술의 제품을 내놓고 이익을 독식하고 상대 업체가 따라오면 다시 가격을 후려치는 식의 전략이 반복되자 상대 업체들은 더 이상 버티지 못하고 항복을 하고 말았습니다. 결국 치킨게임이 끝나고 삼성전자와 SK하이닉스, 엘피다와 합병한 마이크론, 국가의 지원을 받는 대만 중소 D램 업체만 남게 되었습니다. 살아남은 승자들은 과점 체제를 형성하며 승리의 열매를 먹게 되었습니다.

휴대폰 시장도 이와 같습니다. 자고 나면 더 높은 기술력을 가진 휴대폰이 나오고 기술력이 떨어지는 휴대폰은 제값을 받지 못합니다. 결국 누가 더 높은 기술력으로 선두그룹으로 나서서 후발그룹이 따라올 때까지 수익을 얻느냐의 싸움으로 바뀌었습니다. 이미 이 부분에서 한 번 우승한 적이 있는 삼성전자는 스마트폰 시장에서 높은 기술력을 선보이며 갤럭시S를 내놓았습니다. 이후 세계적인 휴대폰 업체인 노키아, 모토로라 등을 제치고 애플과 함께 스마트폰 시장을 양분하게 됩니다.

삼성전자 주가차트 및 분석

연도	2010	2011	2012
매출액	154조 6,303억	165조 17억	201조 1,036억
영업이익	16조 6,210억	15조 6,442억	29조 493억
당기순이익	16조 1,465억	13조 7,590억	23조 8,452억
매출증가율	11.2%	6.7%	21.8%

실제로 삼성전자가 치킨게임을 끝낸 후 주가는 저점 대비 230%나 상승했습니다. 만약 저점에서 매수를 했다면 1년 만에 수익률 130%를 올릴 수 있었습니다. 이렇듯 치킨게임을 하는 동안 주가는 고전을 면치 못하지만 전쟁에서 살아남으면 주가는 치솟게 됩니다. 지금도 여러 업종에서 치킨게임이 벌어지고 있습니다. 관심을 가지고 지켜보다 살아남은 기업들에 투자한다면 좋은 수익을 낼 수 있습니다.

규모의 경제와 수직계열화를 갖춘 기업

Chapter 08

치킨집을 차린 조 씨는 손해가 막심해 고민이 많습니다. 최근 대형마트에서 치킨 값을 15,000원에서 7,000원으로 내려서 팔기 때문입니다. 조 씨네는 생산원가가 10,500원이라 그 이하로 내리면 적자지만 문을 닫을 수는 없기에 어쩔 수 없이 적자를 보며 치킨을 팔고 있습니다. 상대 대형마트도 적자일 테니 오히려 많이 파는 쪽이 더 적자가 심할 것이고 버티기만 하면 대형마트도 항복을 할 거라 생각했기 때문입니다. 하지만 대형마트는 충분히 이익을 내고 있었습니다. 어떻게 이런 일이 가능한 것일까요?

임대료 : 100만 원	임대료 : 100만 원
인건비 : 2명 × 150만 원 = 300만 원	인건비 : 2명 × 150만 원 = 300만 원
재료비 : 500마리 × 2,500원 = 125만 원	재료비 : 2,000마리 × 2,200원 = 440만 원
총비용 : 525만 원	총비용 : 840만 원
1마리당 생산단가 : 10,500원	**1마리당 생산단가 : 4,200원**

10장 고수되기 STEP3 안타보다 홈런을 치자

규모의 경제란 생산규모가 늘어남에 따라 생산원가가 낮아지는 것을 말합니다. 치킨집에서 치킨을 만들어 팔 경우 한 달에 500마리를 만들어 팔 경우와 2,000마리를 만들어 팔 경우 1마리당 생산단가가 얼마나 낮아지는지 비교해 보았습니다.

닭을 대량으로 500마리 구입할 때와 2,000마리 구입할 때 도매가격은 당연히 다릅니다. 하지만 재료비 절감효과보다 더 큰 것은 500마리를 팔든 2,000마리를 팔든 임대료와 인건비는 변함이 없다는 것입니다. 물론 어느 한계 이상으로 올라가면 가게도 넓혀야 하고 직원도 더 뽑아야 하지만 그 이하라면 고정비용은 변함이 없다는 것입니다. 즉, 더 많이 생산할수록 고정비는 변동이 거의 없기 때문에 더 낮은 생산원가로 물건을 만들 수 있다는 것이 규모의 경제입니다.

규모의 경제는 품질보다 가격에 의해 좌우되는 업종에서 가장 많이 활용합니다. 생산량이 더 많은 기업이 최후의 승자가 될 가능성이 높기 때문입니다. 값이 싸도 더 많이 팔 수 있다면 생산단가가 더 낮아지므로 이익을 낼 수 있습니다. 이런 원리 때문에 지금도 많은 기업들이 규모의 경제를 통해 치킨게임을 벌이는 중입니다.

규모의 경제를 활용해 전쟁을 하고 있는 곳이 폴리실리콘 시장입니다. 중국의 GCL, 한국의 OCI, 독일의 Wacker, 미국의 햄록 이렇게 빅4라고 불리는 네 개 업체가 이 시장에서 전쟁을 펼치고 있습니다.

기업명	GCL	Wacker	OCI	햄록
시장점유율	21%	18%	17%	15%
생산량	65,000톤	52,000톤	52,000톤	46,000톤

폴리실리콘은 태양광 발전에 있어서 핵심적인 재료 역할을 하는 제품입니다. 한때는 kg당 400달러에 거래되어 엄청난 수익을 안겨다 주었으나 공급과잉이 시작되면서 kg당 17달러까지 떨어졌습니다. 제조단가보다 낮은 수준으로 거래가 되다 보니 중소업체들은 견디지 못하고 무너졌습니다. 가장 생산량이 낮은 GCL은 정부의 지원금을 받아 계속 공장을 증설하여 세계 1위의 생산량을 보유하게 되었고 가장 낮은 생산단가를 기록하고 있습니다. 그 외의 세 개 업체도 피나는 노력으로 공장을 증설시키고 생산라인을 정비하여 생산단가를 최대한 낮추었으나 지금 가격으로는 이익이

OCI 주가차트 및 분석

연도	2010	2011	2012
매출액	3조 3,144억	4조 2,759억	3조 2,185억
영업이익	8,400억	1조 1,179억	1,548억
당기순이익	6,499억	8,647억	127억
ROE	34.34%	28.92%	-2.1%

나지 않고 있는 실정입니다.

　OCI의 주가차트를 보면 폴리실리콘 가격이 급락하면서 주가도 폭락한 것을 알 수 있습니다. 뒤이어 실적도 폭락한 모습이 보입니다. 30%를 넘나들던 자기자본이익률(ROE)이 마이너스로 전환되고 순이익은 간신히 적자만 모면한 모습입니다. 매출은 고점대비 1조나 떨어졌습니다. 기업에서 매출이 떨어지는 일은 치명적인 타격입니다. OCI 외에도 햄록과 Wacker도 마찬가지로 힘든 상황입니다. 규모의 경제를 보면 알 수 있듯이 기업 이익이 줄었다 해서 생산량을 줄일 수는 없습니다. 생산량을 줄이게 되면 생산단가는 무섭게 올라가기 때문입니다. 더 생산을 늘려 생산단가를 낮추는 것이 가장 좋은 방법이겠으나 공장을 증설하려면 엄청난 돈이 필요합니다. 지금처럼 수익이 나지 않는 상황에서 공장을 증설하는 것은 엄청난 무리가 따를 수 있습니다. 결국 누가 더 오래 버티느냐의 치킨게임에서 누군가 죽을 때까지 버텨야 하는 것입니다.

　그 외에도 수많은 기업들이 규모의 경제를 활용하여 생산단가를 낮추고 있습니다. 치열한 경쟁사회에서 규모의 경제는 필수가 되어 버렸습니다.

　규모의 경제와 달리 수직계열화를 통해 생산단가를 낮추는 방법이 있습니다. 스마트폰을 예로 들어 봅시다. LG전자는 스마트폰을 만들지만 액정은 LG디스플레이를 통해서 만듭니다. 카메라모듈은 LG이노텍에서 만들고 배터리는 LG화학에서 만듭니다. 이렇게 수직계열화를 이루게 되면 LG전자는 부품을 더 싸고 안정적으로 공급받을 수 있습니다. 역으로 LG화학, LG디스플레이, LG이노텍은 든든한 주 거래처를 바탕으로 자금을 공급받을 수 있고 이를 바탕으로 기술연구 및 점유율 확대에 박차를 가할 수 있습니다.

수직계열화를 이룬 기업은 그 외에도 꽤 많습니다. STX그룹의 경우 조선업에 수직계열화를 도입했습니다. STX조선해양을 중심으로 배를 만들고 STX팬오션은 배를 사서 해운업을 합니다. 그렇기 때문에 안정적으로 배를 팔 거래처를 확보하였고 STX엔진으로부터 안정적으로 엔진 및 부품을 공급받고 STX중공업으로부터 철판 및 기자재를 공급받습니다. 또한 STX건설에서 관련 공장을 짓습니다. 이렇게 수직계열화를 이루면 자재들을 안정적으로 공급받고 중국의 조선소들과 가격경쟁에서 살아남을 수 있습니다.

이렇게 수직계열화가 완성된 대기업과 나 홀로 싸우는 중소기업이 제품을 내놓으면 생산단가, 품질, 관리 등 여러 면에서 불리할 수밖에 없습니다. 규모의 경제와 수직계열화를 이뤄 독보적인 경쟁력을 갖춘 기업들이 있기 때문에 투자자 입장에서는 중소기업보다는 경쟁력 있는 대기업에 투자하는 것이 유리합니다.

Chapter 09 구조조정을 마친 기업

공룡이 멸종한 이유에 대해 여러 가지 추측이 난무하는 가운데 운석충돌설도 신뢰를 얻고 있습니다. 운석이 지구와 충돌하여 수많은 재들이 하늘을 뒤덮어 태양이 지구표면에 도달하지 못하게 되자 식물이 줄고 초식동물들이 굶어 죽어갔습니다. 그래서 최고 포식자인 공룡도 죽게 됩니다. 다른 동물들은 몸집이 작아 조금만 먹어도 버틸 수 있으나 덩치가 큰 공룡은 먹는 양도 많아 배고픔을 견디지 못하고 멸종하였다는 가설입니다.

기업들도 성장을 하다 보면 몸집이 커지기 마련입니다. 그래서 위기가 닥치면 커져 버린 덩치 때문에 임대료, 인건비 등 고정적인 유지비용을 감당하지 못하게 되면서 작은 기업들보다 더 큰 타격을 받습니다. 그렇기 때문에 위기가 오면 기업들은 구조조정을 해서 몸집을 줄여야 합니다. 혹독한 다이어트를 하는 것이지요.

구조조정의 여러 가지 방법

구조조정의 방법에는 인원을 줄이는 방법, 비용을 줄이는 방법, 계열사를 정리하는 방법, 계열사를 바꾸는 방법 등이 있습니다.

인원 구조조정

구조조정이라고 하면 가장 먼저 생각나는 것이 인원 구조조정입니다. 기업에서 가장 많이 들어가는 돈이 인건비이기 때문입니다. 일감이 줄면 당연히 둘이 하던 일을 혼자서도 할 수 있는 수준이 됩니다. 그렇게 되면 불필요한 인력이 생기게 되고 이를 정리하는 것이 인원 구조조정입니다. 예를 들어 7,000만 원의 연봉을 받는 직원 1,000명을 해고하면 연간 700억 원을 절약할 수 있습니다. 슬프지만 인원을 줄이는 것이 구조조정 효과가 가장 빠릅니다.

비용 줄이기

비용을 줄이려면 생산라인을 변경하거나 부품단가를 낮추고 원재료를 더 싼 곳으로 구해오는 등 원가를 절감하기 위해 노력해야 합니다. 이는 특별한 시기에 이루어지는 것이 아니라 기업이 살아 있는 동안 계속 고민하고 노력해야 하는 부분입니다.

계열사 정리

구조조정에는 계열사를 정리하는 방법도 있습니다. 이익을 못 내고 가망이 없는 사업부에서 손을 떼거나 적자를 내고 있는 계열사를 독립시키거나 정리하는 것입니다. 이렇게 정리를 하면 이익이 나는 사업부와 계열사만 거느리게 되어 기업의 수익성이 증가하고 불필요한 곳을 잘라 몸집을 줄임으로써 유지비용을 최소화 시켜 장기불황에 대처할 수가 있습니다.

빅딜

빅딜은 그룹 간 계열사를 교환하는 것입니다. 구단에서 운동선수를 맞트레이드 할 때와 방법이 비슷합니다. A그룹과 B그룹 모두 자동차와 건설을 가지고 있다면 A그룹은 건설을 주고 B그룹은 자동차를 줍니다. 그러면 A그룹은 건설사를 두 개 보유하고 B그룹은 자동차회사를 두 개 보유하게 됩니다. 건설사나 자동차회사가 두 개가 되면 중복되는 인력을 감축하고 유통망을 단일화 시키며 광고비를 줄일 수 있고 점유율을 늘릴 수 있어 규모의 경제도 실현이 가능하기에 A, B그룹 모두에게 이득이 됩니다.

이렇듯 구조조정을 하면 주가도 상승합니다. 하지만 구조조정의 효과가 바로 나타나는 것은 아닙니다. 계열사 및 직원 재조정으로 인한 일회성 손실이 회계로 잡힐 수 있기에 실적 상으로는 더 안 좋게 발표가 나올 수 있습니다. 하지만 구조조정이 끝나고 나면 기업의 실적은 환골탈태한 모습을 보입니다. 그러므로 구조조정하는 기업은 주의 깊게 살펴보아야 합니다.

실전 - 구조조정 후 기업의 주가 변화

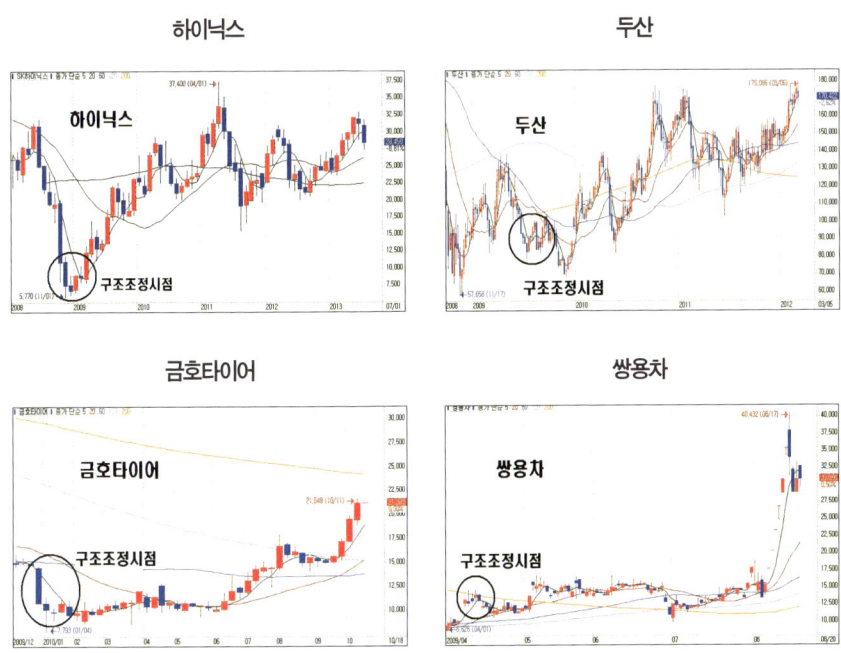

10장 고수되기 STEP3 안타보다 홈런을 치자 347

배당이 높은 기업

Chapter 10

TIP

*배당
주식을 가지고 있는 사람들에게 그 소유 지분에 따라 기업이 이윤을 분배하는 것

배당*이 높은 기업은 항상 매력적입니다. 주가가 내리면 주가 대비 배당금 비율이 높아 은행이자 이상의 수익을 얻을 수 있으며 주가가 오르면 시세차익을 거둘 수도 있기 때문입니다. 주가가 내리든 오르든 이익이 생기니 매력적인 투자인 것은 확실합니다.

기업들은 왜 배당을 하는 것일까요? 기업이 수익을 내서 이익금이 쌓이면 두 가지 선택을 할 수 있습니다. 하나는 이익금을 배당해서 주주들에게 나누어 주는 방법이 있고 다른 하나는 배당을 하지 않고 다른 곳에 투자를 해서 차후에 더 많은 수익을 거두는 방법입니다. 그렇기 때문에 배당금을 많이 주는 기업들의 특성을 보면 투자에 더 이상 돈이 들어가지 않는 기업들이 많습니다. 꾸준히 설비투자를 해야 할 필요가 없어서 넘쳐나는 돈을 굴릴 곳이 없기 때문입니다.

주로 외국계 자본이 들어간 회사의 경우 배당을 통해 투자금을 회수하므로 배당률이 높은 편입니다. 그리고 금융업종도 설비투자 등의 돈이 들어가지 않기 때문에 배당률이 높은 편입니다. 배당금을 결산하는 시기는 보통 12월말이지만 금융업종은 3월말에 합니다.

종목명	배당금(시가배당률)		
	2009	2010	2011
SK텔레콤	9,400원(5.55%)	9,400원(5.42%)	9,400원(6.64%)
KT&G	2,800원(4.35%)	3,000원(3.64%)	3,200원(3.93%)
KT	2,000원(5.12%)	2,410원(5.21%)	2,000원(5.61%)
하이트진로	2,000원(5.03%)	1,500원(4.24%)	1,250원(4.97%)
신도리코	2,250원(3.93%)	2,500원(4.6%)	2,750원(5.56%)
메리츠화재	300원(4.56%)	450원(4.86%)	550원(4.26%)
신영증권	2,000원(5.34%)	2,000원(5.45%)	2,000원(6.37%)
한양증권	750원(7.32%)	750원(8.71%)	400원(5.93%)
부국증권	1,000원(4.64%)	1,000원(5.97%)	1,000원(5.56%)

위의 표에 나온 종목들은 배당금이 비교적 일정하고 시가배당률이 높은 기업들입니다. 3년간 배당금을 보면 매년 나오는 배당금이 일정해서 배당투자를 하기에 안정적인 종목들이고 시가배당률도 은행이자보다 높은 편이기 때문에 배당수익만으로도 재테크가 가능합니다. 그리고 시가배당률 덕분에 주가가 잘 하락하지 않는 효과도 있습니다.

배당금을 노리고 투자할 경우 가장 주의해야 할 점은 기업의 꾸준한 배당금 지급여부입니다. 어느 해에는 많이 배당하고 다음 해는 적게 배당하면 배당수익률이 은행이자만도 못할 수도 있기 때문입니다. 또한 배당금을 많이 준다고 기업분석 없이 매수를 하면 안 됩니다. 영업이익이 나지 않는데도 불구하고 대주주의 어떤 목적을 위해 알짜 자산을 팔아 억지로 고배당을 하는 기업들도 있기 때문입니다. 이럴 경우 기업의 자산이 사라지게 되어 우량기업에서 부실기업으로 떨어질 수도 있습니다.

세금적인 면에서 보면 은행이자도 15.4%의 소득세를 내듯이 배당금도 세금을 내야 합니다. 또한 배당금을 포함해서 금융소득이 연간 2,000만 원을 넘기면 종합소득세 대상이 됩니다. 그러므로 예상배당금을 추측해 보고 금융소득이 2,000만 원을 넘어가지 않도록 주식보유량을 조절하는 것이 좋습니다.

실전 - 고배당주 주가 변화

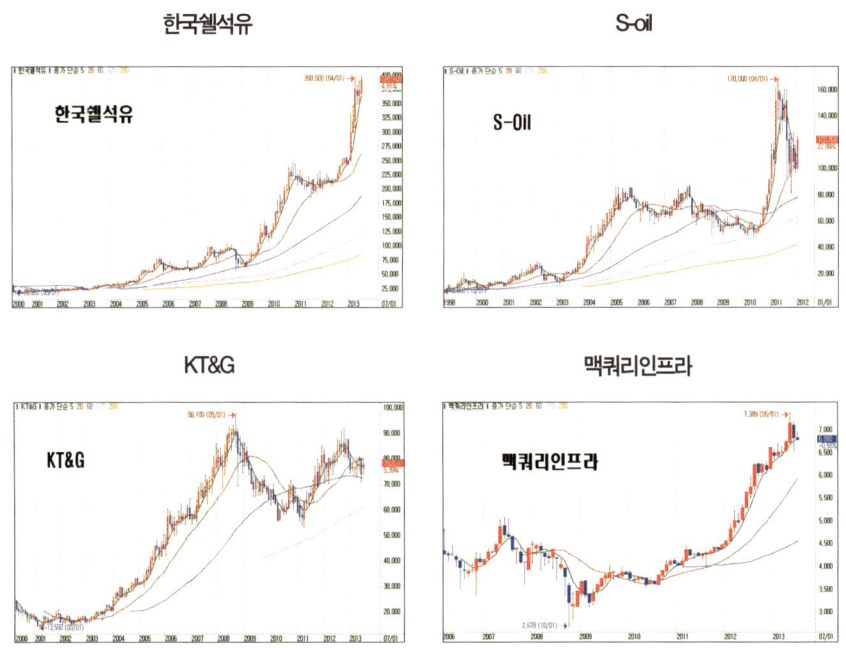

제 **11** 장

고수되기 | STEP4

전설적인 종목들에서 답을 찾다

삼성전자 - 스마트로 세계를 제압하다

Chapter 01

매출액	201조	영업이익/이익률	29조(14.4%)
순이익/이익률	24조(11.8%)	부채비율	93.7%
EPS	136,278원	BPS	777,310원
ROE	21.6%	PER	11.2배
PBR	1.96배	자본총계	121조

2012년 결산 기준

11장 고수되기 STEP4 전설적인 종목들에서 답을 찾다 주식을 하는 사람이라면 삼성전자의 주가가 얼마나 올랐는지 다들 알 것입니다. 1999년도에 7만 원대의 주가를 형성하다 2007년에 50만 원대의 고가주 반열에 올랐을 때까지도 사람들은 거기까지가 삼성전자의 한계라고 말했습니다. 삼성전자 주식을 60만 원 넘어서 매수하면 바보라는 말도 당연하게 생각하던 시절이었습니다. 그 후로 주가가 80만 원을 찍을 때도 거품이라고 그랬으며 그 후로도 삼성전자를 싸게 매수할 수 있는 기회는 몇 번 더 있었습니다. 금융위기 때는 40만 원대를 찍었고 위의 그래프처럼 2011년에도 60만 원대를 기록한 적이 있었습니다. 스마트폰 시장에서 갤럭시S가 전 세계를 대상으로 선전하고 있었음에도 아이폰에 밀릴 것이라고 예측했던 탓입니다. 그리고 1년 뒤, 삼성전자 주가는 150만 원을 넘어갑니다. 삼성의 스마트폰 갤럭시S는 애플의 아이폰과 스마트폰 시장을 양분하며 반도체에 이어 스마트폰 시장에서도 선두그룹에 올라섭니다. 최소한 150만 원이 넘기 1년 전에라도 삼성전자의 진정한 가치를 알았더라면 100%가 넘는 수익률을 1년 만에 낼 수 있었을 것입니다.

이렇게 주식이 오르는 동안 ROE는 5년간 10% 이상 기록하며 높은 성장 중임을 알려 주고 있었고 주가가 급속도로 오르는 동안에도 PER은 5년 평균 14.66배를 기록했습니다. PBR도 2배를 넘지 않아 자산대비 고평가도 아니었으며 브랜드가치는 세계 2위를 기록했습니다. D램 반도체 시장에서는 후발주자들을 거의 다 파산시키고 독보적인 위치를 구축하였으며 애플의 아이폰이 전 세계를 뒤덮을 때도 갤럭시S로 홀로 맞서다 이제는 서로 앞서거니 뒤서거니 하며 스마트폰 시장도 장악했습니다. 이렇게 삼성전자가 세계적인 선두기업으로 나가는 동안 분명 주식을 매입해 사업에 동참할 기회가 있었음에도 여러 가지 핑계를 대며 그 기회를 거절했습니다.

세계 1위 기업에 투자하면 안정적으로 높은 수익을 거둘 수 있습니다. 그중에서도 삼성전자는 D램 반도체 세계 1위, 전자제품 판매량 세계 1위, 휴대폰 판매량 세계 1위, 세계TV시장 점유율 6년 연속 1위인 기업입니다. 이렇게 여러 분야에서 세계 1위를 하는 기업이 우리나라에 있습니다. 삼성전자 외에도 우리나라 기업 중에는 각 분야에서 세계 1위를 달리고 있는 기업들이 많이 있습니다. 이 기업들을 눈여겨 살펴보면 제2, 제3의 삼성전자를 찾을 수 있을 것입니다.

Chapter 02
롯데칠성 - 한국의 코카콜라

매출액	2조 2,000억	영업이익/이익률	1,500억(6.8%)
순이익/이익률	830억(3.8%)	부채비율	65.3%
EPS	61,200원	BPS	1,668,321원
ROE	3.77%	PER	24.75배
PBR	0.91배	자본총계	121조

2012년 결산 기준

전설의 가치주 이야기에서 빼놓을 수 없는 기업이 롯데칠성입니다. 세계적인 기업인 코카콜라는 아이폰이 나오기 전까지 수십 년간 브랜드 가치 1위를 차지했습니다. 국내에서는 롯데칠성의 사이다가 세계적인 제품들과 경쟁해도 뒤지지 않을 정도로 독보적인 브랜드 가치를 지니고 있습니다. 롯데칠성은 해태의 부도로 음료시장 점유율을 독점하다시피 했고 음료, 생수, 주류, 커피에도 진출하여 높은 점유율을 기록하고 있습니다.

이러한 점유율 외에도 롯데칠성의 뛰어난 점은 자산가치입니다. 이 기업이 가지고 있는 땅의 가치는 장부상으로도 기업의 시가총액을 넘어서며 실제 시세가치로 보면 상당한 초자산주라는 것을 알 수 있습니다. 이러한 엄청난 자산을 보유한 기업이 1999년에는 불과 3만 원대를 기록하다 '2% 부족할 때'가 히트 치던 시기에 주가가 급등하게 됩니다. 그 후로도 주가는 계속 올라 주가가 160만 원을 돌파하여 황제주에 등극합니다. 8년 만에 50배 가까이 오른 것입니다.

결국 기업의 가치와 주가의 괴리는 언젠가는 일치하게 된다는 것을 보여 주는 좋은 사례입니다. 부채가 적고 시장점유율이 높아 절대 망하지 않을 것 같은 회사 중 하나이지만 국내시장 자체가 포화상태여서 높은 성장성을 기대하기는 어렵고 ROE가 낮은 점, PER이 다소 높다는 점은 단점입니다. 하지만 아직도 장부상 순자산가치인 PBR이 1 미만이라는 점, 앞으로 맥주사업이 시작된다는 점, 독점적인 점유율로 인해 가격을 올릴 수 있을 만한 힘을 가지고 있다는 점은 앞으로 주가가 더 오를 수 있는 부분이기도 합니다.

Chapter 03 현대차 - 한 번의 기회로 세계 중심에 서다

매출액	31조 8,593억	영업이익/이익률	2조 2,350억(7.02%)
순이익/이익률	2조 9,615억(3.8%)	부채비율	60.9%
EPS	10,373원	BPS	81,193원
ROE	14.21%	PER	11.66배
PBR	1.49배	자본총계	22조 290억

2009년 결산 기준

최근까지도 국내차는 외제차보다 못하다고 믿는 사람들이 많습니다. 하지만 국내 자동차 산업의 기술은 세계적인 수준까지 발전하였고, 몇몇 고급브랜드 자동차를 빼고는 국내 자동차보다 더 완성도 높은 차를 보기가 어렵습니다. 안전성, 밸런스, 성능, 옵션, 디자인 등 어디가도 밀리지 않는 수준에 이르렀음에도 국내 사람들은 그것을 잘 느끼지 못하였습니다. 아마도 이를 빨리 알아채서 국내 자동차 회사 주식을 샀더라면 큰 수익을 얻었을 것입니다.

도요타의 대량 리콜 사태로 도요타가 이미지에 큰 타격을 받아 주춤하는 사이 현대차는 이 틈을 놓치지 않고 유리한 환율조건과 파격적인 판매정책을 내놓으며 글로벌 시장을 파고들기 시작합니다. 단 한 번의 기회를 놓치지 않고 상대의 빈틈을 파고들어 글로벌 기업으로 성장한 현대차의 저력은 정말 놀라울 정도입니다.

그렇게 사람들이 현대차의 미래를 내다보지 못하는 동안 현대차의 주가는 4만 원대에서 계속 올라 25만 원을 돌파합니다. 2년 만에 주가는 5배나 올랐고, 형제격인 기아차의 주가는 10배가 올랐습니다. 우리가 현대차의 위상이 달라졌음을 느끼는 순간 현대차는 글로벌 판매량 세계 5위인 세계적인 기업이 되었습니다. 세계브랜드 순위도 53위로 주가만큼 껑충 뛰어올랐습니다.

이렇게 주가가 상승했는데도 불구하고 2012년 기준 PER은 8.95배로 아직도 저평가 수준을 유지하고 있고 ROE는 21.1%로 높은 성장률을 보여 주고 있습니다. 이렇듯 엄청난 성장속도를 보여 주고 주가도 올랐지만 그만큼 기업의 성장속도가 높기에 주가는 아직도 저평가 상태를 유지하는 모습입니다.

우리나라 기업들도 이제는 세계적인 수준의 기술과 경쟁력을 보유하고 있기 때문에 기회만 된다면 언제든지 글로벌 기업으로 우뚝 설 수 있음을 보여 주는 좋은 사례입니다. 이런 기업을 찾아낼 수만 있다면 엄청난 수익을 얻을 수 있습니다.

LG화학 - 실적은 거짓말을 하지 않는다

Chapter 04

매출액	15조 5,208억	영업이익/이익률	2조 2,414억(14.44%)
순이익/이익률	1조 5,392억(9.9%)	부채비율	76.35%
EPS	19,747원	BPS	78,819원
ROE	29.06%	PER	12.81배
PBR	1.49배	자본총계	5조 6,580억

2009년 결산 기준

주식투자에 있어 실적은 가치이고 미래이자 주가입니다. 즉, 실적이 좋다면 주가는 당연히 오릅니다.

LG화학이라는 회사가 빛을 보기 시작한 것은 2009년부터입니다. 그 당시 주가가 2배로 뛰어 연말에 PER은 12.81배, PBR은 1.49배로 주가는 적정 수준을 보였으나 당시 성장률 속도를 나타내는 ROE는 29.06%로 엄청난 고성장 중임을 보여 주고 있었습니다. 이렇게 고성장인 기업이 프리미엄도 없이 적정주가 수준에 머물렀다면 주가는 2배가 올랐어도 더 오를 수 있었다는 뜻입니다. 그 후로도 당시 유행하던 차·화·정*의 대장격 종목이 되며 주가는 60만 원 언저리까지 오르게 됩니다. 2년 만에 6배나 오르는 기염을 토했습니다.

> TIP
> *차·화·정
> 주식시장에서 자동차, 화학, 정유(車·化·精) 관련 종목을 일컫는 신조어

이 회사의 주가가 올랐던 이유는 석유화학 시장이 중국의 성장 덕분에 엄청난 마진을 내고 있었고 전기차에 대한 관심이 쏠리며 배터리 시장에 대한 관심이 쏠렸기 때문입니다. 이렇게 좋은 실적을 보이며 오르고 있는 기업에 신성장 메리트까지 생기니 주가는 계속 오를 수밖에 없었습니다. 또한 당시 투자할 만한 대상이 자동차, 화학, 정유 업종밖에 없다 보니 기관투자자들의 투자자금이 이 종목에 쏠렸습니다.

이렇듯 실적이 오르면 자연히 주목을 받게 되고 실적이 가는 곳에 돈이 쏠리게 됩니다. 그래서 덩치가 큰 기업이었음에도 시가총액 30조 이상 오르는 기적을 경험했습니다.

어떻게
투자해야 할까?

야구는 수학적인 스포츠입니다. 승률, 타율, 방어율, 장타율, 성공률, 저지율 등 많은 확률과 통계를 가지고 싸우는 게임입니다. 타율이 3할 3푼 3리인 타자는 타석에 세 번 들어서면 안타를 칠 확률이 한 번입니다. 물론 두 번 칠 때도 있고 못 칠 때도 있지만 1년 정도 보면 세 번 중에 한 번은 안타를 칩니다.

주식시장에서 개인투자자가 돈을 벌 확률은 5% 정도라고 합니다. 그렇다면 개인투자자가 돈을 잃지 않기 위해서는 나머지 95%가 하는 투자방식을 따라 해서는 안 된다는 이야기입니다. 철저하게 자신의 원칙을 세우고 이를 지키는 투자를 해야지 주변사람들이 하는 방법을 따라 하다가는 같이 골로 갈 수도 있습니다. 그러므로 주식투자에 성공한 사람들의 방식을 연구하고 배워 자신의 것으로 만들어야 합니다.

야구장에 가면 선수가 있고 조언을 해 주는 코치가 있고 작전을 짜고 총 지휘하는 감독이 있습니다. 여기까지는 우리가 경기에서 볼 수 있는 사람들이고 보이지는 않지만 그 뒤에서 열심히 분석하는 스카우터가 있고 구단에 대해 투자를 결정하는 구단주도 있습니다. 이들은 시즌 동안 우수한 선수를 발굴한 다음, 시즌이 끝난 후 협상과정을 통해 영입을 해 오고 연봉만큼 실적을 내지 못하는 선수를 내보내거나 연봉을 깎는 일을 합니다. 또는 구단에서 키운 유망주가 좋은 성과를 보이면 비싼 값에 다른 구단에 팔아 돈을 마련하기도 합니다.

우리도 주식투자를 할 때 스카우터가 되어 우량 기업들을 분석하고 발굴해내야 합니다. 좋은 종목을 찾아내는 방법은 우연한 방법이 될 수도 있고 노력을 통해 찾아낼 수도 있습니다. 우량 기업을 찾은 뒤에는 싸게 주식이 나올 때까지 기다려야 합니다. 좋은 기업의 주식을 싸게 샀다면 이 기업의 연봉이 충분히 오를 때까지 기다렸다가 좋은 조건으로 트레이드 할 수 있을 때 팔아야 합니다. 어떤 때는 슬럼프를 겪으며 잠시 주춤할 때도 있겠지만 스카우터의 분석이 틀리지 않았다면 결국은 제 가치에 맞는 주가에 도달할 것입니다. 반대로 영입해온 선수가 연봉만큼의 성과를 보이지 못하고 추락한다면 더 가치가 떨어지기 전에 얼른 팔아야 합니다. 미련이나 감정에 얽매이지 말고 냉철하게 판단해야 하는 것이 주식입니다.

마지막으로 주식투자에서 가장 중요한 것을 한 가지 꼽으라면 욕심을 버리는 것입니다. 슬럼프가 온 타자들의 특성을 보면 욕심을 부리다 보니 몸에 힘이 들어갑니다. 힘이 들어가면 동작이 커지고 헛스윙이 많아집니다. 스트라이크가 아닌 볼에 방망이를 휘두르니 안타가 나올 확률도 적어집니다. 하지만 욕심을 부리지 않고 짧은 안타라도 치고 살아나가겠다고 마음

먹은 타자는 자세가 흐트러지지 않습니다. 볼에 욕심을 부리지 않고 스트라이크에만 방망이를 휘두르니 안타를 많이 칠 수밖에 없습니다.

주식도 욕심을 부리는 순간 건드리지 말아야 할 종목들에 손을 대기 시작하고 스스로가 정한 원칙을 부정하다 보니 실패를 하는 것입니다. 주식 투자 수익률은 연 10%만 되어도 충분히 물가상승으로 인한 손실분을 이겨낼 수 있습니다. 30년간 연 10% 수익률이면 자산이 17배로 늘어납니다. 연 10% 즉, 한 달에 월 0.8% 수익을 낸다는 생각으로 안전하고 확실한 주식에 투자하면 더 큰 부를 쌓을 것이라 믿습니다.

이 책을 읽어 준 독자분들에게 진심으로 감사드리며 항상 승리하시길 기원합니다.

Start! 왕초보 주식투자

초판 1쇄 발행·2014년 3월 14일
초판 13쇄 발행·2024년 11월 15일

지은이·전인구
펴낸이·이종문(李從聞)
펴낸곳·국일증권경제연구소

등   록·제406-2005-000029호
주   소·경기도 파주시 광인사길 121 파주출판문화정보산업단지(문발동)
사무소·서울시 중구 장충단로8가길 2(장충동1가, 2층)

영업부·Tel 02)2237-4523 | Fax 02)2237-4524
편집부·Tel 02)2253-5291 | Fax 02)2253-5297
평생전화번호·0502-237-9101~3

홈페이지·www.ekugil.com
블 로 그·blog.naver.com/kugilmedia
페이스북·www.facebook.com/kugilmedia
E - mail·kugil@ekugil.com

• 값은 표지 뒷면에 표기되어 있습니다.
• 잘못된 책은 바꾸어 드립니다.

ISBN 978-89-5782-109-1 (13320)

《Start! 왕초보 주식투자》
독자에게만 특별 공개합니다!

긴급상황 투자비법

국일 증권경제연구소

차례

상황1. 북한과의 갈등이 고조된다면? · 06

상황2. 북한과의 관계가 좋아진다면? · 09

상황3. 남북이 통일된다면? · 11

상황4. K-POP 열풍이 분다면? · 14

상황5. 대체에너지가 유행한다면? · 16

상황6. 인터넷 정보가 유출된다면? · 19

상황7. 교육정책이 바뀐다면? · 21

상황8. 전염병이 창궐한다면? · 23

상황9. 전기료가 대폭 오른다면? · 25

상황10. 곡물파동이 일어나면? · 27

상황11. 유가가 폭등한다면? · 29

상황12. 월드컵 및 올림픽이 있는 해라면? · 31

왜 상황에 민감해야 할까?

주가가 어떻게 변할지는 누구도 단언할 수 없습니다. 오늘밤 당신이 잠든 사이 전쟁이 나기라도 한다면 주가는 바로 곤두박질칠 것입니다. 반대로 내일 어떤 회사가 초대형 계약을 체결하거나 신약을 개발했다는 뉴스가 나오면 주가는 폭등할 것입니다.

이렇듯 주가는 예측 불가능합니다. 다만 매화꽃이 피면 봄이 오는 것을 알 수 있듯 상황을 보면 주가가 어떻게 변화할지 대략적인 예측이 가능합니다.

변화를 예측하고 투자하는 사람과 아무런 예측도 없이 투자하는 사람의 수익은 어떻게 달라질까요? 결과를 보지 않아도 차이는 엄청날 것입니다. 그러므로 상황에 따라 어떤 업종이 수혜를 받고 어떤 기업이 전망이 밝은지 알아야 합니다.

다만 주의할 점도 있습니다. 상황에 따라 수혜를 받는 기업이 있다고 해서 그 기업의 가치가 지속적으로 상승하는 것은 아닙니다. 상황은 수시로 변하기 때문입니다. 주가는 상황에 따라 폭등과 폭락을 반복합니다. 그러나 기업의 가치는 이 속도를 따라가지 못합니다. 기업의 가치는 그대로이거나 천천히 변화하는데 상황과 주가는 빠르게 변합니다. 그렇기 때문에 아무리 상황이 좋더라도

과열권에 진입한 주식을 뒤따라 매수하거나 기업의 가치는 계속 상승하고 있는데 상황이 잠시 안 좋다고 손절매해 버리는 우를 범해서는 안 됩니다.

 또한 상황은 계속 돌고 돕니다. 유행이 돌고 돌아 다시 오듯 한 번 지나간 상황이 또 오지 않으리라는 법은 없습니다. 남북 관계만 보더라도 화해와 갈등이 반복되고 그에 따라 관련기업들의 주가는 춤을 춥니다. 그렇기에 우리는 어떤 상황에서 어떤 주식에 접근해야 하는지 알아야 합니다. 상황에 유연하게 대응할 줄 알면 잃지 않는 투자를 할 수 있습니다.

북한과의 갈등이 고조된다면?

한동안 조용하던 북한이 또 도발을 해왔습니다. 핵실험으로 불안감을 높이고 서해바다에서 우리 군과 교전을 벌였습니다. 북한의 피해상황은 알 수 없었으나 기습으로 우리 군의 피해가 만만치 않습니다. 아침부터 모든 방송과 신문에 속보가 뜨고, 사람들은 언제 전쟁이 날지 몰라 불안에 떨고 있습니다. 국내 주가는 폭락할 것으로 예상됩니다. 이런 와중에도 오르는 주식이 있을까요?

현재 전 세계 60여 개 국이 전쟁의 위기 속에 놓여 있고, 이 중 동아시아에 있는 한국, 중국, 일본의 자국 영토 수호에 대한 관심은 나날이 커져 군비경쟁이 치열한 상황입니다. 더구나 우리나라는 북한의 위협 속에 있습니다. 만약 북한과의 사이가 악화되면 전쟁을 준비해야 할지도 모릅니다. 그렇다면 무엇이 필요할까요? 우선 총, 탱크, 미사일과 같은 무기가 있어야 합니다. 정부는 국가의 안보를 강화하기 위해 신형무기를 개발하거나 기존 무기들의 발주를 늘릴 것입니다. 그러므로 국가 방위산업들의 주가 또한 많은 영향을 받게 됩니다. 최근 방위산업은 첨단 기술을 바탕으로 하기 때문에 부가가치가 높아 수익성이 좋고 해외 수출도 늘어나면서 향후 성장성도 뛰어나다고 할 수 있습니다.

투자 포인트

- 방위산업의 특성상 지속적으로 기술 개발을 하고 대량 생산체제를 갖추어야 하기 때문에 큰 자금이 필요합니다. 그래서 많은 대기업이 진출해 있습니다. 육군, 해군의 전차 및 함정에 필요한 엔진을 생산하는 STX엔진, 국내 유일의 자주포 제조기업인 삼성테크윈, 뛰어난 기술력으로 화포 및 함포체계 분야에 독점적 지위를 가지고 있는 현대위아 등이 있습니다. 중견기업 중에도 풍산처럼 독점공급을 바탕으로 안정적인 수익을 내며 수출을 통해 성장을 시도하는 곳도 있습니다.

- 방위산업은 안정적인 수익을 내는 기업들이 많으나 남북갈등 및 동아시아 군비경쟁 이슈가 등장할 때마다 주가가 오르내리는 경우가 많습니다. 그러므로 방위산업에 투자할 경우 안보와 관련된 뉴스에 주목하며 투자해야 합니다.

방위산업 분류	
화력	퍼스텍, 한화, S&T모티브, 현대위아
함정	현대중공업, 삼성중공업, 대우조선해양, 빅텍, 퍼스텍, 두산중공업, STX엔진, 한화, 삼영이엔씨
탄약	풍산, 한화
통신전자	기산텔레콤, 쎄트렉아이, 에이스테크놀러지, 루멘스, 빅텍, 휴니드, STX엔진
기동	삼성테크윈, 두산인프라코어, 기아자동차, STX엔진, 현대위아, 한일단조, S&T중공업, 퍼스텍, 이엠코리아
기타전자	DMS

관련 종목

종목명	시가총액	관련 내용
웰크론	518억	방탄복, 전투복 납품
삼성테크윈	3조 5,915억	각종 장갑차, 군용장비 생산
휴니드	364억	군대 무선통신장비 생산
HRS	588억	방독면 제조
풍산	6,795억	탄약 생산
루멘스	4,279억	군통신장비 생산
스페코	371억	함안정기 해군 독점공급
이엠코리아	1,093억	훈련기 랜딩기어 납품

북한과의 관계가 좋아진다면?

제시 상황

북한의 도발이 잠잠해지자 뉴스도 평화를 되찾았습니다. 사람들의 관심은 안보에서 연예계 소식, 스포츠 경기 등으로 옮겨집니다. 그러던 어느 날 북한이 갑작스런 제의를 해옵니다. 이산가족 상봉을 기점으로 금강산 관광을 재개하고, 개성공단도 다시 가동한다 합니다. 이럴 때는 어디에 투자하는 것이 좋을까요?

어떻게 접근할까?

북한과 관계가 좋아진다면 북한 관련 사업을 하는 기업들이 이익을 볼 것입니다. 크게는 금강산 관광과 개성공단 관련 기업들로 나뉘고, 북한에 비료지원을 하거나 가스 및 전기지원을 하는 기업들이 있습니다. 이 중에서 주식에 상장되어 있는 기업들을 골라 투자를 고려하면 됩니다. 또한 해당 기업을 가지고 있는 상장기업들도 추가해야 합니다.

투자 포인트

- 남북 경협주는 크게 금강산 관광 사업을 영위하는 기업들로 구성된 금강산 테마와 개성공단에 입주한 기업들로 이루어진 개성공단 테마, 대북송전 및 지원 테마로 나뉩니다. 금강산 관광 사업은 현대아산이 맡고 있어, 현대아산을 소유한 현대상선 및 기타 계열사들이 수혜주로 꼽힙니다. 개성공단에는 현재 120개가 넘는 기업이 입주하여 있으며 이 중 저렴한 인건비를 필요로 하는 섬유관련 기업이 70곳이 넘습니다.

– 남북 경협 테마는 남북 간의 정치 갈등 시 하락하고 갈등 해결 국면 또는 금강산 관광 재개, 개성공단 재개, 남북실무회담, 정상회담 등의 소식이 들려오면 상승합니다.

이때 상승률 및 하락률은 기업실적과 무관하게 움직이기 때문에 호재로 주가가 상승하기 전에 매수하고 악재로 주가가 하락하기 전에 매도하는 것이 좋습니다.

남북 경협주 사업별 분류

금강산	현대상선, 현대엘리베이, 현대상사, 에머슨퍼시픽
대북송전	이화전기, 제룡산업, 제룡전기, 광명전기, 선도전기, 세명전기, 대원전선
비료지원	경농, 남해화학, 조비, 효성오앤비, 영남제분
개성공단	로만손, 재영솔루텍, 좋은사람들, 인디에프, 신원, 현진소재, 인지컨트롤스, 자화전자, 씨앤플러스, 태화산업, 경원산업, 한샘
남북가스관	삼성테크윈, 두산인프라코어, 기아자동차, STX엔진, 현대위아, 한일단조, S&T중공업, 퍼스텍, 이엠코리아

관련 종목

종목명	시가총액	관련 내용
현대상선	2조 3,680억	현대아산 최대주주(66%)
현대엘리베이	8,015억	현대상선 최대주주
좋은사람들	398억	개성공단 입주
신원	810억	개성공단 입주
에머슨퍼시픽	1,011억	금강산 골프장, 온천, 리조트 소유
이화전기	1,129억	대북송전
재영솔루텍	524억	개성공단 입주, 대표이사 개성공단협회회장

남북이 통일된다면?

어느 날 갑자기 북한이 중대발표를 했습니다. 통일을 한다는 것입니다. 당황스러웠지만 너무 반가운 일입니다. 이제 북한으로 마음껏 여행도 할 수 있고, 북한 주민과 만나서 이야기도 나눌 수 있을 것입니다. 그런데 뉴스에서는 경제적인 효과를 더 많이 보도하고 있습니다. 과연 통일을 하면 어떤 경제효과가 있기에 이러는 것일까요? 그렇다면 주식에도 좋은 영향을 줄까요?

통일을 하면 주식에도 매우 좋은 호재가 나타납니다. 그동안 국내 기업들은 높은 가치에도 불구하고 북한리스크 때문에 주식시장에서 제값을 받지 못했습니다. 하지만 통일이 된다 해도 주식의 오름폭이 갑자기 커지지 않을 것이기에 크게 오를 수 있는 업종이 어떤 것인지 알아보는 것이 중요합니다.

통일이 되면 가장 먼저 무엇을 해야 할까요? 북한 땅에 인프라를 설치해야 합니다. 길을 만들고 교량을 설치하고 도로를 닦습니다. 배가 들어설 수 있게 항구도 설치해야 하고, 물자가 원활히 운송되도록 철길도 연결합니다. 이때 토목 건설회사뿐 아니라 재료로 들어가는 시멘트와 철강업체들이 큰 수혜를 봅니다. 그리고 곳곳에 전기가 들어가야 하므로 전선업체들도 주문이 폭주할 것이고, 운반 차량이 많이 필요하기에 자동차 회사도 수혜를 보고, 기름을 판매하는 정유업체도 호황을 누리게 됩니다. 그리고 북한 주민들에게 식량이 보급되어야 하기에 식료품업체들의 판매량도 급증합니다. 위에 언급한 기업들이 살아나면 경제 전반적으로 호황이 옵니다. 판매량이 지속적으로 늘어나면 돈의 회전이 빨라지기에 내수경기가 좋아지고, 내수경기에 의존하는 기업들이 모두 좋아지는 선순환이 발생하게 됩니다.

- 인프라에 관련된 업종은 남북통일 시 주가상승이 확실합니다. 건설, 전기, 건설기계, 시멘트, 철강, 레미콘, 운송업종 등이 이에 관련되어 있습니다. 건설업종의 경우 대규모 토목공사가 가능한 현대건설, 삼성엔지니어링, 대림산업, 대우건설, GS건설 등 대형건설사들이 가장 큰 수혜를 받을 것입니다. 다른 업종의 대표주인 두산인프라코어, LS산전, 대한전선, 쌍용양회, POSCO 등도 많은 수혜를 받을 것으로 예상됩니다.

- 북한의 인구는 남한 대비 50% 정도 됩니다. 이는 통일이 되면 생필품 수요가 50% 이상 증가한다는 것을 뜻합니다. 그 외에 식료품, 의류, 제약, 생활용품, 유류 등의 매출도 50% 이상 증가할 것입니다.

- 통일이 되면 부동산투자와 주식투자 중 수익률이 높은 쪽은 어디일까요? 우선, 북한 부동산에 투기 바람이 불 것이기에 정부의 규제가 심할 것입니다. 하지만 주식의 경우는 규제하기 어렵습니다. 그렇기에 주가는 자연스럽게 수익이 증가해 오를 것입니다.

통일에 따른 수혜주 분류

건설업체	현대건설, 대림산업, 삼성물산, 대우건설, GS건설
시멘트업체	쌍용양회, 동양시멘트, 한일시멘트, 아세아시멘트
전선업체	LS산전, 대한전선, 가온전선, 대원전선
철강업체	POSCO, 현대제철, 동국제강, 동양철관
식품업체	농심, CJ제일제당, 롯데제과, 오뚜기

관련 종목

종목명	시가총액	관련 내용
현대건설	6조 5,699억	시공능력 1위 건설업체
농심	1조 7,730억	국내 1위 라면업체
유한양행	2조 2,082억	국내 1위 제약업체
LG생활건강	6조 8,876억	국내 대표 생활용품 생산업체
쌍용양회	6,794억	국내 1위 시멘트업체
POSCO	25조 2,841억	국내 1위 철강업체
SK에너지	12조 4,828억	국내 1위 정유업체
LS산전	1조 9,020억	국내 대표 전선업체

K-POP 열풍이 분다면?

제시 상황

어느 가수의 노래가 빌보드차트에 올랐습니다. 전 세계 사람들이 열광했고 유튜브에서도 연일 화제가 되고 있습니다. 덕분에 다른 한국 가수들도 신한류열풍을 타고 아시아 및 유럽, 미국에서 콘서트를 열고, 세계 여러 젊은이들이 한국 노래를 듣습니다. 한류열풍을 일으킨 연예인이 소속된 기획사의 성장은 어디까지 갈지 예측할 수 없을 정도로 승승장구 하고 있습니다.

어떻게 접근할까?

K-POP이 세계적으로 유행한다면 이득을 보는 곳은 어디일까요? 한류열풍을 일으킨 연예인이 소속된 기획사와 음원을 판매하는 유통기업들이 이득을 볼 것입니다. 현재 음원시장은 많은 가수가 소속된 대형기획사와 음원유통을 장악한 몇몇 대기업으로 추려집니다. 그렇기 때문에 K-POP 열풍이 분다면 이들 몇몇 기업에 그 수혜가 집중적으로 돌아갈 것입니다.

또한 저작권법의 강화로 음원수입이 증가함에 따라 관련 기업들의 이익이 증가할 전망입니다. 우리나라의 경우 음원가격이 저렴한 편이기에 앞으로 인상될 여지가 높습니다.

투자 포인트

- 단순히 해외로 진출한다고 해서 가수가 성공하는 것은 아니기 때문에 흥행여부에 대한 분석이 필요합니다.
- 음원유통 업체의 경우 통신사와 전략적 제휴를 한 경우가 많습니다. 그러므로 많은 통신가입자를 보유한 업체와 연결된 음원유통 업체에 투자하는 것이 좋습니다. CJ E&M의 경우 음원, 제작, 방송, 공연, 유통 등 관련 산업을 모두 포괄하여 규모의 경제를 이루고 있기에 앞으로의 성장성이 기대됩니다.
- 대형기획사들의 경우 음원매출을 넘어 콘서트를 병행하며 기념티, 야광봉 등의 파생 상품을 판매하며 수익을 극대화하고 있습니다. 매출구성의 다양화는 향후 이익증대의 기반이 될 수 있습니다.

음원사업 분류

대기업	CJ - M.net, M.net미디어
	SKT - 멜론, 네이트, 로엔
	KT - 도시락, KT뮤직
	LGU+ - 뮤직온, M.net미디어
유통	소리바다, 네오위즈인터넷(벅스)
기획사	SM - 슈퍼주니어, 소녀시대, f(x), EXO, 샤이니 등
	JYP - 원더걸스, 2AM, 2PM, miss A(수지) 등
	YG - 싸이, 빅뱅, 2NE1, 타블로 등

관련 종목

종목명	시가총액	관련 내용
KT뮤직	1,972억	음악서비스 및 유통, 올레뮤직 보유
SM	7,671억	음반제작 · 유통, 다수 가수보유(소녀시대, EXO)
네오위즈인터넷	985억	음원서비스 및 유통, 벅스뮤직 보유
YG엔터테인먼트	5,501억	음원출판 및 다수 가수보유(싸이, 2NE1, 빅뱅)
로엔	3,705억	음반 기획,제작,판매 및 음원서비스 1위(멜론)
CJ E&M	1조 5,421억	음악 투자 및 유통, 방송, 음악공연

대체에너지가 유행한다면?

제시 상황

머지않아 석유가 부족해질 거라는 뉴스가 자주 보도 됩니다. 자연도 조금씩 망가지면서 천재지변이 잦아졌습니다. 사람들은 지구 온난화가 더 심해지면 모두가 죽을 수 있다는 사실에 말없이 동의합니다.

이제는 화석에너지 대신 대체에너지를 개발해야 합니다. 바람을 이용한 풍력발전, 태양을 이용한 태양광발전, 지열을 이용한 지열발전, 조수간만차를 이용한 조력발전 등 자연을 이용한 다양한 방법이 생겨났습니다. 그 기술은 날로 발달하고 있어 대체에너지로 삶을 영위하는 날이 머지않았음을 알 수 있습니다.

어떻게 접근할까?

화석에너지 또는 원자력에너지의 불안, 고유가 등의 신호가 찾아오면 대체에너지 개발에 대한 관심이 높아집니다. 대체에너지는 풍력, 태양광, 조력, 수력, 지열 등으로 다양하나 풍력과 태양광이 가장 각광받고 있습니다. 그중에서도 어디서든 설치 가능한 태양광이 가장 전망이 밝습니다. 그렇기에 대체에너지에 투자한다면 태양광에 집중하는 것이 유리합니다.

태양광 발전은 결정형과 박막형으로 구분되며 주류를 이루는 결정형 생산과정은 원재료인 폴리실리콘을 거쳐 잉곳, 웨이퍼, 셀, 모듈, 시스템 순으로 진행됩니다. 이제는 대기업들도 태양광 사업에 진출할 만큼 시장이 성숙했으나 최근 공급과잉 및 최대시장인 유럽의 경제위기로 인한 보조금 축소로 혹독한 겨울을 맞이하고 있습니다. 하지만 지속적으로 태양광 설치량이 늘어나고 있고 재생에너지 중 가장 대중화와 근접해 있기 때문에 미래가 밝다고 할 수 있습니다.

- 태양광 산업은 과당경쟁, 규모의 경제, 공정개선, 효율상승 등으로 발전단가가 급속히 내려가고 있습니다. 이 발전단가가 화력발전단가와 같아지는 순간 엄청나게 설치수요가 증가하게 되는데 이를 '그리드패리티'라고 합니다. 하지만 현재 중국의 저가공세로 공급과잉이 지속되어 사업철수 또는 부도가 나는 경우가 많으므로 옥석을 거른 뒤, 업계가 재편되어 공급과잉이 어느 정도 해소된 시점에 투자하는 것이 좋습니다. 단기적으로는 유가상승, 원자력발전 불안정 등이 이슈화될 경우 주가가 상승하므로 이 시기가 투자 시점이 됩니다.
- 웅진그룹의 경우 태양광과 건설에 올인하다 크게 휘청했을 정도로 태양광 업황이 매우 부진한 상태이고 주가도 바닥에 있습니다. 그러나 자세히 보면 웅진에너지는 팔수록 손해인 웨이퍼 판매를 줄이고 이익창출이 가능한 잉곳 판매에 집중해 적자폭을 크게 줄이고 있습니다. 향후 흑자전환 시 주가가 크게 상승할 가능성이 있습니다.
- 폴리실리콘의 경우 전 세계 생산량 71%를 차지하는 중국의 GCL을 제외한 햄록, 바커, OCI 모두 적자를 보고 있습니다. 국제시세가 하락을 멈추고 상승하는가에 따라 폴리실리콘 업체들의 주가 반등이 달려 있습니다.

태양광발전 공정별 기업분류	
폴리실리콘	OCI, 한화케미칼, 삼성정밀화학, 웅진폴리실리콘
잉곳·웨이퍼	SKC솔믹스, 웅진에너지, 오성엘에스티, 한솔테크닉스, 넥솔론, 티씨케이
셀	신성솔라에너지, 현대중공업, 한화케미칼, LG전자, 한국철강, 삼성SDI
모듈	SDN, 에스에너지, 한솔테크닉스, 오성엘에스티, 신성솔라에너지
설치·시공	현대중공업, 에스에너지, 한솔테크닉스, 이테크건설, 신성이앤지
시스템총괄	SDN, 에스에너지, LS산전, 현대중공업

관련 종목

종목명	시가총액	관련 내용
웅진에너지	1,367억	잉곳 및 웨이퍼생산, 시공설치, 발전사업
넥솔론	1,329억	OCI계열사, 웨이퍼생산
한화케미칼	2조 5,180억	세계적인 태양광기업 큐셀 인수, 셀 생산
OCI	3조 7,443억	세계4대 폴리실리콘 생산업체
신성솔라에너지	627억	태양전지 생산
SKC솔믹스	509억	잉곳 및 웨이퍼 생산
오성엘에스티	494억	잉곳 및 웨이퍼 생산
티씨케이	962억	잉곳 생산장비 부품판매

인터넷 정보가 유출된다면?

은행이 털렸습니다. 이름, 주민등록번호, 휴대폰 번호, 계좌번호, 비밀번호, 카드번호, 유효기간, 집 주소, 신용등급, 직장 등 개인 정보가 해커의 공격에 의해 중국으로 빠져나갔습니다. 그로 인해 계좌에서 자기도 모르게 돈이 인출되는 등 피해가 속출하고 있습니다. 이 사건 때문에 고객들은 화가 났고, 해당은행의 주가는 폭락하게 됩니다.

인터넷 정보가 외부로 유출되면 큰 파장을 일으킵니다. 인터넷으로 모든 것을 할 수 있는 지금 정보는 소중한 자산이 되었습니다. 그래서 정보 유출로 인한 피해를 입지 않기 위해 보안업체의 필요성이 커졌습니다. 보안업체는 크게 컴퓨터 바이러스 및 스파이웨어를 제거하며 백신 소프트웨어를 만드는 V3 또는 알약 등의 업체와 네트워크 해킹 침입을 막는 네트워크보안솔루션 업체로 나뉩니다. 백신 소프트웨어 부분에서는 안랩이, 네트워크보안솔루션 부분에서는 윈스테크넷이 각 업계 1위를 차지하고 있습니다.

- 해킹이나 디도스 공격에 의해 피해를 입거나 정보가 유출될 경우 보안관련 기업들의 주가가 상승합니다. 하지만 기업의 실적보다는 단순한 이슈로 인해 주가가 오르는 경우가 많기 때문에 이슈화되기 전에 주식을 매수하는 것이 좋습니다. 장기투자를 할 경우 단

순한 오름세를 보고 투자하기보다는 이슈가 가라앉은 후에 기업의 수익성과 성장성을 파악한 후 투자하는 것이 좋습니다.

– 또한 최근에는 스마트폰 보안관련 기업들도 주목받고 있습니다. 청첩장 및 돌잔치 문자를 사칭한 후 접속 시 소액결제가 되는 스미싱 피해, 악성 어플리케이션을 내려받게 만든 후 정보를 유출하는 해킹 사례 등 관련 범죄가 날로 교묘해지고 있기 때문입니다.

정보보안 분류

백신소프트웨어	안랩, 이스트소프트
네트워크보안솔루션	원스테크넷, 에너랜드, 에스넷, 어울림정보
통합보안관리솔루션	이글루시큐리티, SGA, 넷시큐어테크, 넥스지
스마트폰 보안	안랩, 이스트소프트, 안프라웨어, 넥스지, 아큐픽스

관련 종목

종목명	시가총액	관련 내용
안랩	5,097억	국내 1위 정보보안업체(V3), 정치테마 영향이 큼
이스트소프트	1,183억	백신 및 악성코드 치료(알약)
시큐브	429억	보안운영체제 시장점유율 1위
코닉글로리	378억	기업 IT 인프라구축 및 보안솔루션
이글루시큐리티	612억	통합보안관리솔루션 시장점유율 70%
넥스지	359억	보안관재서비스 및 네트워크보안솔루션
원스테크넷	1,859억	네트워크보안솔루션 국내 1위 업체
에스넷	367억	네이트워크 보안 서비스
인프라웨어	2,768억	스마트폰 보안업체 쉬프트웍스 보유

교육정책이 바뀐다면?

제시 상황

대통령이 연설에서 교육정책을 획기적으로 변화시키겠다는 이야기를 했습니다. 이에 교육부는 수능제도 개선 및 공교육강화정책을 내놓았습니다. 그러나 정부의 의도와는 다르게 수험생과 학부모는 혼돈에 빠졌고, 학원들은 앞다투어 입시전략을 내놓으며 사교육 시장에 불이 붙었습니다. 공교육을 강화시키려고 하면 할수록 사교육은 어떻게 해서든 허점을 찾아 더욱 강해지고 있습니다.

어떻게 접근할까?

교육관련 산업은 범위가 넓습니다. 가르치는 과목도 많고, 영유아부터 고등학생까지 연령대가 다양하게 포진되어 있기 때문입니다. 크게 보면 아동교육, 대학입시, 영어교육 세 가지로 시장이 나뉩니다. 아동교육에서는 웅진과 대교가 시장을 양분하고, 대학입시는 전통적 강자인 메가스터디와 비상교육, 영어교육은 청담러닝, 능률교육, YBM 시사닷컴, 교원구몬 등 여러 강자가 있습니다. 그러므로 교육관련 정책이 아동교육에 해당하는지, 입시에 해당하는지, 영어에 해당하는지를 파악한 후 관련 업종 중에서도 가장 영향력 있는 기업들을 선별해 투자해야 합니다.

투자 포인트

- 입시제도 변경으로 혼란이 야기될 때마다 주가가 변하기 때문에 교육관련 주에 투자할 때는 입시관련 정책, 교육부 장관교체, 정권교체 등을 고려해야 합니다.

- 고등온라인 강의의 최고강자 메가스터디는 정부의 사교육억제정책으로 매출이 35%나 감소했고, 중등온라인도 특목고 입시폐지로 매출이 20% 감소하여 성장동력이 꺾였습니다. 향후 정부정책의 변화나 중국, 베트남에 진출한 산업이 성장성을 보이느냐에 따라 주가의 방향이 바뀔 것으로 보입니다.

- 비상교육은 높은 교과서검정통과율로 교과서 매출이 확대되었습니다. 기존의 판매율이 높은 문제집을 보유한 상태에서 자사의 교과서와 연계된 문제집 제작도 가능해져 시너지효과가 클 것으로 예상됩니다. 또한 초중등온라인 강의 '수박씨닷컴'이 매출을 신장시키고 있어 설자리를 잃어가는 사교육시장에도 다양한 성장모델을 가진 기업이 나타나고 있습니다.

교육분야별 주요업체 분류

유아·초등	대교, 웅진씽크빅
중·고등, 대입	메가스터디, 비상교육
영어	YBM시사닷컴, 청담러닝, 능률교육

관련 종목

종목명	시가총액	관련 내용
메가스터디	4,064억	교육관련 대장주, 다양한 교육콘텐츠 보유
웅진씽크빅	2,106억	학습지 교육, 출판업(아동, 성인)
대교	6,285억	학습지 출판 및 판매, 눈높이교육, 홈스쿨
청담러닝	1,038억	온라인 및 오프라인 프리미엄 영어교육
YBM시사닷컴	810억	온라인교육, 토익, 토플, JPT 접수대행
G러닝	183억	영재교육사업
능률교육	451억	영어교육 및 출판사업
삼성출판사	580억	유아동서적 출판, 영어교재출판
비상교육	2,027억	중고등교과서발행, 초중고 교재출판, 학력평가

전염병이 창궐한다면?

제시 상황

여름이 끝나고 찬바람이 불기 시작하자 알 수 없는 독감이 우리나라를 덮쳤습니다. 독감예방주사를 맞은 사람들도 속수무책이었습니다. 고열과 구토를 반복하다 의식불명에 빠지고 사망하는 이들도 심심치 않게 보도되고 있습니다. 이 독감을 치료하기 위한 치료제가 곧 나올 것이라는 발표는 있었으나 아직 어떠한 약도 소용없습니다.

어떻게 접근할까?

전염병은 크게 사람에게 전이되는 질병이 있고, 사람에게는 전이되지 않지만 가축에게 퍼져 닭, 돼지, 소 등에 큰 피해를 주는 질병이 있습니다. 사람에게 전이되는 질병의 경우 해외에서 국내로 들어오는 경우가 많아 다소 시간이 걸립니다. 가축에게 전이되는 질병은 가축을 매몰시켜야 하기에 축산업에 큰 타격을 줍니다. 그래서 겨울만 되면 찾아오는 철새들로 인해 혹시라도 조류독감이 번질까 노심초사합니다.

사람에게 퍼지는 전염병이 유행하면 어느 업종이 수혜를 볼까요? 당연히 제약업종입니다. 그중에서도 해당 질병에 관련된 약품을 파는 업체의 주가가 가장 크게 오릅니다. 동물 전염병의 경우, 가축 관련 백신을 만드는 업체의 주가가 오를 것이고 사료회사의 주가는 하락할 것입니다. 매몰 등으로 인해 개체수가 급격히 줄어 사료 판매량이 줄기 때문입니다. 또한 사람들이 가축 대신 생선을 먹으려 하기 때문에 수산관련주가 반사이익을 보기도 합니다.

투자 포인트

- 전염병이 퍼지는 데 걸리는 시간은 매우 짧습니다. 그래서 대중을 공포에 떨게 합니다. 그 반면 다른 병에 비해 금방 사라집니다. 사람들이 공포에 질린 만큼 주가는 가파르게 상승하지만 어느 정도 병이 사라질 때쯤이면 주가는 급락하고 맙니다. 이는 테마주의 성격을 강하게 띠기 때문에 장기투자에 적합하지 않고 고점에서 추격매수하면 큰 손실을 볼 수도 있습니다.
- 구제역(2000, 2002) SARS(2003), 조류독감(2005), 신종플루(2009), 구제역(2010) 등의 전염병은 1~3년이란 짧은 주기를 가지며 계속 반복되기에 치료제 및 제품을 생산하는 회사는 이 주기에 따라 등락을 반복하는 경향이 있습니다.

유행병에 따른 백신회사 분류

동물백신	중앙백신연구소, 제일바이오, 씨티씨바이오, 이-글벳, 대한뉴팜
신종플루	녹십자, 중앙바이오텍, VGX인터, 파루
조류독감	VGX인터, 이-글벳, 파루

관련 종목

종목명	시가총액	관련 내용
녹십자	1조 4,549억	혈액제제와 백신제제 주력, 국내3위 제약업체
중앙백신연구소	896억	동물백신 제조 및 판매
VGX인터	758억	유니버셜플루 DNA백신 개발 중(신종플루, 조류독감)
씨티씨바이오	5,105억	조류독감 대비 진단키트 및 소독제 판매
제일바이오	217억	동물약품 연구·개발·제조·판매
파루	236억	신종플루 예방 손세정제 판매
일양약품	5,234억	백신사업진출, 백신공장준공
대한뉴팜	833억	동물약품사업

전기료가 대폭 오른다면?

제시 상황

적자를 거듭하던 한국전력이 전기료를 대폭 인상했습니다. 이제 에어컨이 있어도 마음껏 틀 수 없습니다. 전기료가 올랐을 뿐인데 세상은 빠르게 변화하고 대응합니다. 전기를 많이 먹는 간판들이 교체되고, 형광등도 LED로 바꾸기 시작합니다. 그렇게 사람들은 폭등하는 전기료에 자신들을 변화시키며 적응해 갑니다.

어떻게 접근할까?

전기료가 오르면 가장 수혜를 보는 업종은 어디일까요? 당연히 전기 생산을 독점하고 있는 한국전력입니다. 하지만 한국전력은 정부 소유이기 때문에 전기료를 결정할 수 있는 권한이 없습니다. 정부지침에 따라 가격을 오르내리기 때문에 수익성이 불안정합니다. 그렇기에 다른 투자처를 찾아야 합니다.

전기료가 오르면 전력소모가 적은 고효율 제품의 판매량이 늘어납니다. 대표적인 상품이 LED입니다. LED는 기존 형광등보다 밝기가 우수하고 수명이 길며 전력소모가 적은 친환경 제품입니다. 또한 형광등을 LED로 전면교체하는 정책도 진행 중입니다. 현재 LED 업체 간의 경쟁이 심한 상황이라 수익성이 좋다고 볼 수는 없지만 앞으로 형광등 사용이 금지되고 LED로 전면 교체되면 장기적으로 LED 시장의 미래는 밝습니다.

- LED산업은 여러 공정 과정에 따라 기업이 나뉩니다. 기술력이 낮

투자 포인트

은 웨이퍼·모듈·완성품 분야와 달리 잉곳·에피·칩 분야는 기술진입장벽이 높습니다. 그러므로 향후 수요가 늘어날 경우 높은 기술력을 가진 업체들의 이익이 급증할 수 있습니다. 또한 수직계열화를 완성한 서울반도체와 LG이노텍의 경우 원가경쟁력 및 탄탄한 납품처를 지니고 있기 때문에 향후 전망이 밝습니다.

- '유럽 13년부터 LED로 전면교체', '한국 14년부터 백열전구 생산, 수입 전면금지', '서울시 지하철 14년까지 LED조명 65만 개 전면 교체', '서울시 대형신축건물 LED설치 50% 이상 의무화', '삼성 15년까지 전사업장 조명 LED로 교체', '공공기관 13년까지 조명 40% 이상 LED로 교체' 등 관련뉴스들을 보면 LED업계의 전망이 밝아지고 있다는 것을 알 수 있습니다.

LED 공정단계별 기업

단계	기업
잉곳·웨이퍼	사파이어테크놀로지, OCI, 한솔테크닉스, 일진디스플레이
에피·칩	LG이노텍, 삼성전기, 서울반도체
패키지	LG이노텍, 삼성전기, 루멘스, 서울반도체, 루미마이크로
모듈	LG이노텍, 삼성전기, 루멘스, 서울반도체
조명	금호전기, 대진디엠피, 화우테크, 알에프텍

관련 종목

종목명	시가총액	관련 내용
루미마이크로	863억	LED패키지와 모듈 판매, 수직계열화 완성
서울반도체	2조 1777억	LED 종합기업, 다양한 제품군
씨티엘	499억	LED패키지 제조 및 판매
루멘스	3,804억	LED패키지 개발 및 생산
LG이노텍	1조 7,124억	LED사업 수직통합화
동부라이텍	658억	LED조명 생산
금호전기	1,957억	LED조명 생산
사파이어테크놀로지	3,369억	잉곳·웨이퍼 글로벌 시장점유율 1위
대진디엠피	530억	LED조명, 패키지 생산

곡물파동이 일어나면?

제시상황

농업을 뜻하는 영어 '애그리컬처(agriculture)'와 '인플레이션(inflation)'을 합쳐 애그플레이션이라고 합니다. 곡물가격이 상승하는 영향으로 일반 물가도 상승하는 현상을 가리킵니다. 최근 들어 이상기후에 대한 뉴스가 심심치 않게 들려오고 있습니다. 세계적인 곡창지대인 북미와 남미, 호주는 유례를 찾아볼 수 없을 정도로 흉작이 들었습니다. 밀, 설탕, 옥수수, 커피 가격이 오르자 식료품 가격이 모두 올랐고, 전반적인 모든 제품들의 물가가 올랐습니다.

어떻게 접근할까?

곡물가격에 영향을 주는 것은 여러 가지가 있습니다. 세계인구수의 증가와 육류 소비의 증가가 대표적입니다. 육류 소비 증가는 사료용 곡물 수요를 증가시켜 곡물가격 상승에 큰 영향을 끼칩니다. 또한 공업화와 도시화의 진행으로 농경지는 30년째 감소하는 추세입니다. 게다가 홍수와 가뭄으로 피해를 입은 곳이 늘어났고 지구온난화로 인해 농작물 수확이 급격히 줄어들었습니다. 곡물가격이 오르면 어디에 투자해야 할까요? 농산물 ETF, 농업관련기업과 오르는 곡물가격만큼 제품가격 인상이 가능한 비료회사, 사료회사, 식품회사에 투자하는 것이 좋습니다.

– 곡물은 실물자산이기에 달러 가치가 하락하는 만큼 곡물 가치는 상승합니다. 또한 식량난이 예상되거나 이상기후로 인해 대규모 경

투자 포인트

작지에 홍수나 가뭄 등의 피해가 생기면 곡물가격이 오릅니다.
- 유가가 상승할 경우 대체에너지에 관심이 쏠립니다. 콩은 바이오디젤의 원료가 되고, 옥수수는 바이오에탄올의 원료로 사용되면서 수요가 급증합니다.
- 곡물가격이 오르면 사료회사들의 주가도 오릅니다. 사료 가격이 오르면 고기가격과 우유, 계란 등의 가격이 오르고 이는 전반적인 물가상승을 이끕니다.

애그플레이션 분류

비료	KG케미칼, 삼성정밀화학, 카프로, 남해화학, 효성오앤비
사료	영남제분, 한일사료, 우성사료, 케이씨피드, 팜스토리, 대한제당
종자	농우바이오, 동부팜한농
축산기업	하림, 마니커, 동우, 이지바이오, 선진, 팜스코
가공·유통	대한제당, 동아원, CJ제일제당, 팜스토리, 하림, 선진, 팜스코, 마니커

관련 종목

종목명	시가총액	관련 내용
남해화학	3,924억	국내 1위 화학비료 제조기업
농우바이오	3,932억	국내 1위 종자회사
조비	545억	경농계열, 비료생산
이지바이오	2,363억	축산산업 수직계열화
팜스토리	1,011억	러시아에 농장보유(여의도 37배), 곡물 보유
KG케미칼	1,969억	비료와 농약 생산
효성오앤비	380억	유기질비료 및 질소화합물 제조
카프로	2,944억	유안비료 생산
영남제분	426억	제분 및 사료 제조

유가가 폭등한다면?

제시 상황

미국과 중동의 갈등으로 원유가격이 배럴당 150달러를 넘어섰습니다. 오른 것은 유가뿐만이 아닙니다. 유가가 오르자 곡물가격도 오르기 시작했습니다. 전기료도 오르고 식료품 가격도 올랐습니다. 모든 것은 가격이 치솟고 있으나 월급만 그대로인 상황에서 서민들은 주머니가 더욱 얇아지고 있습니다.

어떻게 접근할까?

고유가 행진이 시작되면 수익이 늘어나는 기업들이 있습니다. 정유사와 중동에 건설을 하는 건설사, 해외유전 및 자원개발 기업들이 수혜주가 됩니다. 유가가 상승할 경우 수혜업종과 피해업종으로 나뉩니다. 유가가 오른 만큼 제품가격을 인상시킬 수 있는 기업은 수익성이 좋아져 호재로 작용합니다. 반대로 원유가격이 오를수록 수익이 악화되는 항공사, 해운사와 유가가 생산단가의 큰 비중을 차지하는 발전소, 철강업, 시멘트업 등에는 악재로 작용합니다.

투자 포인트

- 고유가를 촉발시키고 있는 원인이 무엇이냐에 따라 현 상황이 오래 갈지 금방 해결될지 결정됩니다. 중동지역의 분쟁 때문인지, 세계 경제의 굴뚝인 중국의 수요증가로 인한 것인지, OPEC에서 감산을 추진하기로 한 것인지 등의 원인을 파악하고 대응해야 합니다.
- 수요증가로 인한 고유가의 경우 정유주, 건설주, 화학주, 조선주 등 다양한 산업에 호재로 작용합니다. 중동에서 플랜트 건설을 하는

건설사와 해양플랜트 건설을 하는 조선업도 수혜를 입습니다. 또한 유가가 오르면 대체에너지 개발의 가격경쟁력이 생기기 때문에 풍력발전을 하는 조선업, 태양광발전 관련 기업의 주가가 오릅니다.

– 중동지역의 분쟁 및 전쟁으로 인해 유가가 급등할 경우 단기간에 가격이 올라 원가 상승률 만큼 판매제품에 전가할 수가 없어 정유주, 화학주에 좋지 않습니다. 또한 중동에서 설비, 건설 발주 등을 가급적 미루려고 하기 때문에 오일머니로 인한 파급효과도 적습니다.

고유가 수혜주 및 피해주

수혜주	정유업	SK이노베이션, S-Oil, GS
	자원개발	대우인터내셔널, LG상사, 현대상사, 삼환기업, 삼성물산
	대체에너지	혜인, 서희건설, 태웅, OCI, 이건산업, 퍼스텍, 현대중공업
피해주	항공 / 해운	대한항공, 아시아나항공, 한진해운, 현대상선, 대한해운
	화학	LG화학, 금호석유화학, 호남석유화학, 한화석화

관련 종목

종목명	시가총액	관련 내용
SK이노베이션	13조 6,386억	국내 최대 에너지기업
GS	5조 824억	GS칼텍스 지분 50% 보유
S-Oil	8조 2,523억	고도화설비가 뛰어난 정유사
삼성엔지니어링	2조 7,960억	석유화학플랜트 주력회사
현대건설	6조 3,472억	중동 토목, 플랜트 다수 수주
GS건설	1조 4,025억	플랜트 사업 역량 집중
LG상사	1조 2,403억	카자흐스탄, 오만 유전 개발
대우인터내셔널	4조 540억	미얀마 가스전 개발

월드컵 및 올림픽이 있는 해라면?

제시 상황

월드컵은 4년마다 돌아옵니다. 올림픽도 4년마다 돌아옵니다. 그러나 겹치지는 않습니다. 여름철만 되어도 여행객들을 대상으로 하는 수입이 짭짤한데 2년마다 세계적인 축제가 열리니 엄청난 시장이 열립니다. 2014년 소치동계올림픽을 위해 러시아가 쏟아 부은 돈이 54조라고 합니다. 이렇게 돈이 풀린다면 월드컵 및 올림픽 주기에 맞추어 주가가 상승하는 업종도 있지 않을까요?

어떻게 접근할까?

월드컵 또는 올림픽이 열리는 짝수 년과 반대로 움직이는 대표 업종은 IT업계입니다. 1990년부터 2010년까지 20년간 홀수 년에는 IT업종이 전반적으로 강세를 보이고, 짝수 년에는 침체를 보입니다. 이는 그동안 컴퓨터 출시기간과 윈도우 출시기간으로 인해 호황과 침체를 반복한 것으로 봅니다. 컴퓨터의 시기가 저물고 스마트폰이 등장하면서 스마트폰 주기도 나타났습니다. 선풍적인 인기를 끌었던 갤럭시S가 2010년, 갤럭시S3가 2012년, 갤럭시S5가 2014년에 출시하는 등 2년 주기로 스마트폰 교체시기가 바뀝니다. TV시장은 올림픽 및 월드컵 주기와 사이클을 같이 합니다. 글로벌 스포츠 이벤트가 있을 때마다 TV 등의 가전제품 수요는 크게 증가합니다.

- 홀수 년에 호황이 오는 IT업종과 짝수 년에 호황이 오는 가전업종을 번갈아 투자하는 것도 고려해볼 수 있는 전략입니다.

- IT업종의 중심에는 세계에서 가장 점유율이 높은 삼성전자, D램과 낸드플래시 2위인 SK하이닉스가 있고, 가전업종에는 삼성전자와 LG전자가 글로벌 시장을 선도하고 있습니다. 그렇기에 관심을 가질 만한 기업은 삼성전자, LG전자, SK하이닉스 세 개로 좁혀집니다.
- 올림픽 및 월드컵 등을 치르려면 대규모 공사가 필요합니다. 국내의 경우 2018년 평창동계올림픽 준비로 인해 도로 및 철도건설, 경기장 및 선수촌 건축 등을 해야 하므로 국내 건설업체들에게 긍정적인 영향을 줄 수 있습니다.
- 올림픽주기 외에도 주글라파동(8~10년 주기), 키친파동(40개월 주기), 한센주기(17년) 등 주식시장에 영향을 주는 다양한 사이클이 존재합니다. 그러므로 2년 주기 파동에만 집착하기보다는 다른 파동들과 같이 고려하여 업황사이클을 분석하는 것이 좋습니다.

관련 종목

종목명	시가총액	관련 내용
삼성전자	195조 9,081억	IT업계 세계 1위, 스마트폰 세계 1위
LG전자	9조 9,988억	IT전기전자 세계 10위, 스마트폰 세계 5위
SK하이닉스	27조 9,108억	반도체업계 세계 4위